Caro aluno, seja bem-vindo à sua plataforma do conhecimento!

A partir de agora, está à sua disposição uma plataforma que reúne, em um só lugar, recursos educacionais digitais que complementam os livros impressos e foram desenvolvidos especialmente para auxiliar você em seus estudos. Veja como é fácil e rápido acessar os recursos deste projeto.

1 Faça a ativação dos códigos dos seus livros.

Se você NÃO tem cadastro na plataforma:
- acesse o endereço <login.smaprendizagem.com>;
- na parte inferior da tela, clique em "Registre-se" e depois no botão "Alunos";
- escolha o país;
- preencha o formulário com os dados do tutor, do aluno e de acesso.

O seu tutor receberá um *e-mail* para validação da conta. Atenção: sem essa validação, não é possível acessar a plataforma.

Se você JÁ tem cadastro na plataforma:
- em seu computador, acesse a plataforma pelo endereço <login.smaprendizagem.com>;
- em seguida, você visualizará os livros que já estão ativados em seu perfil. Clique no botão "Códigos ou licenças", insira o código abaixo e clique no botão "Validar".

Este é o seu código de ativação! → **DR6BR-91VBR-A72BP**

2 Acesse os recursos

usando um computador.

o um dispositivo móvel.

No seu navegador de internet, digite o endereço <login.smaprendizagem.com> e acesse sua conta. Você visualizará todos os livros que tem cadastrados. Para escolher um livro, basta clicar na sua capa.

Instale o aplicativo **SM Aprendizagem**, que está disponível gratuitamente na loja de aplicativos do dispositivo. Utilize o mesmo *login* e a mesma senha que você cadastrou na plataforma.

Importante! Não se esqueça de sempre cadastrar seus livros da SM em seu perfil. Assim, você garante a visualização dos seus conteúdos, seja no computador, seja no dispositivo móvel. Em caso de dúvida, entre em contato com nosso canal de atendimento pelo **telefone 0800 72 54876** ou pelo *e-mail* atendimento@grupo-sm.com.

BRA190957_617

convergências
Língua Portuguesa 6

Daniela Oliveira Passos Marinho

- Licenciada em Letras pela Universidade Estadual de Londrina (UEL-PR).
- Mestra em Estudos da Linguagem pela UEL-PR.
- Realiza trabalhos de assessoria pedagógica no desenvolvimento de materiais didáticos para o Ensino Fundamental.
- Autora de livros didáticos para o Ensino Fundamental.

Convergências – Língua Portuguesa – 6
© Edições SM Ltda.
Todos os direitos reservados

Direção editorial	M. Esther Nejm
Gerência editorial	Cláudia Carvalho Neves
Gerência de *design* e produção	André Monteiro
Edição executiva	Andressa Munique Paiva
Coordenação de *design*	Gilciane Munhoz
Coordenação de arte	Melissa Steiner Rocha Antunes
Assistência de arte	Juliana Cristina Silva Cavalli
Coordenação de iconografia	Josiane Laurentino
Coordenação de preparação e revisão	Cláudia Rodrigues do Espírito Santo
Suporte editorial	Alzira Ap. Bertholim Meana
Projeto e produção editorial	Scriba Soluções Editoriais
Edição	Raquel Teixeira Otsuka, Sabrina Vieira Mioto
Assistência editorial	Karina Otsuka Nihonmatsu, Verônica Merlin Viana Rosa
Revisão e preparação	Felipe Santos de Torre, Joyce Graciele Freitas
Projeto gráfico	Dayane Barbieri, Marcela Pialarissi
Capa	João Brito e Tiago Stéfano sobre ilustração de Estevan Silveira
Edição de arte	Camila Carmona
Pesquisa iconográfica	Tulio Sanches Esteves Pinto
Tratamento de imagem	Equipe Scriba
Editoração eletrônica	Adenilda Alves de França Pucca (coord.)
Pré-impressão	Américo Jesus
Fabricação	Alexander Maeda
Impressão	Forma Certa

Dados Internacionais de Catalogação na Publicação (CIP)
(Câmara Brasileira do Livro, SP, Brasil)

Marinho, Daniela Oliveira Passos
 Convergências língua portuguesa : ensino fundamental : anos finais : 6º ano / Daniela Oliveira Passos Marinho. – 2. ed. – São Paulo : Edições SM, 2018.

 Bibliografia.
 ISBN 978-85-418-2169-8 (aluno)
 ISBN 978-85-418-2173-5 (professor)

 1. Português (Ensino fundamental) I. Título.

18-20894 CDD-372.6

Índices para catálogo sistemático:

1. Português : Ensino fundamental 372.6
Maria Alice Ferreira - Bibliotecária - CRB-8/7964

2ª edição, 2018
3ª Impressão, 2023

SM Educação
Rua Tenente Lycurgo Lopes da Cruz, 55
Água Branca 05036-120 São Paulo SP Brasil
Tel. 11 2111-7400
atendimento@grupo-sm.com
www.grupo-sm.com/br

Prezado aluno, prezada aluna,

Você já sabe se comunicar empregando a língua portuguesa e faz isso muito bem! Este livro foi feito para mostrar que há sempre o que aprender, auxiliando-o a ampliar seu repertório, para se comunicar de forma eficiente em diversas situações, dentro e fora da escola, por meio das mais diferentes linguagens: artística, científica, digital...

Pela leitura e pela escrita, você vai aprender a utilizar a linguagem para se expressar, ler e escrever cada vez melhor. Os gêneros e a seleção de textos, bem como as atividades foram escolhidos para que sua jornada de estudos seja mais divertida e proveitosa ao longo deste ano.

Desejo a você um ano repleto de desafios, aprendizados, descobertas e conquistas.

Bons estudos!

Apresentação

Raul Aguiar

Conheça seu livro

Esta coleção apresenta assuntos interessantes e atuais, que o auxiliarão a desenvolver autonomia e criticidade, entre outras habilidades e competências importantes para a sua aprendizagem.

Abertura de unidade

Essas páginas marcam o início de uma nova unidade. Elas apresentam uma imagem instigante, que propiciará a troca de ideias entre você e seus colegas. Nelas você pode conhecer os capítulos que vai estudar e participar da conversa proposta pelo professor.

Iniciando rota

Ao responder a essas questões, você vai saber mais sobre a imagem de abertura, relembrar os conhecimentos que já tem e perceber que pode ir além, prosseguindo nessa jornada.

Leitura

Nessa seção, você vai ler textos de gêneros variados. Em cada capítulo, essa seção aparece duas vezes.

Estudo do texto

Após a leitura dos textos, você vai realizar atividades para interpretar o texto lido, compreender as principais características do gênero e discutir assuntos relacionados ao tema da leitura.

Estudo da língua

Nessa seção, você vai estudar conteúdos e conceitos da gramática normativa por meio de atividades reflexivas.

Escrita em foco

Uma vez por capítulo, essa seção apresenta conteúdos e atividades relacionados à ortografia, acentuação e pontuação.

Atividades

São propostas atividades que vão auxiliá-lo a organizar os conhecimentos e a sistematizar o conteúdo explorado na seção.

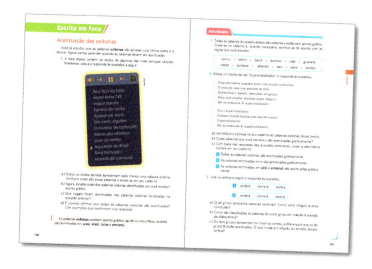

Linguagem em foco

Nessa seção, você vai ampliar os estudos sobre os fenômenos da língua, como a variação linguística, as figuras de linguagem e o uso do dicionário.

Conexões textuais

Nessa seção, são apresentados textos que se relacionam com a leitura principal. Por meio das atividades, você vai analisar como essa relação acontece.

Trocando ideias

Sempre que um texto propiciar uma discussão relevante, esse boxe apresentará questões com o objetivo de incentivar você e seus colegas a trocarem ideias sobre o tema explorado.

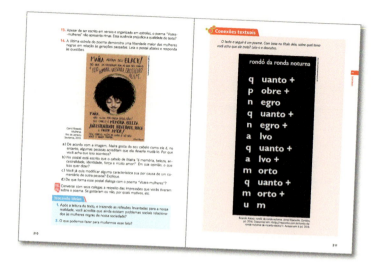

Produção de texto

Nessa seção, você vai produzir um gênero escrito ou oral, relacionado ao texto da seção **Leitura**. Ao final, um quadro de avaliação permitirá que você verifique seu desempenho durante a atividade.

DICA!

Ao longo do livro, você vai encontrar dicas simples que lhe auxiliarão em diversas situações, por exemplo, ajudando-o a compreender o assunto de estudo.

Aprenda mais

Aproveite as sugestões de livros, filmes, *sites*, vídeos e dicas de visitas para aprender um pouco mais sobre o assunto abordado.

Para saber mais

Esse boxe contém informações que visam ampliar temas ou conteúdos apresentados no livro. Em algumas leituras, esse boxe trará informações sobre o autor, a obra ou o veículo de divulgação do texto lido.

Verificando rota

Aqui você terá a oportunidade de verificar se está no caminho certo, avaliando sua aprendizagem por meio de perguntas que retomam os conteúdos estudados ao longo do capítulo.

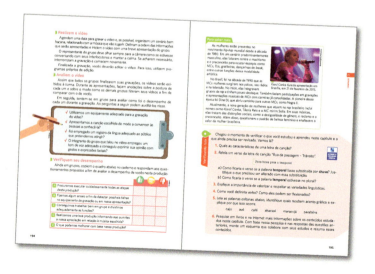

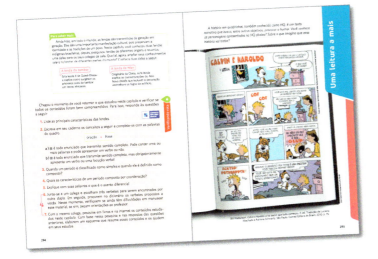

Uma leitura a mais

Nessa seção você terá a oportunidade de conhecer e estudar mais um gênero, diferente dos apresentados ao longo do volume.

Ícone em grupo

Esse ícone marca as atividades que serão realizadas em duplas ou em grupos.

Ícone digital

Esse ícone remete a um objeto educacional digital.

Ampliando fronteiras

Nessa seção, você encontrará informações que o levarão a refletir criticamente sobre assuntos relevantes e a estabelecer relações entre diversos temas ou conteúdos.

Os assuntos são propostos com base em temas contemporâneos, que contribuem para a sua formação cidadã e podem ser relacionados a outros componentes curriculares.

Ação e construção

Para realizar a atividade proposta nessa seção, você vai trabalhar em equipe. Muitas vezes esse trabalho vai envolver toda a turma e isso será um grande desafio! Atividades assim permitem que você e seus colegas desenvolvam habilidades individuais e coletivas, além de possibilitar a relação entre mais de uma disciplina.

Sumário

UNIDADE 1 Conto maravilhoso e crônica 12

CAPÍTULO 1
Conto maravilhoso 14
Leitura 1
   O sapateiro e os duendes • Irmãos Grimm 14
   ▎Conexões textuais
      Os tesouros dos deuses • Neil Gaiman 18
Estudo da língua
   Língua e linguagem 21
Leitura 2
   Rumpelstiltiskin • Irmãos Grimm 26
Escrita em foco
   Pontuação 32
Linguagem em foco
   O discurso direto e o discurso indireto 36
Estudo da língua
   Substantivo I 40
   Substantivos comum e próprio 41
   Substantivos simples e composto 41
Produção de texto
   Conto maravilhoso 46
▎**Verificando rota** 49

CAPÍTULO 2
Crônica 50
Leitura 1
   On the road • Antonio Prata 50
Linguagem em foco
   Sinônimos perfeitos e imperfeitos 55
Estudo da língua
   Substantivo II 58
   Substantivos concreto e abstrato 58
   Substantivos primitivo e derivado 59
   Substantivo coletivo 60
Leitura 2
   Muttley, faça alguma coisa! • Leo Cunha 63
Estudo da língua
   Adjetivo e locução adjetiva 67
Escrita em foco
   Fonema e letra 71
   Dígrafo e encontro consonantal 72
▎**Ampliando fronteiras**
   Mobilidade urbana 74
Produção de texto
   Crônica 76
▎**Verificando rota** 79

UNIDADE 2 — Notícia e entrevista 80

CAPÍTULO 3
Notícia 82
Leitura 1
 Comunidade se organiza e transforma lixão em área de lazer • Ester Coelho 82
 ▎**Conexões textuais**
  Arte de rua transforma comunidade violenta no México • Gazeta do Povo 85
Estudo da língua
 Flexões do substantivo 88
 Gênero 88
 Número 89
 Graus do substantivo 90
 Flexões do adjetivo 91
 Gênero 91
 Número 92
 Graus do adjetivo 92
 Comparativo 92
 Superlativo 93
Leitura 2
 Telescópio Hubble descobre estrela mais distante observada até agora • Galileu 96
Estudo da língua
 Artigo 103
 Numeral 104
 O numeral em textos instrucionais 108
Escrita em foco
 Encontro vocálico: hiato, ditongo e tritongo 109
Produção de texto
 Notícia 112
▎**Verificando rota** 115

CAPÍTULO 4
Entrevista 116
Leitura 1
 Violão e bicicleta • Mônica Rodrigues da Costa 116
 ▎**Ampliando fronteiras**
  Os direitos das crianças e dos adolescentes 120
Linguagem em foco
 Retextualização 122
Estudo da língua
 Pronome I 124
 Pronomes pessoais 125
 Pronomes possessivos 130
Leitura 2
 Um cientista fascinado por pterossauros • Cathia Abreu 132
Linguagem em foco
 Variação linguística: variedade estilística 138
Estudo da língua
 Pronome II 142
 Pronomes demonstrativos 142
 Pronomes indefinidos 143
 Pronomes interrogativos 144
Escrita em foco
 Sílaba tônica 147
Produção de texto
 Entrevista 149
▎**Verificando rota** 152
▎**Uma leitura a mais**
 Anúncio de propaganda 153

UNIDADE 3 — Letra de canção e poema 156

CAPÍTULO 5 — Letra de canção 158

Leitura 1
Rua da passagem – Trânsito • Lenine e Arnaldo Antunes 158

Estudo da língua
Concordância nominal 163

Leitura 2
Supertrabalhador • Gabriel o Pensador e Mauricio Pacheco 166

▌ **Ampliando fronteiras**
Movimento *hip-hop* 172

Linguagem em foco
Variação linguística 174
Variação geográfica 175
Variação social 176
Variação histórica 177

Estudo da língua
Verbo I 180
Conjugações verbais 180
Formas nominais do verbo 181
Locução verbal 181
Flexão verbal 182

Escrita em foco
Acentuação das oxítonas 190

Produção de texto
Vídeo de apresentação e apreciação 192

▌ **Verificando rota** 195

CAPÍTULO 6 — Poema 196

Leitura 1
O pião • Guilherme de Almeida 196

Estudo da língua
Verbo II 199
Tempos do modo indicativo 199

Leitura 2
Vozes-mulheres • Conceição Evaristo 206

▌ **Conexões textuais**
rondó da ronda noturna • Ricardo Aleixo 211

Linguagem em foco
Figuras de linguagem 214
Comparação e metáfora 214
Sinestesia 215
Hipérbole e onomatopeia 216

Estudo da língua
Verbo III 218
Tempos do modo subjuntivo 218
Formas do modo imperativo 220

Escrita em foco
Acentuação das paroxítonas 227

Produção de texto
Poetry slam 229

▌ **Verificando rota** 233

UNIDADE 4 — Mito e lenda ... 234

CAPÍTULO 7 — Mito ... 236

Leitura 1
Viagem de Oisín a Tir-Na-N'Og • Rosana Rios ... 236

▮ **Conexões textuais**
Entre as folhas do verde O • Marina Colasanti ... 242

Estudo da língua
Estrutura verbal ... 245
Verbos regulares e irregulares ... 246

Leitura 2
Eco e Narciso • Eric A. Kimmel ... 250

Estudo da língua
Concordância verbal ... 256

Escrita em foco
Acentuação das proparoxítonas ... 260

Produção de texto
Mito ... 262

▮ **Verificando rota** ... 265

CAPÍTULO 8 — Lenda ... 266

Leitura 1
O canto da flauta mágica: o irapuru • Leonardo Boff ... 266

Estudo da língua
Frase e oração ... 271
Período simples e composto ... 272

Leitura 2
A lenda do milho • Henriqueta Lisboa ... 274

Linguagem em foco
O uso do dicionário ... 280

▮ **Ampliando fronteiras**
A condição do indígena ... 284

Estudo da língua
Período composto por coordenação ... 286

Escrita em foco
Acento diferencial ... 289

Produção de texto
Lenda ... 291

▮ **Verificando rota** ... 294

▮ **Uma leitura a mais**
História em quadrinhos ... 295

▮ **Ação e construção**
Lanche sem lixo ... 298

▮ **Referências bibliográficas** ... 304

UNIDADE

1
Conto maravilhoso e crônica

Agora vamos estudar...
- os gêneros conto maravilhoso e crônica;
- os conceitos de língua e linguagem;
- a pontuação;
- o discurso direto e o discurso indireto;
- os substantivos;
- os sinônimos perfeitos e imperfeitos;
- o adjetivo e a locução adjetiva;
- o fonema e a letra;
- o dígrafo e o encontro consonantal.

Cena do filme *As crônicas de Nárnia: o leão, a feiticeira e o guarda-roupa*, dirigido por Andrew Adamson e lançado em 2005.

Iniciando rota

1. Ao analisar a imagem, em sua opinião, o que a claridade dentro do guarda-roupa representa?

2. Você já viu o filme ou leu o livro *As crônicas de Nárnia: o leão, a feiticeira e o guarda-roupa*? Comente com os colegas o que sabe sobre ele.

3. Em sua opinião, qual o sentido da palavra **crônica** no título do filme?

4. Nessa obra, as personagens descobrem um mundo mágico. Você conhece outros filmes ou livros em que as personagens são transportadas para mundos mágicos ou que apresentem algum outro elemento mágico?

CAPÍTULO 1

Conto maravilhoso

Histórias cheias de aventura e magia encantam diversas gerações há muitos e muitos anos. O conto que você vai ler narra uma dessas histórias. Ele foi registrado pelos irmãos Grimm. Você já ouviu falar deles? De acordo com as ilustrações, o que você imagina que será narrado nesse conto?

O sapateiro e os duendes

Era uma vez um sapateiro que trabalhava duro e era muito honesto. Mas nem assim ele conseguia ganhar o suficiente para viver. Até que, finalmente, tudo que ele tinha no mundo se foi, exceto a quantidade de couro exata para fazer um par de sapatos. Ele os cortou e deixou preparados para montar no dia seguinte, pretendendo acordar de manhã bem cedo para trabalhar. Apesar de todas as dificuldades, tinha a consciência limpa e o coração leve, por isso foi tranquilamente para a cama deixando seus problemas ao cuidado dos céus, e adormeceu. De manhã cedo, depois de dizer suas orações, preparava-se para fazer seu trabalho, quando, para seu grande espanto, ali estavam os sapatos, já prontos, sobre a mesa. O bom homem não sabia o que dizer ou pensar deste estranho acontecimento. Examinou o acabamento: não havia sequer um ponto falso no serviço todo e era tão benfeito e preciso que parecia uma perfeita obra de arte.

Naquele mesmo dia apareceu um cliente e os sapatos agradaram-lhe tanto, que teria pago um preço muito acima do normal por eles; e o pobre sapateiro, com o dinheiro, comprou couro suficiente para fazer mais dois pares. Naquela noite, cortou o couro e não foi para a cama tarde porque pretendia acordar e começar cedo o trabalho no dia seguinte: mas foi-lhe poupado todo o trabalho, pois quando acordou, pela manhã, o trabalho já estava feito e acabado. Vieram então compradores que pagaram generosamente por seus produtos, de modo que ele pôde comprar couro o suficiente para mais quatro pares. Ele novamente cortou o couro à noite, e encontrou o serviço acabado pela manhã, como antes; e assim foi durante algum tempo: o que era deixado preparado à noite estava sempre pronto ao nascer do dia, e o bom homem prosperou novamente.

Certa noite, perto do Natal, quando ele e a mulher estavam sentados perto do fogo conversando, ele lhe disse, "Gostaria de ficar observando esta noite para ver quem vem fazer o trabalho por mim". A esposa gostou da ideia. Eles deixaram, então, uma lâmpada ardendo e se esconderam no canto do quarto, por trás de uma cortina, para observar o que iria acontecer. Quando deu a meia-noite, apareceram dois anõezinhos nus que se sentaram na bancada do sapateiro, pegaram o couro cortado e começaram a preguear com seus dedinhos, costurando, martelando e remendando com tal rapidez que deixaram o sapateiro boquiaberto de admiração; o sapateiro não conseguia despregar os olhos do que via. E assim prosseguiram no trabalho até terminá-lo, deixando os sapatos prontos para o uso em cima da mesa. Isto foi muito antes de o sol nascer; logo depois eles sumiram depressa como um raio.

No dia seguinte, a esposa disse ao sapateiro, "Esses homenzinhos nos deixaram ricos e devemos ser gratos a eles, prestando-lhes algum serviço em troca. Fico muito chateada de vê-los correndo para cá e para lá como eles fazem, sem nada para cobrir as costas e protegê-los do frio. Sabe do que mais; vou fazer uma camisa para cada um, e um casaco, e um colete, e um par de calças em troca; você fará para cada um deles um par de sapatinhos".

A ideia muito agradou o bom sapateiro e, certa noite, quando todas as coisas estavam prontas, eles as puseram sobre a mesa em lugar das peças de trabalho que costumavam deixar cortadas e foram se esconder para observar o que os duendes fariam. Por volta da meia-noite, os anões apareceram e iam sentar-se para fazer seu trabalho, como de costume, quando viram as roupas colocadas para eles, o que os deixou alegres e muito satisfeitos. Vestiram-se, então, num piscar de olhos, dançaram, deram cambalhotas e saltitaram na maior alegria até que finalmente saíram dançando pela porta para o gramado, e o sapateiro nunca mais os viu: mas enquanto viveu, tudo correu bem para ele desde aquela época.

Irmãos Grimm. O sapateiro e os duendes. Em: *Contos de fadas*. Tradução de Celso M. Paciornik. São Paulo: Iluminuras, 2000. p. 95-96.

Para saber mais

Jacob Ludwig Carl (1785-1863) e Wilhelm Carl Grimm (1786-1859), mais conhecidos como os irmãos Grimm, nasceram na Alemanha e se tornaram famosos por registrar conhecidas histórias da tradição oral, como contos maravilhosos e fábulas. Entre suas histórias mais famosas estão "Chapeuzinho Vermelho", "Rapunzel", "João e Maria" e "Os músicos de Bremen".

Estátua dos irmãos Grimm em Hanau, Alemanha.

Estudo do texto

1. A história narrada no conto é a mesma que você tinha imaginado antes da leitura? Converse com os colegas e o professor sobre isso.

2. O texto que você leu é um **conto maravilhoso**. Os contos maravilhosos são narrativas de origem popular, transmitidas de geração em geração, que apresentam um elemento ou acontecimento mágico, capaz de transformar o destino das personagens.

    a) Quem são as personagens, ou seja, quem participa desse conto?

    b) Qual é o elemento ou acontecimento mágico do conto lido?

    c) Que transformação esse elemento ou acontecimento mágico provoca no destino das personagens?

3. Geralmente as personagens apresentam características físicas (como a cor da pele e dos cabelos e a altura) e psicológicas (como a inteligência e os sentimentos) que podem ser percebidas por meio de suas ações.

    a) Nesse conto, quais são as características físicas e psicológicas dos duendes?

    b) Quais são as características psicológicas do sapateiro e de sua esposa? Como foi possível chegar a essa conclusão?

4. Narrador é aquele que narra os acontecimentos de uma história. Ele pode participar dela ou apenas narrá-la sem participar dos acontecimentos.

    a) De acordo com a definição acima, quem seria um narrador-personagem e um narrador-observador?

    b) O narrador do conto lido é personagem ou observador?

    c) Como você chegou a essa conclusão?

5. O que a expressão "Era uma vez", que inicia o conto, indica sobre o tempo em que acontece a história? Copie em seu caderno a alternativa correta.

    A Indica que a narrativa ocorreu em um tempo passado específico.

    B Indica que a narrativa ocorreu em um tempo passado distante e impreciso.

    C Indica que a narrativa ocorreu em um passado recente.

6. Copie em seu caderno a alternativa correta a respeito do problema que afligia o sapateiro no início do conto.

    A Está relacionado a uma questão existencial (estava pobre, pois não tinha uma razão para trabalhar).

    B Está relacionado a uma questão material (estava pobre, porque havia perdido tudo o que tinha, exceto um pequeno pedaço de couro).

7. As narrativas, como os contos maravilhosos, costumam ser organizadas de acordo com a seguinte estrutura.

> • **SITUAÇÃO INICIAL** → Início da narrativa, momento em que se apresenta a situação das personagens em um tempo e espaço.
> • **CONFLITO/COMPLICAÇÃO** → Momento em que ocorre uma ação que modifica a situação inicial e ocasiona uma série de implicações.
> • **CLÍMAX** → Momento de tensão máxima na narrativa; após o clímax, os fatos se encaminham para a resolução da complicação.
> • **DESFECHO** → Solução da complicação e conclusão da narrativa.

Em seu caderno, relacione as colunas a seguir e identifique cada um dos momentos descritos acima no conto "O sapateiro e os duendes".

A situação inicial

B conflito/complicação

C clímax

D desfecho

I Certa noite, o sapateiro e a esposa conversavam perto do fogo, quando decidiram ficar acordados para descobrir quem os ajudava.

II Era uma vez um sapateiro trabalhador e honesto que havia ficado muito pobre e tinha somente a quantidade exata de couro para fazer um par de sapatos.

III Após os duendes ganharem roupas e sapatos, eles dançaram, deram cambalhotas, saltitaram e saíram pela porta para nunca mais voltar. O sapateiro nunca mais os viu, mas tudo lhe correu bem desde então.

IV Quando o sapateiro levantou para fazer o par de sapatos, descobriu que eles estavam prontos. Ficou assustado e, ao examiná-los, percebeu que estavam perfeitos.

8. Releia dois trechos do conto.

I Era uma vez um sapateiro que trabalhava duro e era muito honesto. Mas nem assim ele conseguia ganhar o suficiente para viver.

II [...] e o sapateiro nunca mais os viu: mas enquanto viveu, tudo correu bem para ele desde aquela época.

a) Considerando que o trecho **I** foi retirado do início do conto e o trecho **II**, do final, o que é possível concluir sobre o desfecho do conto?

b) Em sua opinião, as características e valores das personagens têm influência no desfecho da história? Justifique sua resposta.

9. Escreva suas impressões sobre o conto lido: se gostou ou não e por quê, o que mudaria nele, qual parte achou mais interessante, etc.

Conexões textuais

Na mitologia nórdica existem diversos deuses, como Thor, Odin e Frey. Esses deuses possuem objetos com poderes mágicos. No trecho a seguir, vamos conhecer alguns deles. Leia o título do texto e responda: quais você imagina que sejam esses tesouros dos deuses?

Os tesouros dos deuses

II

Em Asgard, três deuses estavam sentados em seus tronos: Odin, o caolho, o Pai de Todos; Thor, dos trovões, com sua barba ruiva; e o belo Frey, da colheita do verão. Eles seriam os juízes.

Loki estava de pé diante deles, ao lado dos três filhos de Ivaldi, que eram praticamente idênticos.

Brokk, o anão taciturno de barba negra, estava sozinho, um pouco afastado, carregando as coisas que trouxera escondidas sob panos.

— Muito bem — disse Odin. — O que estamos julgando aqui?

— Tesouros — explicou Loki. — Os filhos de Ivaldi forjaram presentes para você, grande Odin, e para Thor e Frey, e Eitri e Brokk também forjaram presentes. Cabe a vocês decidir qual é o melhor dos seis tesouros. Eu mesmo apresentarei os tesouros forjados pelos filhos de Ivaldi.

Loki presenteou Odin com a lança chamada Gungnir, cuja haste era entalhada com belas runas intricadas.

— A lança pode penetrar qualquer coisa, e, quando jogada, sempre acerta o alvo — explicou Loki. Odin tinha apenas um olho, afinal, e sua pontaria nem sempre era perfeita. — Além disso, há outro aspecto igualmente importante: todo juramento feito sobre esta lança é inquebrável.

Odin ergueu a lança e disse apenas:

— Parece muito boa.

— E aqui... — continuou Loki, orgulhoso — está uma peruca de fios dourados. É feita de ouro de verdade. Vai se grudar à cabeça de quem usá-la, e vai crescer e se comportar como cabelo de verdade em todos os aspectos. Cem mil fios de ouro.

— Vamos testá-la — anunciou Thor. — Sif, venha aqui.

Sif se levantou e caminhou até os tronos, a cabeça coberta. Ela removeu o lenço. Os deuses levaram um susto quando viram o couro cabeludo careca, nu e rosado. A deusa pôs a peruca dourada dos anões com cuidado na cabeça e balançou o cabelo. Todos observaram enquanto a base da peruca se unia ao couro cabeludo, e então Sif se postou à frente dos deuses, mais bela e radiante do que nunca.

— Impressionante — comentou Thor. — Um ótimo trabalho!

18

Sif balançou o cabelo dourado e saiu do salão, banhando-se na luz do sol, querendo exibir o novo cabelo às amigas.

O último dos presentes impressionantes forjados pelos filhos de Ivaldi era pequeno, e dobrado como tecido. Loki pegou o tecido e o pôs diante de Frey.

— O que é isso? Parece um lenço de seda — comentou Frey, não achando aquilo nem um pouco impressionante.

— É verdade — concordou Loki. — Mas, se desdobrá-lo, verá que na verdade é um navio. Seu nome é *Skidbladnir*. Sempre terá bons ventos, não importa aonde for, e, mesmo sendo enorme, o maior barco que se possa imaginar, ele se dobra como um lenço e pode ser guardado no bolso.

Ilustrações: Caio Tanaka

Frey estava impressionado, e Loki ficou aliviado. Eram três presentes excelentes.

Era a vez de Brokk. Suas pálpebras estavam vermelhas e inchadas, e havia a marca de uma grande picada de inseto em seu pescoço. Loki achou que Brokk parecia confiante demais, ainda mais considerando os presentes impressionantes que os filhos de Ivaldi tinham forjado.

Brokk pegou o bracelete de ouro e o colocou diante de Odin, em seu grande trono.

— Este bracelete se chama Draupnir — explicou o anão. — Porque, a cada nove noites, oito braceletes de mesma beleza cairão dele como gotas. Podem ser usados para recompensar alguém, ou guardados para aumentar sua riqueza.

Odin examinou o bracelete, em seguida o enfiou no braço e empurrou até o bíceps. A joia reluzia.

— Parece muito bom — comentou.

Loki lembrou que Odin dissera o mesmo a respeito da lança.

Brokk agora se dirigiu a Frey. Ergueu o pano, revelando um enorme javali com pelos dourados.

— Este é um javali que meu irmão fez para você, Lorde Frey, para puxar sua carruagem — explicou Brokk. — Ele consegue correr pelo céu e sobre o mar mais rápido que o cavalo mais veloz. Seu pelo dourado iluminará até a noite mais escura, permitindo que você veja o caminho. Ele nunca se cansa, nem nunca falhará. Seu nome é Gullinbursti, o dos pelos de ouro.

Frey pareceu impressionado. Ainda assim, pensou Loki, o navio mágico que se dobrava como um lenço era tão impressionante quanto um javali que nunca se cansava e brilhava no escuro. Sua cabeça estava bem segura sobre os ombros. E o último presente que Brokk apresentaria era aquele que Loki sabia que havia conseguido sabotar.

De debaixo do pano, Brokk tirou um martelo, colocando-o diante de Thor.

Thor olhou para o martelo e resmungou:

— O cabo é muito curto.

Brokk assentiu:

— É mesmo. Foi culpa minha. Eu estava trabalhando no fole. Mas, antes de dispensá-lo, ouça o que tenho a dizer sobre o que torna este martelo especial. Seu nome é Mjölnir, o forjador de raios. Sua principal característica é ser inquebrável. Não importa a força com que você, Lorde Thor, o bata em qualquer coisa, o martelo sempre sairá ileso.

Thor pareceu interessado. Já quebrara muitas armas ao longo dos anos, em geral quando acertava coisas com elas.

— Quando arremessado, o martelo nunca erra o alvo.

O deus do trovão pareceu ainda mais interessado. Tinha perdido muitas armas excelentes atirando-as em coisas que o irritavam e errando, e vira muitas outras que arremessara desaparecerem ao longe, para nunca mais serem vistas.

— Não importa quão forte ou quão longe o martelo seja jogado: ele sempre voltará para as suas mãos.

Thor abriu um sorriso. E o deus do trovão não sorria com frequência.

[...]

Neil Gaiman. Os tesouros dos deuses. Em: *Mitologia nórdica*. Tradução de Edmundo Barreiros. Rio de Janeiro: Intrínseca, 2017. p. 58-62.

Para saber mais

Elfos, anões e duendes são criaturas fantásticas que fazem parte do folclore europeu. Embora essas criaturas não sejam iguais, é comum que apareçam em diferentes versões de uma mesma história.

1. Qual a relação do título com o enredo do texto?

2. Quem são as personagens que aparecem nesse trecho do texto?

3. Quais personagens do conto "O sapateiro e os duendes" também são criaturas fantásticas, como as personagens desse mito?

4. Responda às questões a seguir acerca dos presentes citados no texto.

   a) Quais foram os tesouros apresentados por Loki aos deuses?

   b) O que os deuses acharam desses tesouros?

   c) Quais foram os tesouros apresentados por Brokk aos deuses?

   d) Por que Loki pensou que Thor não iria gostar do martelo Mjölnir?

   e) O que essa atitude de Loki demonstra a respeito do seu caráter?

   f) O que Thor achou do martelo? Por que ele teve essa reação?

5. Que relação pode ser estabelecida entre os duendes do conto lido e os anões do mito apresentado nesta seção?

6. Em sua opinião, por que é comum surgirem livros ou filmes que apresentam adaptações ou personagens de contos maravilhosos e mitos?

Estudo da língua

Língua e linguagem

A todo momento interagimos com as pessoas ao nosso redor. Essa interação se dá por meio da linguagem. Vamos estudar agora como essa capacidade humana é importante em nossa vida.

1. Releia um trecho do conto "O sapateiro e os duendes" e responda às questões a seguir.

> Certa noite, perto do Natal, quando ele e a mulher estavam sentados perto do fogo conversando, ele lhe disse, "Gostaria de ficar observando esta noite para ver quem vem fazer o trabalho por mim". A esposa gostou da ideia. [...]
>
> No dia seguinte, a esposa disse ao sapateiro, "Esses homenzinhos nos deixaram ricos e devemos ser gratos a eles, prestando-lhes algum serviço em troca. Fico muito chateada de vê-los correndo para cá e para lá como eles fazem, sem nada para cobrir as costas e protegê-los do frio. Sabe do que mais; vou fazer uma camisa para cada um, e um casaco, e um colete, e um par de calças em troca; você fará para cada um deles um par de sapatinhos".

a) Nesse trecho, quem sugere confeccionar roupas e sapatos para os homenzinhos?

b) Para quem é feita essa sugestão?

c) No conto, o que o sapateiro achou da sugestão de sua esposa? Explique.

d) Como é possível afirmar que a esposa e o sapateiro são pessoas boas?

No trecho acima, o sapateiro e a esposa são interlocutores que interagem por meio da linguagem, revezando-se nos papéis de locutor e locutário.

Interlocutores são as pessoas envolvidas em uma situação comunicativa.

As personagens do conto maravilhoso lido utilizaram palavras para transmitir o que desejavam, mas em uma situação comunicativa também é possível interagir sem utilizar palavras. Vamos ver um exemplo de como isso acontece.

21

2. Observe as placas de trânsito abaixo.

a) Qual é o significado de cada uma das placas apresentadas?

b) As placas amarelas possuem funções diferentes das placas de fundo branco e contorno vermelho. Escreva com suas palavras o que as cores das placas representam.

c) Por que é possível entender o que as placas sinalizam, mesmo com a ausência de palavras?

3. Observe a imagem a seguir.

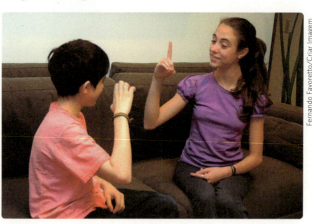

a) O que os adolescentes estão fazendo?

b) Você conhece o meio pelo qual esses adolescentes estão interagindo? Que importância ele tem para as pessoas surdas?

Tanto o diálogo das personagens do conto "O sapateiro e os duendes", realizado por meio de palavras, a conversa entre os adolescentes, que se realiza por meio de sinais, quanto as placas, formadas apenas por imagens e símbolos, constituem formas de linguagem.

> **Linguagem** é a capacidade humana que nos permite interagir com outras pessoas. Quando é composta de palavras (faladas), escritas, a linguagem é **verbal**; quando não é composta de palavras, e sim de imagens, sons, cores, gestos, a linguagem é **não verbal**.

Além de nos expressarmos por meio da linguagem verbal e da não verbal, podemos, ainda, utilizar a junção entre essas linguagens. Vamos ver como isso pode acontecer?

4. Leia os textos a seguir.

[I]
O pescador

O pescador de mansinho
Madrugada adentro.
Seu barco sobe e desce
no caminho das águas.
Aos poucos a noite se desmancha.
O pescador, sozinho,
vai pela trilha do sol
buscar peixes e horizontes.

Roseana Murray. O pescador. Em: *O mar e os sonhos*. Belo Horizonte: Abacate, 2011. p. 8.

[II]

Arionauro. Pescaria Poluição do Mar. *Arionauro Cartuns*. Disponível em: <http://www.arionaurocartuns.com.br/2016/04/charge-pescaria-poluicao-do-mar.html>. Acesso em: 8 ago. 2018.

[III]

Pedro Leite. *Sofia e Otto*: foi assim que tudo começou. Porto Alegre, 2017. p. 3.

a) Você leu um poema, um cartum e uma tirinha, respectivamente. Relacione-os de acordo com a finalidade com que foram produzidos: **divertir**, **criticar**, **emocionar** ou **sensibilizar**.

b) O poema e o cartum foram criados com base no mesmo tipo de linguagem? Explique.

c) Qual dos três textos é composto de linguagem verbal e não verbal ao mesmo tempo? Justifique sua resposta.

d) Se esse texto fosse apresentado sem as imagens ou sem as palavras, nós o entenderíamos da mesma forma? Por quê?

e) Você conhece outros textos que combinam linguagem verbal e não verbal? Cite-os.

Você viu, na atividade acima, que há textos compostos de **linguagem verbal**, de **linguagem não verbal** e também da combinação dessas duas linguagens.

Para nos comunicarmos, podemos combinar palavras (linguagem verbal) com imagens, sons, cores, gestos (linguagem não verbal).

5. Leia as placas a seguir e responda às questões.

a) Que tipo de linguagem foi utilizado na composição dessas placas? Justifique sua resposta.

b) Que diferença é possível perceber entre elas?

c) Embora apresentem essa diferença, elas comunicam a mesma mensagem. Que mensagem é essa? Como você chegou a essa conclusão?

d) Essas placas podem fazer sentido para qualquer pessoa no mundo? Por quê?

e) Qual delas é mais utilizada no Brasil?

Quando utilizamos a linguagem verbal para nos comunicar, fazemos isso por meio de uma **língua**. Nas placas acima, a comunicação se estabelece por meio das línguas francesa, inglesa e portuguesa, respectivamente. Para que a comunicação seja bem-sucedida, é necessário que o interlocutor conheça a língua em que a mensagem é expressa.

Língua é o sistema utilizado por um grupo de falantes para se comunicar por meio de palavras que se combinam em frases segundo determinadas regras. Utilizada na fala e na escrita, a língua é o principal meio de comunicação e interação social. Ela pode sofrer transformações de acordo com mudanças históricas, sociais, geográficas e culturais.

Atividades

1. Copie em seu caderno o texto a seguir, completando as lacunas com as palavras abaixo de acordo com os conceitos estudados.

sistema • língua • linguagem • interação
linguagem não verbal • linguagem verbal

Utilizada tanto na fala quanto na escrita, a ■ é o ■ compartilhado por um grupo de falantes e formado de palavras que se combinam em frases. ■, por sua vez, é a capacidade humana que permite a ■ entre as pessoas; quando composta de palavras, é chamada de ■, quando composta de imagens, sons, gestos, cores, de ■.

2. Leia o anúncio de propaganda e responda às questões.

Para saber mais

O **Greenpeace** é uma organização que visa proteger o meio ambiente, promover a paz e instigar mudanças de atitudes que garantam um futuro mais verde e limpo.

Greenpeace. Anúncio de propaganda contra o desmatamento, 2013.

Não há mais tempo, as florestas brasileiras estão sendo dizimadas e, se não agirmos agora, elas farão parte do passado. O Brasil pode se desenvolver sem desmatamento. Junte-se ao Greenpeace e faça parte da mudança.

a) Que tipo de linguagem compõe esse anúncio? Explique.
b) Descreva a imagem presente nesse anúncio e explique o que ela representa.
c) Se no lugar da árvore houvesse apenas areia, o efeito da imagem seria o mesmo? Por quê?
d) Qual é o objetivo do texto que aparece ao lado da imagem?
e) Que relação existe entre o texto que aparece na parte inferior e a imagem que você vê no anúncio?
f) Qual é a finalidade desse anúncio de propaganda?
g) Qual a importância da linguagem não verbal na construção desse anúncio? Converse com seus colegas e verifique se a opinião de vocês é semelhante ou não e por quê.

O texto que você vai ler é outro conto maravilhoso registrado pelos irmãos Grimm. O título dele é "Rumpelstiltiskin". Você já ouviu essa palavra? Sabe o que ela significa? O que será que esse conto vai apresentar de mágico?

Rumpelstiltiskin

Num certo reino, há muito tempo, vivia um moleiro e sua filha, que além de bela, era muito hábil e inteligente. Por essa razão, o pai sentia-se tão cheio de si e orgulhoso que um dia, para contar vantagens, falou ao rei do lugar que sua filha podia fiar ouro de palha. Aquele rei, que era louco por dinheiro, ao ouvir a história do moleiro, ficou agitado e ordenou que a moça fosse trazida à sua presença. Ele a conduziu, então, para um quarto onde havia uma enorme quantidade de palha e também uma roca de fiar.

— Se preza a sua vida, trate de fazer toda essa palha virar ouro até amanhã — disse o rei, mandando, em seguida, trancarem a porta daquele aposento.

A moça acomodou-se, então, num canto e começou a lastimar sua sorte, quando, de repente, a porta se abriu e um homenzinho de aparência curiosa entrou mancando, e disse:

— Bom dia, bela moça. Por que está chorando?

— Coitada de mim! — respondeu ela. — Tenho que fiar esta palha para transformá-la em ouro e não sei como farei isso.

— O que vai me dar — começou a perguntar o homem pequenino — se eu fizer isso em seu lugar?

— Meu colar — respondeu ela.

Ele aceitou a palavra da moça e sentou-se à roca. E trabalhando alegremente foi fiando toda aquela palha e transformando-a em ouro.

Ao voltar na manhã seguinte, o rei viu o resultado e ficou muito surpreso e contente, porém seu coração ganancioso manifestou-se e ele trancou a filha do pobre moleiro outra vez, estipulando nova tarefa: queria mais ouro. Desiludida, sem saber o que fazer, ela sentou-se e começou novamente a chorar, mas o anãozinho apareceu mais uma vez, perguntando:

— O que vai me dar para eu fazer o seu trabalho?

— O anel do meu dedo — respondeu a moça.

Desse modo, o pequenino homem pegou o anel e começou a trabalhar na roca até que, quando amanheceu, tudo estava pronto outra vez.

O rei ficou muito feliz ao ver todo aquele tesouro brilhando, mas como era ganancioso levou a filha do moleiro a um aposento ainda maior e falou:

— Tudo isso deverá ser fiado esta noite. Caso consiga fazê-lo, será coroada minha rainha.

Assim que ela ficou só, o homenzinho retornou e disse:

— O que vai me dar para eu fiar todo esse ouro para você?

— Não tenho mais nada — ela disse.

— Então prometa — continuou o homenzinho — que vai me dar seu primeiro filhinho quando for rainha.

Pensando que aquilo talvez nunca fosse acontecer e não tendo outra maneira de fazer a tarefa determinada pelo rei, a filha do moleiro fez a promessa e o homenzinho fiou toda aquela quantidade de ouro novamente. O rei voltou pela manhã e vendo realizado tudo o que havia pedido, cumpriu a palavra e casou-se com ela. Desse modo, a filha do moleiro tornou-se de fato uma rainha.

Tempos depois, quando seu primeiro filhinho veio ao mundo, a rainha ficou tão contente que nem se lembrou da promessa que havia feito ao homenzinho. Porém, certo dia, ele entrou em seu quarto e a lembrou de tudo. Ela lastimou tremendamente sua má sorte, oferecendo-lhe, em troca do pedido, todos os tesouros do reino, mas de nada adiantou. Ela continuou chorando e chorando, até que suas lágrimas comoveram um pouco o homenzinho, que lhe propôs:

— Vou lhe dar três dias de graça: se durante esse tempo conseguir descobrir o meu nome, poderá ficar com o seu filho.

Ao longo de toda aquela noite a rainha ficou acordada tentando lembrar os nomes estranhos que já tinha ouvido, além de enviar mensageiros a todos os recantos do reino para descobrir outros. Quando o homenzinho retornou na manhã seguinte, ela começou a falar diversos nomes — Epaminondas, Ludovico, Gervásio, e assim por diante —, mas a todos os que ela citava o anãozinho dizia:

— Não é o meu nome.

Já no segundo dia, ela experimentou todos os nomes engraçados que já havia escutado: Rodapé, Nanico, Cacundo e muitos outros, mas a todos ele dizia:

— Não é o meu nome.

Um dos mensageiros voltou no terceiro dia e disse:

— Rainha, não consegui descobrir nenhum nome novo. Mas ontem, quando estava subindo uma montanha que fica na floresta distante, onde a lebre e a raposa conversam entre si, avistei uma casa pequenina, diante da qual havia uma fogueira. Em volta da fogueira, um homenzinho cômico, pulando alegremente numa perna só, cantava os seguintes versos

Não paro de festejar
Comendo hoje o cozido e amanhã o assado,
quero mais é dançar e cantar.
Viva! O menino ela vai me entregar
Pois de jeito nenhum vai descobrir,
Que meu nome, sim, é Rumpelstiltiskin.

Ao ouvir isso, a rainha vibrou de alegria. Não tardou muito o homenzinho veio cobrá-la:

— Então, qual é o meu nome?
— É João? — perguntou ela.
— Não — ele respondeu.
— É José?
— Não.
— Não seria, então, Rumpelstiltiskin?

— Algum feiticeiro contou para você! Algum feiticeiro contou para você! — berrou o homenzinho, batendo o pé direito com tanta força no chão que abriu um buraco. E o pé afundou tanto que ele teve de puxá-lo com as duas mãos para tirá-lo dali.

Como todos riam a valer dele, pois, afinal, tinha feito tanto esforço por nada, o homenzinho tratou de ir embora o quanto antes.

Irmãos Grimm. Rumpelstiltiskin. Em: *As melhores histórias de Irmãos Grimm & Perrault*. Tradução de Ayalla Kluwe de Aguiar e outros. São Paulo: Nova Alexandria, 2004. p. 22-27. (Coleção Volta e meia).

Estudo do texto

1. Após a leitura do conto, suas hipóteses sobre a palavra "Rumpelstiltiskin" se confirmaram? Converse com os colegas a respeito.

2. Qual é o elemento mágico dessa narrativa? É o mesmo que você havia imaginado? Explique para os colegas.

3. Identifique cada um dos itens a seguir no conto "Rumpelstiltiskin".

a) situação inicial
b) conflito/complicação
c) clímax
d) desfecho

DICA!
Você já estudou a estrutura da narrativa. Caso não se recorde de algum desses itens, volte à página **17** e releia a atividade **7**.

4. Que tipo de narrador narra os acontecimentos desse conto? Explique.

5. Quem são as personagens do conto lido?

6. As personagens de um conto podem ser classificadas de acordo com a importância de seu papel na história. Veja.

Protagonista	Também conhecida como personagem principal, pois os acontecimentos giram em torno dela.
Antagonista	É a personagem que se opõe à protagonista, também conhecida como vilã.
Personagem secundária	Também conhecida como coadjuvante, pois auxilia no desenvolvimento da história, mas não é o centro dela.

a) Quem é a personagem protagonista do conto lido?
b) Quem é a personagem antagonista?
c) Quais são as personagens secundárias?

7. Geralmente, nos contos maravilhosos, a protagonista se depara com desafios que precisa vencer para atingir o final feliz.

a) Quais são os desafios enfrentados pela protagonista do conto lido?
b) A protagonista é bem-sucedida em suas missões?

8. Relacione em seu caderno as características físicas e psicológicas de cada personagem listada.

A filha do moleiro   **B** moleiro   **C** rei   **D** Rumpelstiltiskin

I) bela
II) hábil
III) ganancioso
IV) pequenino
V) inteligente
VI) orgulhoso
VII) de aparência curiosa
VIII) cheio de si

9. Releia algumas passagens do conto e responda às questões.

> Ele aceitou a palavra da moça e sentou-se à roca. E trabalhando alegremente foi fiando toda aquela palha e transformando-a em ouro.

> Ela continuou chorando e chorando, até que suas lágrimas comoveram um pouco o homenzinho, que lhe propôs:
> — Vou lhe dar três dias de graça: se durante esse tempo conseguir descobrir o meu nome, poderá ficar com o seu filho.

- É possível dizer que Rumpelstiltiskin é uma personagem completamente má? Justifique sua resposta com base nos trechos acima.

10. Localize no conto maravilhoso lido momentos de:

A **suspense**: quando não é possível prever ou saber exatamente o que vai acontecer.

B **humor**: quando os acontecimentos narrados são engraçados.

C **terror**: quando os acontecimentos narrados causam medo.

11. Releia o trecho a seguir, retirado do conto "O sapateiro e os duendes", apresentado na **Leitura 1**.

> Era uma vez um sapateiro que trabalhava duro e era muito honesto. Mas nem assim ele conseguia ganhar o suficiente para viver.

a) No trecho acima, utilizou-se a expressão "Era uma vez" para indicar a imprecisão temporal da narrativa. Qual expressão foi utilizada no conto "Rumpelstiltiskin" com o mesmo objetivo?

b) Quais outras expressões você conhece além das utilizadas nos contos lidos para dar essa ideia de imprecisão de tempo?

c) Por que essas expressões costumam ser utilizadas em contos maravilhosos?

d) Em que outros gêneros essas expressões são comuns?

12. Uma característica comum aos contos maravilhosos são os lugares onde as histórias se passam, como desertos, palácios, florestas. Em que lugar se passa o conto lido?

13. Releia o trecho abaixo e observe as palavras destacadas.

> Assim que ela ficou só, o homenzinho retornou e disse:
> — O que você vai me dar para eu fiar todo esse ouro para você?
> — Não tenho mais nada — ela disse.
> — Então prometa — continuou o **homenzinho** — que vai me dar seu primeiro **filhinho** quando for **rainha**.

a) Qual dessas palavras não está no diminutivo?
b) Considere as palavras empregadas no diminutivo e responda:
 • Quanto ao sentido, o que diferencia um diminutivo do outro?
 • Que valor tem esse emprego do diminutivo para o contexto do conto?

14. Releia outro trecho do conto e responda às questões.

> Ele a conduziu, então, para um quarto onde havia uma enorme quantidade de palha e também uma **roca de fiar**.

a) Qual é o significado da expressão em destaque?
b) Você conhece algum outro conto maravilhoso em que esse elemento apareça? Em caso afirmativo, diga qual.
c) Em sua opinião, por que é comum esse instrumento aparecer em contos maravilhosos?

15. Copie em seu caderno a alternativa que apresenta as principais características desse conto que o tornam um conto maravilhoso.

A A presença de seres mitológicos e uma maldição que precisa ser desfeita.

B A presença de um elemento mágico que muda o destino da protagonista.

16. O que você achou do conto lido? Comente suas impressões e explique para os colegas e o professor por que gostou ou não dessa história.

▶ **Aprenda mais**

O filme *Malévola* narra a história da famosa bruxa do conto "Bela Adormecida" pela perspectiva da vilã. Malévola se torna uma pessoa vingativa após ter sido traída por seu amigo Stefan, que pretende se tornar o líder do reino vizinho. Quando nasce a filha de Stefan, Malévola a amaldiçoa. Aos poucos, porém, ela passa a nutrir carinho e amizade pela jovem, mudando o destino de todos.

Malévola. Direção de Robert Stromberg. Estados Unidos, 2014 (97 min).

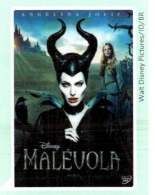

Escrita em foco

Pontuação

Nesta seção vamos retomar a função de alguns sinais de pontuação que são muito importantes na escrita.

1. Releia um trecho do conto "Rumpelstiltiskin", observando os sinais de pontuação.

> A moça acomodou-se, então, num canto e começou a lastimar sua sorte, quando, de repente, a porta se abriu e um homenzinho de aparência curiosa entrou mancando, e disse:
>
> — Bom dia, bela moça. Por que está chorando?
>
> — Coitada de mim! — respondeu ela. — Tenho que fiar esta palha para transformá-la em ouro e não sei como farei isso.
>
> — O que vai me dar — começou a perguntar o homem pequenino — se eu fizer isso em seu lugar?
>
> — Meu colar — respondeu ela.

a) Que sinais de pontuação foram empregados nesse trecho do conto? Copie em seu caderno as opções corretas.

- **A** vírgula
- **B** ponto-final
- **C** ponto e vírgula
- **D** ponto de interrogação
- **E** aspas
- **F** ponto de exclamação
- **G** reticências
- **H** dois-pontos
- **I** travessão

b) Com que função os dois-pontos foram empregados no final do primeiro parágrafo desse trecho?

c) Com que função os travessões foram empregados nesse trecho?

d) Qual é a função do ponto de interrogação?

e) Se o ponto de exclamação fosse substituído pelo ponto-final na fala da moça ao dizer "Coitada de mim!", o efeito de sentido seria o mesmo? Explique.

> Os **sinais de pontuação** são sinais gráficos utilizados para indicar na escrita entonações comuns da fala, estabelecer ordem entre as palavras e as frases e facilitar a compreensão do texto, tornando-o legível e claro.

2. Leia a tirinha a seguir e responda às questões.

Alexandre Beck. *Armandinho dois*. Florianópolis: A. C. Beck, 2014. p. 42.

a) O humor da tirinha é construído com base em que fato?
b) De que forma o pai esperava que Armandinho fosse ajudá-lo?
c) Que palavra da fala do pai cria o mal-entendido? Explique.
d) No primeiro quadrinho, que efeito as reticências nas falas do pai do menino produzem?
e) Leia em voz alta as falas das personagens no segundo quadrinho. Que diferença há entre as entonações dessas frases?
  • Que sinais gráficos são responsáveis por isso?
f) No terceiro quadrinho, por que foi utilizado o ponto de exclamação na fala de Armandinho? Explique.

O **ponto de interrogação** é usado ao final de frases interrogativas diretas.

O **ponto de exclamação** é usado ao final de frases exclamativas, para indicar sentimentos, como espanto e surpresa; em frases imperativas e também após interjeições.

Para saber mais

Existem dois tipos de frases interrogativas, as **diretas** e as **indiretas**. O ponto de interrogação é empregado apenas nas diretas. Veja os exemplos.
- Qual é a previsão do tempo para hoje**?**
- Eu gostaria de saber qual é a previsão do tempo para hoje**.**
- O que vamos fazer nas férias**?**
- Ela me perguntou o que vamos fazer nas férias**.**
- Por que não me contaram a história**?**
- Ele questionou por que não lhe contaram a história**.**

3. Agora, releia um trecho do conto "O sapateiro e os duendes".

> O bom homem não sabia o que dizer ou pensar deste estranho acontecimento. Examinou o acabamento: não havia sequer um ponto falso no serviço todo e era tão benfeito e preciso que parecia uma perfeita obra de arte.

Com que função os dois-pontos foram empregados nesse trecho? Copie em seu caderno a alternativa correta.

A Anunciar a fala de uma personagem.
B Anunciar uma citação.
C Anunciar um esclarecimento ou explicação.

> Os **dois-pontos** podem ser usados para anunciar a fala de uma personagem, uma enumeração, uma citação, um esclarecimento ou uma explicação.

4. Leia o texto da quarta capa do livro *Contos de amor dos cinco continentes*, de Rogério Andrade Barbosa.

> Não é todo dia que se tem em mãos um livro com uma reunião de contos tão especial... Cuidadosamente selecionadas e recontadas por Rogério Andrade Barbosa, as histórias aqui reunidas trazem narrativas cujo personagem principal é o amor. Os cinco continentes habitados de nosso planeta estão representados por grandes histórias de amor — contadas de modo mágico, intenso e, por vezes, trágico. Cada conto ganhou, ainda, as ilustrações de um artista do respectivo continente, tornando a leitura deste livro ainda mais autêntica e prazerosa. Aqui é possível mergulhar em narrativas amorosas passadas de geração em geração desde que o mundo é mundo.
>
> Rogério Andrade Barbosa. *Contos de amor dos cinco continentes.*
> São Paulo: Editora do Brasil, 2017. Quarta capa.

a) Uma das funções de um texto de quarta capa é despertar no leitor a vontade de ler o livro. Em sua opinião, esse texto cumpre essa função? Explique sua resposta.

b) Com que função o travessão foi empregado nesse texto? Copie em seu caderno a opção correta.

A Introduzir a fala de uma personagem.
B Destacar uma frase.
C Isolar uma palavra.

c) Que sinal de pontuação poderia substituir o travessão nesse texto, mantendo o sentido?

> O **travessão** pode ser usado para indicar a fala de uma personagem e para destacar ou isolar palavras, expressões ou frases.

34

Atividades

1. A anedota a seguir foi escrita sem os sinais de pontuação. Leia-a e reescreva-a no caderno inserindo os sinais adequados.

Um louco se vira pro vizinho de quarto e comenta

Estou tentando ouvir o rádio, mas ele não dá sinal de vida. Você mexeu nele

Mexi sim. Ele estava muito sujo, achei melhor lavá-lo.

Ah Vai ver você afogou o locutor

Ziraldo. *As anedotinhas do bichinho da maçã*.
São Paulo: Melhoramentos, 2006. p. 8.

2. Reescreva este trecho do conto "O sapateiro e os duendes" substituindo as aspas por outro sinal de pontuação equivalente. Faça as demais alterações necessárias.

Certa noite, perto do Natal, quando ele e a mulher estavam sentados perto do fogo conversando, ele lhe disse, "Gostaria de ficar observando esta noite para ver quem vem fazer o trabalho por mim". A esposa gostou da ideia.

3. Leia a tirinha a seguir.

Ziraldo. *O menino maluquinho*: as melhores tiras, 1. Porto Alegre: L&PM, 1995. p. 44.

a) O que você achou da opinião do Menino Maluquinho a respeito do conto "Os três porquinhos"?

b) Narre os acontecimentos dessa tirinha em seu caderno, apresentando as falas das personagens. Para isso, empregue os sinais de pontuação adequadamente.

4. Transforme as frases interrogativas diretas em frases interrogativas indiretas.

a) O que vamos comer no lanche?

b) Qual foi o placar do jogo de ontem?

c) Você gostou do livro de crônicas?

d) Amanhã terá aula de Geografia?

35

Linguagem em foco

O discurso direto e o discurso indireto

É comum haver em uma narrativa a fala do narrador e das personagens. Essas falas integram o texto, criando os mais variados sentidos. Mas como reconhecer quando a fala é da própria personagem ou reproduzida pelo narrador? É o que vamos estudar agora.

1. Releia um trecho do conto "Rumpelstiltiskin" e responda às questões a seguir.

> Não tardou muito o homenzinho veio cobrá-la:
> — Então, qual é o meu nome?
> — É João? — perguntou ela.
> — Não — ele respondeu.
> — É José?
> — Não.
> — Não seria, então, Rumpelstiltiskin?
> — Algum feiticeiro contou para você! Algum feiticeiro contou para você!
> — berrou o homenzinho [...]

a) De quem é a voz que fala no primeiro parágrafo desse trecho: do narrador ou de uma das personagens? E no segundo parágrafo?

b) Que sinal de pontuação foi utilizado ao fim da fala do narrador no primeiro parágrafo?

c) Qual é a função desse sinal no contexto em que foi empregado?

d) Que sinal de pontuação introduz a fala da personagem?

e) No último parágrafo desse trecho, há duas vozes: a do narrador e a da personagem. Identifique-as.

> Nas narrativas, o discurso pode se apresentar de forma direta ou indireta. No **discurso direto**, a fala da personagem é reproduzida conforme foi dita por ela, e o travessão ou as aspas costumam indicar as falas. No **discurso indireto**, o narrador reproduz a fala da personagem com as palavras dele.

f) Que tipo de discurso foi empregado nesse trecho? Justifique sua resposta.

Nos dois tipos de discurso, para introduzir ou indicar a fala de uma personagem, utilizam-se os **verbos de elocução**, ou verbos de dizer. São exemplos de verbos de elocução: **perguntar**, **falar**, **responder**, **admitir**, **dizer**, **pedir**, entre outros.

Você sabia que não é só nas narrativas que o discurso direto e o discurso indireto são utilizados? Em textos jornalísticos, eles também são empregados. Vamos ver como isso acontece?

2. Leia a notícia a seguir e responda às questões.

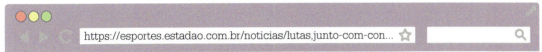

Junto com convocados, CBJ anuncia 1ª mulher no comando do time masculino de judô

Yuko Fujii, japonesa de 36 anos, já auxiliava na preparação dos judocas brasileiros desde 2012

Estadão Conteúdo
30 Maio 2018 | 16h58

A Confederação Brasileira de **Judô (CBJ)** anunciou nesta quarta-feira a japonesa **Yuko Fujii** como nova técnica da seleção masculina. Será a primeira vez na história da modalidade que uma mulher comandará uma delegação de homens.

Junto com essa novidade, a CBJ revelou os judocas convocados para o Campeonato Mundial que acontecerá em Baku, no Azerbaijão, entre 20 a 27 de setembro. Entre os nomes, destaque para os medalhistas olímpicos Rafael Silva, Rafaela Silva, Érika Miranda, Ketleyn Quadros e Mayra Aguiar.

Yuko Fujii, de 36 anos, treinará a seleção masculina de judô.

Em nota publicada no *site* da entidade, Yuko agradeceu a confiança da CBJ e avisou que o objetivo final desse projeto está em garantir bons resultados nos Jogos Olímpicos do Japão de 2020.

"Ser a técnica principal é grande responsabilidade, especialmente com a equipe brasileira, que tem histórico de resultados. Hoje, nós temos uma equipe forte e dedicada. Estou empolgada com esse grande desafio. Assim como uma equipe, como um time Brasil, nós conseguiremos fazer grandes conquistas em Tóquio-2020", destacou.

Yuko tem 36 anos e é natural da cidade de Toyoake, no Japão. Ela está no Brasil desde 2012, quando recebeu o convite da CBJ para auxiliar na preparação dos judocas brasileiros, especialmente na transição do júnior para o principal. Antes, ela já tinha trabalhado como auxiliar técnica da seleção britânica.

O presidente da CBJ, Silvio Acácio Borges, explicou a escolha pelo nome de Yuko. "É mais uma demonstração de que o judô está conectado aos princípios mais atuais de gestão. Independentemente de ser mulher ou homem, é a competência que fala mais alto. A meritocracia é o nosso principal critério, e a Yuko tem tudo para fazer um ótimo trabalho", disse.

https://esportes.estadao.com.br/noticias/lutas,junto-com-con...

No comando apenas da equipe principal masculina, a japonesa trabalhará ao lado do coordenador Luiz Shinohara. Na preparação para o Mundial deste ano, ela acompanhará a equipe masculina em treinamentos internacionais no Japão e na Espanha, em junho, além de orientar os atletas no Grand Prix de Zagreb, em julho.

[...]

Junto com convocados, CBJ anuncia 1ª mulher no comando do time masculino de judô. *Estadão*. Disponível em: <https://esportes.estadao.com.br/noticias/lutas,junto-com-convocados-cbj-anuncia-1-mulher-no-comando-do-time-masculino-de-judo,70002331442>. Acesso em: 26 jun. 2018.

a) O que as informações dessa notícia revelam em relação à Yuko Fujii?

b) Releia os trechos a seguir.

I. A Confederação Brasileira de **Judô** (**CBJ**) anunciou nesta quarta-feira a japonesa **Yuko Fujii** como nova técnica da seleção masculina. Será a primeira vez na história da modalidade que uma mulher comandará uma delegação de homens.

II. "É mais uma demonstração de que o judô está conectado aos princípios mais atuais de gestão. Independentemente de ser mulher ou homem, é a competência que fala mais alto. A meritocracia é o nosso principal critério, e a Yuko tem tudo para fazer um ótimo trabalho" [...]

- Qual dos trechos apresenta uma fala por meio do discurso direto?
- A quem pertence essa fala? Que sinal de pontuação foi utilizado para marcá-la no texto?

c) Releia o trecho a seguir e anote em seu caderno que tipo de discurso foi empregado nele justificando a sua resposta.

Em nota publicada no *site* da entidade, Yuko agradeceu a confiança da CBJ e avisou que o objetivo final desse projeto está em garantir bons resultados nos Jogos Olímpicos do Japão de 2020.

d) Em sua opinião, qual é a importância da reprodução das falas em uma notícia?

Em textos jornalísticos, o **discurso indireto** é utilizado para que o jornalista reproduza a fala de alguém utilizando as suas palavras, e o **discurso direto**, para dar credibilidade ao seu texto, pois ajuda a tornar as informações apresentadas mais confiáveis, uma vez que são reproduzidas exatamente como foram ditas.

Atividades

1. Leia o trecho de notícia a seguir e responda às questões.

> **Calçados de borracha acreanos encantam lojistas de todo o Brasil**
>
> Agência Acre - 19/06/2018
>
> [...]
>
> Lojistas participantes da II Rodada de Negócios Artesanais — Acre Made In Amazônia fizeram na última sexta-feira, 15, uma visita ao mundialmente conhecido Doutor da Borracha, na zona rural de Epitaciolândia. Lá, conheceram a casa onde são produzidos os calçados de borracha.
>
> Entusiasmados com o artesanato acreano, os visitantes percorreram 243 km de estrada e outros 15 de ramal para chegar à casa onde são produzidos os calçados de borracha. A distância não desanimou os lojistas, que consideraram a viagem uma experiência surpreendente.
>
> "Já conhecia o produto e não imaginava que é produzido a partir do leite extraído de uma árvore. A gente vê o produto final e não tem noção de toda sua história. Para mim, foi uma experiência surpreendente, conheci a estrada de seringa e tive um contato ímpar com o meio ambiente da Amazônia", disse a lojista de Belo Horizonte/MG, Fernanda Trombino.
>
> [...]
>
> Agência Acre. Calçados de borracha acreanos encantam lojistas de todo o Brasil. *A gazeta do Acre,* Rio Branco, 19 jun. 2018. Disponível em: <https://agazetadoacre.com/calcados-de-borracha-acreanos-encantam-lojistas-de-todo-o-brasil/>. Acesso em: 22 jun. 2018.

a) Qual informação essa notícia apresenta?

b) Que importância a divulgação de eventos como esse tem?

c) Com qual objetivo o discurso direto foi empregado nesse texto?

2. Leia a seguir uma fábula muito conhecida e responda às questões.

> ### O leão e o ratinho
>
> Após caçar durante um longo período, um leão estava descansando à sombra de uma grande árvore. Ele acordou quando uns ratinhos passearam sobre seu imenso corpo.
>
> Todos os ratinhos fugiram, exceto um, que o leão agarrou com sua enorme pata. Quando estava prestes a comê-lo, o ratinho implorou por sua vida, e o leão deixou que ele fosse embora.
>
> Dias depois, o leão ficou preso em uma rede de caçadores. Enquanto tentava se soltar, apareceu o ratinho, que lhe ofereceu ajuda e, com seus afiados dentinhos, roeu as cordas, soltando o leão.
>
> **Nenhum ato de gentileza é coisa vã.**
>
> Esopo. O leão e o ratinho. *Palavrinhas,* 14 set. 2018. Disponível em: <http://www.palavrinhas.org/2018/09/o-leao-e-o-ratinho.html>. Acesso em: 15 set. 2018.

a) Que outros ensinamentos podemos extrair dessa fábula?

b) Reescreva a fábula, empregando o discurso direto. Para isso, imagine como foi a conversa entre as personagens e o que elas pensaram, por exemplo.

c) Em sua opinião, o que a mudança do discurso indireto para o direto acarretou na leitura?

Estudo da língua

Substantivo I

Para organizar o estudo da língua, as palavras são divididas em classes. Na língua portuguesa, temos dez classes gramaticais. Nesta seção, você vai relembrar uma das mais importantes delas: a classe dos substantivos.

1. Releia o início do conto "Rumpelstiltiskin" e responda às questões a seguir.

Num certo reino, há muito tempo, vivia um moleiro e sua filha, que além de bela, era muito hábil e inteligente. Por essa razão, o pai sentia-se tão cheio de si e orgulhoso que um dia, para contar vantagens, falou ao rei do lugar que sua filha podia fiar ouro de palha. Aquele rei, que era louco por dinheiro, ao ouvir a história do moleiro, ficou agitado e ordenou que a moça fosse trazida à sua presença. Ele a conduziu, então, para um quarto onde havia uma enorme quantidade de palha e também uma roca de fiar.

a) Que palavras desse trecho foram utilizadas para nomear as personagens?
b) Como podemos nomear a afirmação do moleiro de que a filha era capaz de transformar palha em ouro? Copie a resposta no caderno.

   A verdade   **B** mentira   **C** ofensa

c) Que palavra dá nome ao instrumento de fiar?
d) Em que lugar a filha do moleiro ficou para realizar o serviço?

Ao responder às questões anteriores, você provavelmente usou palavras que identificam e dão nome a pessoas, sentimentos, objetos e lugares.

> A palavra que nomeia seres reais ou imaginários, sentimentos, objetos, lugares, sensações, ações é chamada de **substantivo**.

Tudo o que você vê, faz, sente, ouve ou imagina tem ou pode ter nome. Por serem responsáveis por nomear tudo o que existe, os substantivos constituem a classe gramatical mais extensa da nossa língua.

No estudo gramatical da língua portuguesa, os substantivos são classificados em subgrupos, que você vai relembrar agora.

Substantivos comum e próprio

1. Releia outro trecho do conto "Rumpelstiltskin" para responder às questões.

> [...] Quando o homenzinho retornou na manhã seguinte, ela começou a falar diversos nomes — Epaminondas, Ludovico, Gervásio, e assim por diante —, mas a todos os que ela citava o anãozinho dizia:
> — Não é o meu nome.
> Já no segundo dia, ela experimentou todos os nomes engraçados que já havia escutado: Rodapé, Nanico, Cacundo e muitos outros, mas a todos ele dizia:
> — Não é o meu nome.

a) Que nomes a rainha sugere que sejam o do homenzinho?

b) Por que os nomes que ela sugere são escritos com inicial maiúscula?

Palavras que nomeiam seres de um mesmo grupo, sem particularizá-los, como **homenzinho**, são iniciadas com letra minúscula. Palavras que nomeiam seres individualmente, como **Gervásio**, são escritas com letra maiúscula.

O substantivo que designa um ser ou algo sem particularizá-lo é chamado de **substantivo comum**. O que nomeia um ser especificando-o em relação à sua espécie ou a seu grupo recebe o nome de **substantivo próprio**.

Substantivos simples e composto

1. Leia a tirinha abaixo e responda às questões a seguir.

Ziraldo. *As melhores tiradas do Menino Maluquinho*. 10. ed. São Paulo: Melhoramentos, 2005. p. 17.

a) De que trata a campanha citada no primeiro quadrinho da tirinha?

b) O que é a plataforma à qual a professora se refere no terceiro quadrinho?

c) O que causa humor nessa tirinha?

d) A professora falou para o Menino Maluquinho escrever sua plataforma no quadro-negro. Que outra palavra poderia substituir **quadro-negro** sem alteração de sentido?

e) A palavra **quadro-negro** é formada pela junção de quantas e quais palavras?

Alguns substantivos podem ser formados pela junção de duas ou mais palavras, como é o caso de **quadro-negro** (quadro+negro), escrito com hífen. Entretanto alguns desses substantivos, como **girassol** (gira+sol), são escritos sem hífen.

> Os substantivos formados por uma palavra são chamados de **substantivos simples**. Os que têm mais de uma palavra em sua formação recebem o nome de **substantivos compostos**.

Atividades

1. Observe estas imagens, que representam um objeto.

Carlos Drummond de Andrade. *O jardim*. Ilustrações de Atak. São Paulo: Companhia das Letras, 2015.

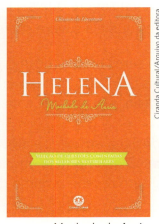
Machado de Assis. *Helena*. São Paulo: Ciranda Cultural, 2018.

Florbela Espanca. *Sonetos*. 11. ed. Porto: Porto Editora, 2013.

a) Que substantivo comum poderia nomear os três objetos?

b) Qual livro apresenta em seu título um substantivo próprio?

c) Quais substantivos próprios costumam ser encontrados em uma capa de livro?

2. Copie as frases **I** e **II** a seguir em seu caderno e substitua o **substantivo comum** destacado por um **substantivo próprio** equivalente do quadro abaixo. Não se esqueça de fazer as modificações necessárias.

> Aracaju • Maria • Salvador • Pedro • Vitória • Palmas

I Na semana que vem, viajaremos para a **capital** do Espírito Santo.

II O **menino** adorou conhecer uma **cidade** da Bahia.

a) Ao trocar os substantivos comuns por próprios, o que mudou no sentido das frases? Explique.

b) Dos substantivos próprios usados, algum poderia ser usado com outro sentido? Explique.

3. Leia este poema e responda às questões.

Livro

Livro
um amigo
para falar comigo
um navio
para viajar
um jardim
para brincar
uma escola
para levar
debaixo do braço

Livro
um abraço
para além do tempo
e do espaço.

Luísa Ducla Soares. Livro. Em: *Poemas da mentira e da verdade*.
Ilustrações originais de Ana Cristina Inácio. 4. ed. Lisboa: Livros Horizonte, 2007. p. 33.

a) Do que trata esse poema?
b) Há uma regularidade nas rimas apresentadas no poema?
c) Identifique os substantivos empregados nesse poema.
- Esses substantivos podem ser classificados como:

  A comuns e simples.
  B comuns e compostos.
  C próprios e simples.
  D próprios e compostos.

4. Leia os títulos de notícia a seguir.

I Fim de tarde do RJ tem arco-íris em várias regiões

G1, 5 ago. 2018. Disponível em: <https://g1.globo.com/rj/rio-de-janeiro/noticia/2018/09/05/fim-de-tarde-do-rj-tem-arco-iris-em-varias-regioes.ghtml>. Acesso em: 12 set. 2018.

II *Scanner* de íris aprende a diferenciar olhos de vivos ou mortos

Tecmundo, 24 jul. 2018. Disponível em: <https://www.tecmundo.com.br/seguranca/132528-scanner-iris-aprende-diferentes-olhos-vivos-mortos.htm>. Acesso em: 12 set. 2018.

a) Copie as informações corretas em relação aos substantivos destacados nos títulos de notícia.

  A **Arco-íris** é um substantivo composto, pois é formado por duas palavras.
  B **Arco-íris** é um substantivo simples, pois é formado por uma única palavra.
  C **Íris** é um substantivo simples, pois é formado por uma única palavra.
  D **Íris** é um substantivo composto, pois é formado por mais de uma palavra.

b) Esses substantivos são comuns ou próprios? Justifique sua resposta.

5. Forme substantivos compostos com a junção das palavras abaixo.

6. Leia as charadas e tente identificar a quais substantivos elas se referem.

a) Agora, classifique os substantivos encontrados em:

| substantivos simples | substantivos compostos |

b) De que palavras são formados os substantivos compostos que você encontrou nas charadas?

7. Observe a pintura a seguir.

Giuseppe Arcimboldo. *Vertumnus,* cerca de 1590. Óleo sobre madeira, 70,5 × 57,5 cm. Castelo Skokloster, Suécia.

a) O que está sendo retratado nessa obra de arte?

b) Quais são suas impressões sobre essa pintura e que sensações ela despertou em você? Compartilhe com os colegas.

c) Você conhece outras obras desse artista? Se sim, cite-as.

d) Quais elementos compõem a imagem retratada nessa obra?
  • Classifique as palavras que você utilizou como resposta para o item anterior em substantivo próprio ou comum.

e) Agora, releia a referência da obra.

> Giuseppe Arcimboldo. *Vertumnus*, cerca de 1590. Óleo sobre madeira, 70,5 × 57,5 cm. Castelo Skokloster, Suécia.

Identifique nessa referência os substantivos e classifique-os em próprio ou comum.

Para saber mais

A obra *Vertumnus* é uma das mais famosas do artista Giuseppe Arcimboldo. Ela retrata o busto do imperador Rudolfo II, como se fosse Vertumnus, o deus romano da vegetação e da transformação. A harmonia realizada com flores e alimentos revela o que o reinado do imperador simbolizava para o artista.

Produção de texto

Conto maravilhoso

Neste capítulo, você leu dois contos maravilhosos e aprendeu que essas narrativas existem há muitos anos. A princípio, elas eram transmitidas oralmente de geração em geração, até que alguns escritores, como os irmãos Grimm, Hans Christian Andersen e Charles Perrault, resolveram registrá-las. Depois deles, outros autores reescreveram, traduziram e adaptaram essas histórias, que já viraram filmes, seriados, peças de teatro, desenhos animados, etc.

Que tal agora você vivenciar o papel do contador de histórias? Para isso, primeiro você vai escolher um conto maravilhoso do qual goste para contá-lo aos colegas; depois o professor vai marcar uma data para que você conte a história escolhida para a turma.

Para começar

Escolha uma das opções a seguir para pesquisar o conto maravilhoso.

Pesquisa em livros

Em sua casa, na biblioteca da escola, da sua cidade ou bairro, pesquise livros de contos maravilhosos. Se precisar, peça ajuda ao bibliotecário ou ao professor. Encontrado o livro, leia os contos e selecione o que você mais gostar. Você também pode consultar a sugestão de livro no boxe **Aprenda mais**, da página **47**.

Pesquisa na internet

Pesquise contos maravilhosos em *sites* confiáveis, leia-os e escolha o que você mais gostar. Procure *sites* de escritores, *blogs* literários, etc. Se precisar, peça ajuda ao seu professor.

Pesquisa com os familiares

Peça a uma pessoa de sua família ou de seu convívio que lhe conte um conto maravilhoso que conheça. Anote no caderno os principais acontecimentos da história, a ordem em que ocorreram, quem são as personagens, etc., para não se esquecer dos detalhes na hora de contar a história.

Ilustrações: Dnepwu

▶ **Aprenda mais**

O livro *Contos de Grimm: para todas as idades* traz diversos contos dos irmãos Grimm, recontados por Philip Pullman, como "Os elfos", "Rumpelstiltskin" e "O pássaro dourado". Ele é uma boa sugestão para você pesquisar um conto maravilhoso para contar à turma.

Philip Pullman. *Contos de Grimm*: para todas as idades. Tradução de José Rubens Siqueira. Rio de Janeiro: Objetiva, 2014.

Prepare a apresentação

Após a pesquisa e a escolha do conto maravilhoso que você vai contar, chegou o momento de planejar sua apresentação. Para isso, siga as orientações a seguir.

DICA!
Você pode iniciar seu conto com a expressão "Era uma vez..." ou outra similar.

1 Leia o conto quantas vezes forem necessárias para memorizá-lo. Fique atento aos elementos da narrativa que você estudou: personagens, tempo e espaço.

Num certo reino, há muito tempo, vivia um moleiro e sua filha, que além de bela, era muito hábil e inteligente.

4 Cuide de sua postura e da linguagem que usará. Procure envolver o público fazendo perguntas sobre a história. Para se sentir seguro, faça alguns ensaios.

2 Você viu que o conto maravilhoso sempre apresenta um elemento ou acontecimento mágico. Não esqueça de destacar esse aspecto.

Quando o homenzinho retornou na manhã seguinte, ela começou a falar diversos nomes. Vocês acham que ela descobriu na primeira tentativa?

Ele aceitou a palavra da moça e sentou-se à roca. E trabalhando alegremente foi fiando toda aquela palha e transformando-a em ouro.

3 Narre o conto seguindo a estrutura narrativa: situação inicial, conflito, clímax e desfecho. Nas passagens que expressam emoção, como no clímax, procure transmitir isso por meio da entonação, do tom de voz, gestos e expressões faciais.

5 Procure incrementar sua apresentação utilizando objetos que possam ajudar a caracterizar uma cena ou uma personagem.

Ilustrações: Dnepwu

▶ **Aprenda mais**

Antes de narrar seu conto para a turma, conheça como Stela Barbieri e Fernando Vilela realizam uma contação de histórias acessando o *site A história vai começar*. É possível acessá-lo por meio do endereço a seguir.

A história vai começar. Disponível em: <http://linkte.me/vj235>. Acesso em: 22 jun. 2018.

Apresente-se

Após todos terem ensaiado sua apresentação, o professor vai organizar a turma para a realização da **Hora do conto**. Se for usar algum material durante a apresentação, lembre-se de prepará-lo com antecedência. Procure ficar tranquilo durante a sua apresentação. E não esqueça: quando o colega estiver narrando o conto dele, faça silêncio e preste atenção.

Avalie sua apresentação

Após a realização da **Hora do conto**, avalie como foi a sua apresentação. Os itens abaixo podem auxiliar nessa avaliação.

- ✓ As personagens, o espaço e o tempo do conto narrado foram apresentados?
- ✓ O elemento ou acontecimento mágico foi citado enquanto contava a história?
- ✓ O conto seguiu a estrutura narrativa: situação inicial, conflito, clímax e desfecho?
- ✓ Foi possível transmitir a emoção de certos momentos da história por meio da entonação, gestos e expressões faciais?
- ✓ O conto escolhido despertou o interesse da turma?

Verifique seu desempenho

Finalizada a atividade, chegou o momento de verificar como foi o desenvolvimento dela. Para isso, copie o quadro abaixo em seu caderno e responda às questões.

	👍	✊	👎
A Dediquei tempo suficiente para essa produção: planejei a apresentação, ensaiei e verifiquei o que precisava melhorar?			
B A maneira como narrei o conto agradou aos colegas da turma?			
C Ouvi com atenção e interesse o conto dos meus colegas?			
D Procurei contribuir com a organização e a realização da atividade?			
E Com base na sua apresentação e nas perguntas acima, escreva como você pode melhorar suas próximas produções.			

Para saber mais

Os contos maravilhosos passaram da tradição oral à escrita graças a escritores que os coletavam e os registravam. A princípio, esses contos não se destinavam às crianças até que o escritor Charles Perrault passou a adaptá-los para o público infantil.

Perrault nasceu em Paris, França, em 1628. Formou-se em Direito e atingiu notoriedade publicando poemas. Ele acreditava na necessidade de seu país conhecer as tradições populares, por isso ouvia as histórias contadas pelas pessoas e as registrava por escrito. Seu primeiro livro de contos, que publicou com quase setenta anos, reunia histórias que com o tempo se tornaram muito populares, como "Branca de Neve" e "A Bela Adormecida".

Philippe Lallemand. *Retrato de Charles Perrault*. Óleo sobre tela, 134 × 100 cm. Palácio de Versalhes, França.

Outro autor que se destacou com contos para o público infantil foi Hans Christian Andersen. Ele nasceu em Odense, Dinamarca, em 1805. Apesar das dificuldades financeiras de sua família, ele aprendeu a ler ainda pequeno e gostava muito de ouvir histórias. Após sair de casa, trabalhou como ator e bailarino, mas com o tempo descobriu que a sua paixão era a literatura. Registrou e publicou contos infantis que o tornaram famoso, entre os quais se destacam "O soldadinho de chumbo" e "A pequena sereia".

Verificando rota

Chegamos ao final do primeiro capítulo, e agora é o momento de verificar com a ajuda do professor o que já aprendeu e o que ainda precisa ser revisado. Vamos lá?

1. O conto maravilhoso é uma narrativa que possui quais características?
2. A língua é formada de palavras que se combinam em frases compartilhadas por um grupo de falantes. E a linguagem, o que é? Você sabe defini-la?
3. Cite exemplos de interações que utilizam a linguagem verbal, a não verbal e a combinação dessas duas linguagens.
4. Qual a função dos sinais de pontuação em um texto?
5. Explique a diferença entre o discurso direto e o discurso indireto em narrativas.
6. O que é um substantivo? Cite dois exemplos de substantivos comuns e dois de substantivos próprios.
7. Explique o que é substantivo simples e o que é substantivo composto.
8. Pesquise em *sites* e em livros os conteúdos estudados neste capítulo. Em seguida, com a ajuda do professor, elabore um esquema com os conceitos estudados a fim de colaborar com seus estudos.

ACESSE O RECURSO DIGITAL

CAPÍTULO 2

Crônica

Leitura 1

O texto que você vai ler é uma crônica escrita por Antonio Prata sobre as viagens de férias de uma família. Para essa história, por que será que o cronista utilizou o título "On the road"? Você conhece o significado dessa expressão?

On the road

Passei boa parte das férias da minha infância em Lins, cidade interiorana onde moravam meus avós paternos. Como Lins fica a quatrocentos e trinta quilômetros de São Paulo, não seria incorreto dizer que passei boa parte das férias da minha infância dentro do carro, indo ou voltando de Lins. Da cidade, guardo poucas lembranças: a terra vermelha do quintal, as ruas quentes e planas, uma sorveteria de esquina. Já da estrada, das infinitas horas que separavam a nossa casa da de nossos avós, lembro de muita coisa.

O começo da viagem era sempre animado. Eu e minha irmã, que não víamos o pai durante a semana, falávamos sem parar sobre os acontecimentos mais importantes dos últimos dias: "Eu tô com dois dentes moles!", "A tia Silvia tá grávida!", "O Duílio é muito burro, ele desenhou um homem com o bigode em cima do nariz!". Quando sossegávamos um pouco, meu pai contava uma ou outra novidade. Dizia que havia falado com a nossa avó e que ela já estava fazendo a gelatina de canela que a gente gostava, que esse ano o presépio estava ainda mais caprichado, com uns boizinhos e vacas que o meu avô tinha mandado fazer em Bauru, e a gente ficava ali, olhando o mato passar borrado pela janela e imaginando o que faria primeiro quando chegasse, se corria para o presépio ou para as gelatinas.

Quatrocentos e trinta quilômetros, contudo, são quatrocentos e trinta quilômetros, de modo que mais cedo ou mais tarde o tédio se abatia sobre nós e surgia a pergunta incontornável: "Pai, falta muito?". Sabíamos que a resposta era positiva, mas não nos importávamos. Queríamos era ouvi-lo dizer quanto, exatamente, pois meu pai tinha inventado uma unidade de medida para viagens muito mais interessante do que quilômetros, milhas ou nós: "Acho que faltam uns... Dezesseis banhos". Fazíamos uma cara séria, como convém a viajantes escolados, e perguntávamos: "de chuveiro ou banheira?". "Banheira", dizia ele. "E caprichado, desses de lavar atrás da orelha e entre os dedos dos pés." Então começávamos a simular os banhos, ao mesmo tempo em que os narrávamos, desde o momento de tirar a roupa até pentear os cabelos. Pelo retrovisor, ele conferia cada passo: "E as meias, tiraram as meias?". "Tô entrando!", dizia minha irmã. "Na banheira vazia?! Tem que encher!". A alavanca do vidro direito era a água quente, a do vidro esquerdo, a fria. Enquanto o vento entrava no carro, botávamos os pés aos poucos no vão entre os bancos, testando a temperatura da água.

O banho só era considerado terminado quando estivéssemos limpos, vestidos e penteados. Alongar o processo era fácil, sempre tinha um "esfrega as costas", um "creme rinse" ou um "embaixo das unhas" para nos manter ocupados por mais alguns quilômetros. O problema era quando ele errava na conta, já estávamos na entrada da cidade e ainda tínhamos que tomar três ou quatro banhos. Então fazíamos o que chamávamos de "lava a jato", método ultrarrápido de assepsia, pelo qual era permitido lavar o corpo com a espuma do xampu e recomeçar o processo sem ter que pentear os cabelos. Uma ou outra vez ele chegou a estacionar o carro na esquina da casa da nossa avó, depois de seis horas de viagem, para que tirássemos a espuma dos olhos ou terminássemos de secar os cabelos.

Então entrávamos correndo casa adentro, comíamos as gelatinas, víamos as melhorias do presépio, éramos mimados pelo avô e pela avó. Mais tarde, antes de dormir, tomávamos banho de chuveiro. Um banho chato, com água de verdade e sabonete, que parecia durar muito mais quilômetros do que os do banco de trás do nosso carro.

Antonio Prata. On the road. *Estadão,* São Paulo, 1º dez. 2010. Disponível em: <https://www.estadao.com.br/blogs/antonio-prata/on-the-road/>. Acesso em: 26 jun. 2018. © by Antonio Prata.

Para saber mais

Antonio Prata nasceu em São Paulo no dia 24 de agosto de 1977. É roteirista, escritor e colunista de jornal. Já publicou diversos livros de contos e crônicas, entre os quais *Felizes quase sempre, Douglas e outras histórias* e *Nu, de botas* pelo qual recebeu o prêmio Jabuti.

Foto de Antonio Prata, 2016.

Estudo do texto

1. Após a leitura da crônica é possível entender por que o título dela é "On the road"?

2. De acordo com a leitura realizada, copie no caderno a alternativa que apresenta o principal assunto dessa crônica.

   A Os banhos que as crianças realizavam.

   B As férias em Lins.

   C As lembranças de alguém sobre uma viagem até Lins.

3. Releia o trecho a seguir e responda às questões.

> Passei boa parte das férias da minha infância em Lins, cidade interiorana onde moravam meus avós paternos. Como Lins fica a quatrocentos e trinta quilômetros de São Paulo, não seria incorreto dizer que passei boa parte das férias da minha infância dentro do carro, indo ou voltando de Lins.

a) Que tipo de narrador conta os fatos dessa crônica? Justifique sua resposta.

b) Copie em seu caderno a alternativa que apresenta o nome da cidade onde mora o narrador.

DICA!
Você já estudou os tipos de narrador, mas caso precise retomar esse conteúdo, volte à página **16** e releia a atividade **4**.

   A Lins   **B** São Paulo   **C** Rio de Janeiro

c) Esse narrador seria um adulto ou uma criança? Copie uma frase do trecho que confirme a sua resposta.

4. Copie o trecho da crônica que marca o momento em que o cronista começa a narrar os acontecimentos da infância.

5. Com que finalidade o pai dizia que o banho era de banheira?

6. Em que momento o banho era considerado terminado? Copie em seu caderno a alternativa correta.

   A Quando chegavam na casa dos avós.

   B Quando terminavam de limpar embaixo das unhas.

   C Quando estavam limpos, vestidos e penteados.

Rogério Coelho

52

7. Qual era a estratégia do pai para que o banho demorasse mais?

8. Qual seria o motivo de o banho de verdade, com água e sabonete, parecer chato e muito mais longo que aqueles tomados no banco de trás do carro?

9. Releia o trecho abaixo e observe a palavra destacada.

> [...] "Pai, falta muito?". Sabíamos que a resposta era positiva, mas não nos importávamos. Queríamos era ouvi-lo dizer quanto, exatamente, pois meu pai tinha inventado uma unidade de medida para viagens muito mais interessante do que quilômetros, milhas ou **nós**: "Acho que faltam uns... Dezesseis banhos".

- Agora leia os significados para essa palavra e explique com qual sentido ela foi empregada nesse trecho.

> **nó** *sm.* **1.** Entrelaçamento de uma ou duas cordas, linhas ou fios, para encurtá-los, marcá-los ou uni-los. **2.** A parte mais dura da madeira. **3.** A articulação das falanges dos dedos. **4.** Aquilo que une, liga; vínculo. **5.** O ponto crítico ou essencial de um assunto, negócio, problema, etc. **6.** Unidade de velocidade, igual a uma milha marítima por hora. **7.** *Bot.* Porção do caule ou do ramo onde se inserem as folhas.

Aurélio Buarque de Holanda Ferrreira. *Miniaurélio*: o minidicionário da língua portuguesa. Curitiba: Positivo, 2004. p. 579.

10. Depois de saber a quantidade de banhos que faltava para o fim da viagem, o narrador diz que ele e a irmã faziam uma cara séria que convém a viajantes **escolados**. Qual sentido que essa palavra tem nesse contexto?

> **DICA!**
> Leve em consideração que a palavra **escolados** deriva da palavra **escola**.

11. Que tom o autor adota ao escrever a crônica: mais sério ou mais descontraído? Qual é a relação entre esse tom e a temática do texto?

12. Em que suporte essa crônica foi publicada?

13. A **crônica** é um gênero que nasceu no jornal com o objetivo de provocar no leitor uma leve reflexão, muitas vezes bem-humorada, sobre acontecimentos da vida cotidiana.

  a) A crônica "On the road" trata de um acontecimento do cotidiano? Por quê?
  b) Em sua opinião, qualquer fato, verídico ou não, pode ser assunto para uma crônica? Justifique.
  c) As crônicas, geralmente, são publicadas em jornais. Embora também tratem de fatos do cotidiano, as crônicas são bem distintas das notícias. Por quê?

14. Em que época do ano se passa a história contada na crônica? Como você chegou a essa conclusão?

15. Releia outro trecho da crônica.

> **Quatrocentos e trinta quilômetros**, contudo, são **quatrocentos e trinta quilômetros**, de modo que mais cedo ou mais tarde o tédio se abatia sobre nós e surgia a pergunta incontornável: "Pai, falta muito?". Sabíamos que a resposta era positiva, mas não nos importávamos. Queríamos era ouvi-lo dizer quanto, exatamente, pois meu pai tinha inventado uma unidade de medida para viagens muito mais interessante do que quilômetros, milhas ou nós: "Acho que faltam uns... Dezesseis banhos".

a) Qual é o efeito de sentido provocado pela repetição da frase destacada no trecho?

b) Que relação pode ser estabelecida entre essa repetição e a brincadeira inventada pelo pai, transformando banhos em unidade de medida?

c) Com base nesse trecho, a crônica apresenta o tempo real, preciso da viagem ou um tempo marcado pelas impressões do narrador? Explique.

16. *On the road* é um livro do escritor estadunidense Jack Kerouac (1922-1969), cujo narrador é o protagonista, inspirado nas próprias aventuras do escritor, quando viajou dos Estados Unidos até o México com um amigo. Além de a crônica ter o mesmo título desse livro, que outras relações podemos estabelecer entre os dois textos?

17. A crônica que você leu, assim como os contos do capítulo **1**, também é uma narrativa. Apesar dessa semelhança, que diferenças é possível estabelecer entre a crônica e os contos maravilhosos quanto à temática e às personagens?

18. Quais são as suas impressões sobre a crônica? Você gostou ou não dela e por quê? Converse com os seus colegas e verifique se tiveram as mesmas impressões que você.

Para saber mais

É comum crônicas produzidas para jornais serem publicadas também em livros. A crônica "On the road", por exemplo, foi publicada em um *blog* do jornal *Estadão*, em 2010, e no livro *Nu, de botas*, em 2013, pela editora Companhia das Letras.

Assim como Antonio Prata, outros cronistas publicam em livros as crônicas que produziram para jornais. Zuenir Ventura e Luis Fernando Verissimo, que escrevem para os jornais *O Globo* e *Estadão*, respectivamente, publicaram, por exemplo, os livros *Crônicas para ler na escola*, lançado em 2012 pela editora Objetiva, e *Comédias Brasileiras de Verão*, de 2009, também pela Objetiva.

Capas de livros de crônicas.

Linguagem em foco

Sinônimos perfeitos e imperfeitos

Em determinados contextos, algumas palavras podem apresentar sentidos idênticos ou parecidos. É isso que vamos estudar nesta seção.

1. Leia o conto abaixo e depois responda às questões.

Toutiço

Havíamos brincado o intervalo inteiro com a turma. Você sabe como é a criançada. Corre pra lá, pula pra cá, salta, grita, se suja. A meninada se estrepa feliz e contente. Voltei todo suado para a sala. A professora já estava nos esperando. Mal passei pela sua mesa e ela disse de repente, assim, de supetão:

— Cuidado, Ricardo! Tem uma abelha no seu toutiço!

— No meu o quê?

— Toutiço.

— Ah, não tenho isso, não, professora.

— Como não!

— Não tenho, professora.

— Tem sim. E cuidado que ela pode...

— Pode o quê?, perguntei bruscamente já temendo o pior.

Pois dito e feito. Ou melhor: pensado e feito. A professora nem teve tempo pra responder. Senti um PING bem na minha nuca, aqui, bem no cangote. Ardeu que foi uma dor só e fiquei com o cogote inchado. Nem vi a abelha assassina que me ferroou.

Quando cheguei em casa, minha mãe rapidamente perguntou:

— O que aconteceu com seu cachaço, Ricardo?!

— Meu o quê, mãe?

Ricardo Dalai. Toutiço. *Pequenas reticências...* Disponível em: <https://ricardodalai.wordpress.com/2018/06/26/toutico/>. Acesso em: 26 jun. 2018.

Giovana Medeiros

a) Qual é o tipo de narrador desse conto? Justifique sua resposta.
b) Como os diálogos desse texto são apresentados: por meio de discurso direto ou indireto?
c) O que aconteceu com Ricardo?
d) A professora tentou avisá-lo sobre o que estava prestes a acontecer. Por que o menino não entendeu?
e) No lugar de Ricardo, você teria entendido a professora? Que impressão você teve sobre a palavra utilizada por ela, ao ler o texto?

2. Releia o seguinte trecho do conto.

> Havíamos brincado o intervalo inteiro com a turma. Você sabe como é a criançada. Corre pra lá, pula pra cá, salta, grita, se suja. A meninada se estrepa **feliz** e **contente**.

O sentido que as palavras destacadas assumem no trecho é:

A parecido.   **B** contrário.   **C** idêntico.

3. Agora, vejamos o significado de algumas palavras utilizadas no conto.

toutiço (tou.*ti*.ço) *sm.* A parte de trás da cabeça; nuca.

Caldas Aulete. *Minidicionário contemporâneo da língua portuguesa.* Rio de Janeiro: Lexikon, 2009. p. 778.

nuca (*nu*.ca) *sf. Anat.* Parte posterior do pescoço.

Caldas Aulete. *Minidicionário contemporâneo da língua portuguesa.* Rio de Janeiro: Lexikon, 2009. p. 565.

cangote (can.*go*.te) *sm.* Parte traseira do pescoço; nuca; cerviz.

Caldas Aulete. *Minidicionário contemporâneo da língua portuguesa.* Rio de Janeiro: Lexikon, 2009. p. 136.

cogote (co.*go*.te) *sm. Pop.* cangote, nuca.

Caldas Aulete. *Minidicionário contemporâneo da língua portuguesa.* Rio de Janeiro: Lexikon, 2009. p. 177.

cachaço (ca.*cha*.ço) *sm.* A parte posterior do pescoço; nuca; cangote.

Caldas Aulete. *Minidicionário contemporâneo da língua portuguesa.* Rio de Janeiro: Lexikon, 2009. p. 125.

a) Você conhecia o significado de todas essas palavras? Faça duas listas no caderno: uma com as palavras que você já conhecia e outra com as palavras que não conhecia.

b) Todas essas palavras se referem:

A a diferentes partes do corpo.   **B** a uma mesma parte do corpo.

> As palavras que compartilham sentidos parecidos, como **feliz** e **contente**, são chamadas **sinônimos imperfeitos**. Já as palavras que apresentam sentidos idênticos, como **nuca** e **cangote**, são chamadas **sinônimos perfeitos**.

4. Localize no conto outros exemplos de sinônimos perfeitos e escreva-os.

Atividades

1. Leia a tirinha a seguir.

Alexandre Beck. *Armandinho.* Disponível em: <https://tirasarmandinho.tumblr.com/>. Acesso em: 27 jun. 2018.

a) Qual fato desencadeia o humor nessa tirinha?

b) Por que, ao saber que a temperatura tinha despencado, a mãe de Armandinho disse que precisava falar com o menino?

c) Por que o menino afirma que ele não foi o responsável pela queda de temperatura?

d) As palavras destacadas nos trechos a seguir podem ser consideradas sinônimos perfeitos ou imperfeitos? Justifique sua resposta.

> A temperatura **despencou**... Melhor falar com o Armandinho.

> Não fui eu! **Caiu** sozinha!

2. Leia o texto que acompanha a quarta capa do livro *Toda a saudade do mundo: a correspondência de Jorge Amado e Zélia Gattai: do exílio europeu à construção da Casa do Rio Vermelho (1948-67)*.

> Jorge Amado era um homem epistolar: cultivava a arte da correspondência, não deixava leitores sem resposta e mantinha o hábito de enviar cartões-postais aos amigos e parentes. Com Zélia Gattai, sua companheira por 55 anos, o autor manteve a troca de cartas mais frequente — e mais apaixonada.
>
> Este livro, organizado pelo filho do casal, reúne cartas de Jorge enviadas à Zélia desde a partida para o exílio na França até o período em que a família se estabeleceu em Salvador, na Casa do rio Vermelho. A correspondência registra as provações do pós-guerra, a vida cultural e política em Paris, a participação do escritor no Conselho Mundial da Paz e as frequentes viagens por cidades como Berlim, Viena, Praga, Bucareste, Estocolmo, Helsinque e Varsóvia.
>
> Além das cartas do próprio escritor, de Zélia e de parentes, há também cartões-postais e bilhetes, alguns deles trocados com os filhos Paloma e João Jorge. O livro fornece dados biográficos relevantes do período em que Jorge Amado escreveu e publicou seus maiores sucessos e permite conhecer um pouco mais do cotidiano do autor, de sua escrita íntima e de seus cuidados para com a família, os amigos e a literatura.
>
> Jorge Amado. *Toda a saudade do mundo*: a correspondência de Jorge Amado e Zélia Gattai: do exílio europeu à construção da Casa do Rio Vermelho (1948-67). Organização de João Jorge Amado. São Paulo: Companhia das Letras, 2012. Quarta capa.

a) De acordo com o texto, de que trata o livro *Toda a saudade do mundo: a correspondência de Jorge Amado e Zélia Gattai: do exílio europeu à construção da Casa do Rio Vermelho (1948-67)*?

b) O que significa dizer: "Jorge Amado era um homem epistolar"?

c) Qual é o objetivo desse texto?

d) Releia o último parágrafo e anote em seu caderno a palavra que foi utilizada como sinônimo da palavra escritor.

e) Os sentidos expressos por essas palavras, nesse contexto, podem ser classificados como sinônimos perfeitos ou imperfeitos? Por quê?

f) De acordo com o que estudou, qual é a função do emprego de sinônimos em textos?

Estudo da língua

Substantivo II

No capítulo **1**, você viu que a classe dos substantivos é a mais extensa da nossa língua e que, para facilitar seu estudo, ela é dividida em subgrupos. Você já estudou os substantivos comuns e próprios e os simples e compostos. Agora vai relembrar mais três subgrupos.

Substantivos concreto e abstrato

1. Releia um trecho da crônica "On the road", de Antonio Prata.

Quatrocentos e trinta quilômetros, contudo, são quatrocentos e trinta quilômetros, de modo que mais cedo ou mais tarde o **tédio** se abatia sobre nós e surgia a **pergunta** incontornável: "**Pai**, falta muito?". Sabíamos que a resposta era positiva, mas não nos importávamos. Queríamos era ouvi-lo dizer quanto, exatamente, pois meu pai tinha inventado uma unidade de medida para viagens muito mais interessante do que quilômetros, milhas ou nós: "Acho que faltam uns… Dezesseis banhos".

a) Relacione os substantivos destacados no trecho às opções abaixo.

A Pessoa a quem era direcionada a pergunta.

B Sentimento que se abatia sobre os passageiros.

C O que surgia logo após o tédio aparecer.

b) Analise as respostas dadas no item **a** e o contexto em que elas estão inseridas e classifique os substantivos destacados em:

| ser de existência dependente | ser de existência independente |

Existem substantivos que nomeiam seres que dependem de outros seres para existir. O substantivo **tédio**, por exemplo, só existe se houver alguma pessoa com esse sentimento, entediada. E **pergunta** só existe se alguém realizar a ação de perguntar. Outros substantivos nomeiam seres com existência própria, ou seja, que não dependem de outros seres para existir, como **pai**.

> O substantivo que nomeia seres de existência independente, como **porta** e **caneta**, é chamado de **substantivo concreto**. Já o que nomeia sentimentos (**admiração**, **saudade**), qualidades (**coragem**, **força**), sensações (**calor**, **fome**), estados (**frio**, **caos**), ações (**corrida**, **viagem**), que dependem de outro ser para existir, é chamado de **substantivo abstrato**.

Substantivos primitivo e derivado

1. Releia outro trecho da crônica "On the road", de Antonio Prata.

> Fazíamos uma cara séria, como convém a viajantes escolados, e perguntávamos: "de chuveiro ou banheira?". "Banheira", dizia ele. "E caprichado, desses de lavar atrás da orelha e entre os dedos dos pés." Então começávamos a simular os banhos, ao mesmo tempo em que os narrávamos, desde o momento de tirar a roupa até pentear os cabelos. Pelo retrovisor, ele conferia cada passo: "E as meias, tiraram as meias?". "Tô entrando!", dizia minha irmã. "Na banheira vazia?! Tem que encher!". A alavanca do vidro direito era a água quente, a do vidro esquerdo, a fria. Enquanto o vento entrava no carro, botávamos os pés aos poucos no vão entre os bancos, testando a temperatura da água.

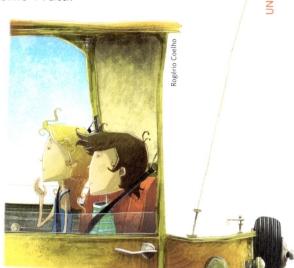

a) Considere os seguintes substantivos:

> chuva   banho

- Eles deram origem a outros dois substantivos usados no trecho acima. Quais são eles?
- Há diferença de significado entre os substantivos originais e os que se originaram a partir deles? O que cada um significa?
- Na crônica, os substantivos **chuva** e **banho** poderiam substituir **chuveiro** e **banheira**, respectivamente, sem alterar o sentido da frase? Explique.

b) Considere o seguinte substantivo retirado desse trecho:

> vento

- Cite substantivos que tenham se originado a partir dele.
- O(s) substantivo(s) citado(s) na atividade anterior poderia(m) substituir **vento** no texto sem alterar o sentido da frase? Explique.

Alguns substantivos são formados a partir de substantivos já existentes.

Ao acrescentar a terminação **-eiro** e **-eira** aos substantivos **chuva** e **banho**, respectivamente, que já existiam, formam-se novos substantivos: **chuveiro** e **banheira**.

O substantivo que dá origem a outras palavras é classificado como **substantivo primitivo**. O substantivo que se origina de outro já existente é classificado como **substantivo derivado**.

Substantivo coletivo

1. Releia outro trecho da crônica, considerando o substantivo em destaque.

> Então começávamos a simular os banhos, ao mesmo tempo em que os narrávamos, desde o momento de tirar a roupa até pentear os **cabelos**.

Que outra palavra o narrador poderia utilizar para expressar o mesmo sentido de conjunto de cabelos? Anote no caderno sua resposta.

A franja   **B** peruca   **C** cabeleira

2. Releia mais um trecho retirado da crônica "On the road", considerando os substantivos em destaque.

> Dizia que havia falado com a nossa avó e que ela já estava fazendo a gelatina de canela que a gente gostava, que esse ano o presépio estava ainda mais caprichado, com uns **boizinhos** e **vacas** que o meu avô tinha mandado fazer em Bauru, e a gente ficava ali, olhando o mato passar borrado pela janela e imaginando o que faria primeiro quando chegasse, se corria para o presépio ou para as gelatinas.

Nesse trecho o narrador refere-se a mais de um boizinho e a mais de uma vaca, por isso utiliza os substantivos **boizinho** e **vaca** no plural.

DICA! Se necessário, pesquise essas palavras no dicionário.

a) Que outra palavra poderia substituir esses substantivos?

A manada   **B** matilha   **C** alcateia

b) Se o narrador empregasse a palavra que você respondeu no item anterior, haveria alteração no efeito de sentido do texto? Explique.

Em nossa língua, existem substantivos que, mesmo no singular, como **manada**, indicam pluralidade ou conjunto de seres.

> O substantivo que indica um conjunto de seres da mesma espécie é chamado de **substantivo coletivo**.

Veja, no quadro a seguir, outros exemplos de substantivos coletivos.

Coletivos	Grupo de
álbum	fotografias, selos, figurinhas
alfabeto	letras
arquipélago	ilhas
banda	músicos
cardume	peixes
constelação	estrelas
elenco	artistas, atores
frota	carros, ônibus, aviões

Atividades

1. Leia o trecho de um poema que descreve as características inusitadas de um menino.

O menino que chovia

O menino chovia.

E não era chuva, chuvisco, chuvinha.
Era chuva, trovão, trovoada.
Por qualquer coisa, coisinha,
o menino relampejava.

A casa toda tremia,
o chão até balançava,
raios por toda a cozinha
sempre que tinha salada.

A empregada saía correndo,
e a mãe também, chamuscada.
E o menino chovendo, chovendo,
pedindo macarronada.

O pai imitava macaco,
a mãe dançava na pia,
tudo isso por medo da chuva,
e pra ver se o menino comia.

E todo dia era assim,
uma chuva sem fim, chuvarada.
Por qualquer coisa, coisinha...
o menino relampejava.
[...]

Cláudio Thebas. *O menino que chovia*. São Paulo: Companhia das Letrinhas, 2002. p. 6.

a) Com base na descrição do menino, é possível saber como era o temperamento dele? Explique atribuindo-lhe características humanas.

b) No poema foram empregados substantivos primitivos e seus derivados. Cite-os e classifique-os.

2. Leia os títulos de notícia abaixo.

I

Poda de árvore provoca ataque de enxame de abelhas em João Pessoa

G1, 19 nov. 2014. Disponível em: <http://g1.globo.com/pb/paraiba/noticia/2014/11/poda-de-arvore-provoca-ataque-de-enxame-de-abelhas-em-joao-pessoa.html>. Acesso em: 28 jun. 2018.

II

Pescador flagra cardume de filhotes de pirarucu no Rio Grande divisa entre SP e MG

Pesca Amadora, 24 jun. 2018. Disponível em: <http://www.pescamadora.com.br/2018/06/pescador-flagra-cardume-de-filhotes-de-pirarucu-no-rio-grande-divisa-entre-sp-e-mg/>. Acesso em: 27 jun. 2018.

III

Festa de 40 anos do Galo da Madrugada arrasta multidão no Centro do Recife

G1, 10 fev. 2018. Disponível em: <http://g1.globo.com/pe/pernambuco/carnaval/2018/noticia/festa-de-40-anos-do-galo-da-madrugada-arrasta-multidao-no-centro-do-recife.ghtml>. Acesso em: 27 jun. 2018.

a) Identifique os substantivos coletivos presentes neles.

b) Em cada um dos títulos, seria possível substituir o substantivo coletivo pelo comum a que ele se refere? Se sim, o que essa substituição provocaria no título da notícia?

3. Leia os dois trechos de texto abaixo e responda às questões a seguir.

I

[...]

Depois, parando o cavalo, apontei com o chicote para o vale:

— Olha, acolá, onde está aquela fila de olmos, e há o riacho, já são terras do tio Adrião. Tem ali um pomar, que dá os pêssegos mais deliciosos de Portugal... Hei de pedir à prima Joaninha que te mande um cesto de pêssegos. E o doce que ela faz com esses pêssegos, menino, é alguma coisa de extraceleste. Também lhe hei de pedir que te mande o doce.

[...]

Eça de Queirós. A cidade e as serras. Ilustrações de Hélio Vinci.
São Paulo: Ateliê Editorial, 2007. p. 284.

II

[...] Para resumir: querem (muito avisadamente, é certo) suprimir o amor.

Isso é bom. Também suprimimos a amizade. É horrível levar as coisas a fundo: a vida é de sua própria natureza leviana e tonta. O amigo que procura manter suas amizades distantes e manda longas cartas sentimentais tem sempre um ar de náufrago fazendo um apelo. Naufragamos a todo instante no mar bobo do tempo e do espaço, entre as ondas de coisas e sentimentos de todo o dia. [...]

Rubem Braga. Sobre o amor, etc. Em: 200 crônicas escolhidas.
37. ed. Rio de Janeiro: Record, 2014. p. 140.

a) Ao ler o texto **I**, o leitor é capaz de criar uma imagem da cena que é narrada. Que tipo de substantivo contribui para esse efeito? Cite exemplos.

b) Diferentemente, o texto **II** sugere uma maneira de lidar com sentimentos e sensações. Isso é possível pelo emprego de que outro tipo de substantivo? Cite exemplos.

c) No texto **II**, o narrador atribui a certo amigo uma característica inusitada: "O amigo [...] tem sempre um ar de náufrago fazendo um apelo". Depois declara sua ação de naufragar no mar bobo do tempo e do espaço. Copie em seu caderno a afirmativa que revela o efeito que essa linguagem cria para a cena.

A Torna a cena mais poética.

B Torna a cena calma e triste.

C Torna a cena obscura e tensa.

d) De acordo com o texto **II**, como devemos lidar com os sentimentos de amor e amizade?

e) De acordo com a última frase do texto **II**, temos sucesso ao tentar lidar com nossos sentimentos da forma como o próprio texto sugere? Explique.

Você já ouviu falar no Desafio Intermodal? A palavra **modal** *se refere ao modo de se fazer alguma coisa. Considerando isso e as ilustrações que acompanham a crônica, responda: na sua opinião, no que consiste esse desafio?*

Muttley, faça alguma coisa!

Ontem, na volta pra casa, eu peguei um engarrafamento daqueles e fiquei ali de bobeira no volante, espiando os pedestres. De repente, apareceu um ciclista todo uniformizado, de luva, capacete e tudo, e atrás dele uns vinte repórteres e fotógrafos da imprensa.

O que que esse cara aprontou? Fiquei imaginando. Será que atropelou alguém? Assaltou? Salvou alguém de um assalto? Ou vai ver é outra coisa: pode ser alguém famoso. Olhei bem pra cara do sujeito, mas ele não me lembrou nenhuma celebridade antiga nem instantânea...

Resolvi abrir o vidro e chamei um dos jornalistas.

— Quem é esse cara da bicicleta?

— Ele acabou de vencer o Desafio Intermodal.

— Desafio o quê???

Eu devo ter feito uma cara de burro muito grande, cara de toupeira criada. Porque o repórter se apressou em me explicar o que vinha a ser o tal Desafio Intermodal.

Olha só que troço interessante esse desafio: eles pegam cinco sujeitos e os põem pra fazer um determinado percurso dentro da cidade. Um vai de carro, um de ônibus, um de moto, um de bicicleta e o último a pé. O primeiro que chegar ao destino combinado é declarado o vencedor.

Mal o repórter acabou de me explicar, eu comecei a rir. Devia haver algum engano ali. Claro que o sujeito de carro chegaria primeiro, ora!

— Aí é que você se engana — explicou o repórter com um sorriso superior. — Não só aqui, mas também em São Paulo, Rio de Janeiro, Florianópolis, em todos os lugares onde já fizeram o tal Desafio Intermodal, o ciclista ganha todas. Ou quase todas. Em Curitiba, a bicicleta demorou 17 minutos e o carro levou uma hora!

Nisso já tinham se passado uns 10 minutos e meu carro não andara nem 10 metros.

— É bem possível, mesmo... — resmunguei. — A que nível chegou o nosso trânsito!

Só não entrei em depressão porque, assim que eu cheguei em casa, li na internet a notícia de um outro Desafio Intermodal, muito mais impressionante. Olha só que história incrível: uma empresa da África do Sul amarrou um cartão de memória de 4 Gb na perna de um pombo-correio e mandou o bichinho da sede até a filial, que fica a 80 quilômetros de distância. No instante em que o pombo partiu, a empresa enviou um *e-mail* com os mesmos 4 Gb para a filial.

O resultado? Quando o pombo chegou com o cartão, somente 4% do *e-mail* tinha sido baixado no computador da filial. Que humilhação! A notícia do portal Terra terminava assim: "O pombo Winston pode ter sido vitorioso nesta corrida, mas os provedores da internet já estão desafiando o pombo para uma revanche".

Pelo jeito, os provedores africanos devem estar furiosos, gritando "Raios! Raios duplos!", feito Dick Vigarista berrava pro Muttley, naquele desenho animado, quando não conseguia capturar o pombo.

Enquanto isso, nas metrópoles brasileiras, não adianta ninguém pedir revanche pro ciclista, não. Mais rápido que ele, só mesmo helicóptero. Ou pombo-correio. "Muttley, faça alguma coisa!"

Leo Cunha. Muttley, faça alguma coisa!
Em: *Ninguém me entende nessa casa!*: crônicas e casos.
São Paulo: FTD, 2011. p. 105-107.

Para saber mais

Leo Cunha nasceu no dia 5 de junho de 1966, em Bocaiúva, Minas Gerais. É escritor, tradutor e jornalista, graduado em Jornalismo e Publicidade, já recebeu os principais prêmios nacionais voltados para a literatura infantil e publicou mais de 40 livros, como *Manual de desculpas esfarrapadas*, *Nas páginas do tempo* e *Tela plana: crônicas de um país telemaníaco*.

Foto de Leo Cunha, 2011.

Estudo do texto

1. O Desafio Intermodal apresentado no texto é semelhante ao que você havia imaginado antes da leitura?

2. Copie em seu caderno a alternativa que apresenta o principal assunto tratado na crônica "Muttley, faça alguma coisa!".

- **A** O problema de deslocamento das pessoas nas grandes cidades.
- **B** A dificuldade de andar de bicicleta nas metrópoles brasileiras.
- **C** A importância do pombo-correio.

3. No estudo da crônica "On the road" você viu que uma das características desse gênero é abordar um fato do cotidiano. Que fato serviu de base para a crônica "Muttley, faça alguma coisa!"?

4. O que chamou a atenção do cronista na volta para casa e o que ele descobriu quando conversou com um dos jornalistas?

5. Na opinião do cronista, quem obviamente seria o vencedor do desafio? Por que você acha que ele pensou dessa maneira?

6. O Desafio Intermodal busca avaliar o meio de transporte mais eficiente nas grandes cidades brasileiras. Para isso, são levados em consideração três fatores: o tempo gasto para se chegar ao destino, o custo gerado e a emissão de gás carbônico.

a) Chegar em primeiro lugar é o suficiente para vencer o Desafio Intermodal?

b) Por que a bicicleta leva vantagem em relação aos outros meios de transporte?

7. Depois de concordar com o jornalista, o cronista chegou em casa e leu a respeito de outro Desafio Intermodal. Como foi esse desafio?

8. Por que, na opinião do cronista, esse desafio é ainda mais impressionante?

9. Veja algumas características dos desafios apresentados na crônica.

	Intermodal no Brasil	Intermodal na África do Sul
Participantes	Um motorista de carro, um motociclista, um ciclista, um passageiro de ônibus e um pedestre	Um pombo-correio e os provedores de internet
Vencedor	Ciclista	Pombo-correio

- Agora, escreva com suas palavras o que se pode concluir a respeito do resultado dos desafios.

10. Releia o trecho abaixo e responda às questões.

> **Só não entrei em depressão** porque, assim que eu cheguei em casa, li na internet a notícia de um outro Desafio Intermodal, muito mais impressionante. Olha só que história incrível [...]

a) Na expressão destacada, o cronista utilizou uma linguagem figurada. Qual é o efeito de sentido desse uso?

b) Quando o cronista diz "Olha só que história incrível", com quem está conversando? Por que ele utiliza essa estratégia?

c) Compare o tom empregado na crônica "On the road" com o empregado nessa crônica. O que é possível concluir?

11. Muttley e Dick Vigarista são personagens de um desenho animado chamado *Corrida maluca*. Juntos, eles participam de uma corrida de carros para disputar o título de corredor mais louco do mundo. Dick Vigarista e Muttley sempre arquitetam planos maliciosos para prejudicar os concorrentes, porém suas trapaças não têm êxito e eles nunca vencem a corrida. Que relação é possível estabelecer entre o desenho animado e a crônica "Muttley, faça alguma coisa!"?

12. Em outro desenho animado, chamado *Máquinas voadoras* ou *Esquadrilha abutre*, as mesmas personagens têm a missão de capturar o pombo-correio Doodle. Quando estão prestes a deixar o pombo escapar, é muito comum Dick gritar: "Muttley, faça alguma coisa!". Sabendo disso, responda às questões.

a) Por que o cronista fez uma relação entre o desafio ocorrido na África do Sul e a personagem Dick Vigarista?

b) Qual seria o possível motivo de o final da crônica retomar o título?

13. Levando em consideração os dois fatos apresentados na crônica, que crítica é realizada nesse texto?

14. Comente com os colegas e o professor suas impressões sobre a crônica lida: se gostou ou não e se ficou surpreso com o resultado do desafio intermodal. Justifique sua resposta.

66

Estudo da língua

Adjetivo e locução adjetiva

Você estudou a classe dos substantivos. Agora vai rever a dos adjetivos.

1. Releia a seguinte passagem da crônica "Muttley, faça alguma coisa!", considerando as palavras destacadas.

> Só não entrei em depressão porque, assim que eu cheguei em casa, li na internet a notícia de um outro Desafio **Intermodal**, muito mais impressionante. Olha só que história **incrível**: uma empresa **da África do Sul** amarrou um cartão de memória de 4 Gb na perna de um pombo-correio e mandou o bichinho da sede até a filial, que fica a 80 quilômetros de distância. No instante em que o pombo partiu, a empresa enviou um *e-mail* com os mesmos 4 Gb para a filial.

a) Elas estão acompanhando palavras de qual classe gramatical?

b) Qual função elas estão desempenhando?

- **A** Estão destacando os substantivos.
- **B** Estão caracterizando os substantivos.
- **C** Estão demarcando a quantidade de substantivos no texto.

c) Agora, releia o trecho acima suprimindo as palavras destacadas. A supressão dessas palavras altera a compreensão do sentido do texto? Justifique sua resposta.

d) O substantivo **empresa** foi caracterizado, no texto, pela expressão **da África do Sul**. Essa expressão poderia ser substituída por qual adjetivo, mantendo a mesma caracterização?

e) Escreva o adjetivo correspondente às seguintes expressões.
- empresa **do Brasil**
- empresa **da Espanha**
- empresa **dos Estados Unidos da América**

As palavras que particularizam o substantivo dando a ele características ou qualidades recebem o nome de **adjetivo**. Quando indicam o lugar de origem ou a nacionalidade do ser a que se refere, como no exemplo acima, são chamadas de **adjetivo pátrio**.

Quando duas ou mais palavras têm valor e função de adjetivo, damos o nome de **locução adjetiva**.

Atividades

1. Leia a crônica abaixo e responda às questões.

Elogios

— Você tem um sorriso lindo.

Eu tinha 14 anos quando ouvi isso de um cara que tinha 16 e não era irmão nem primo. Sorriso lindo, eu? Passei um mês inteiro sorrindo pro espelho do banheiro. E quanto mais eu analisava meu sorriso, mais certeza eu tinha: aquele cara estava de sacanagem comigo. Ainda bem que eu não caí na armadilha. Quando ele me disse "você tem um sorriso lindo", eu, em vez de dizer "obrigada", disse "bem capaz!". Não sou trouxa.

Triplamente trouxa: é o que fui por anos a fio. Não aceitava elogio nenhum. Era como se todos estivessem conspirando para me fazer de boba. Se eu simplesmente agradecesse, estaria atestando que aquele elogio era verdadeiro e merecido, e este seria o primeiro passo para eu me transformar numa presunçosa. Deus me livre.

Pois outro dia testemunhei uma cena exatamente assim, uma mulher recebendo um elogio maravilhoso e totalmente sincero, só que ela ficou sem graça e desandou a dizer frases como: "Eu? Imagina! Tá de gozação?".

Por que os outros estariam de gozação? Mesmo que você tenha uma verruga enorme na ponta do nariz e seus dois olhos não se movimentem na mesma direção, quem disse que você não é linda para alguém?

Por essas e outras que a autoestima tem que ser desenvolvida desde cedo. Nada de ser carrasco consigo próprio. Todo mundo tem alguma coisa do que se orgulhar.

Se você não sabe o que, pergunte aos seus pais que eles sabem. Bom pai e boa mãe são aqueles que enchem os filhos de elogios entre uma bronca e outra. E a gente tem que acreditar na boa-fé deles, nada de achar que eles estão sendo ligeiramente parciais. Se eles dizem que você é o melhor filho do mundo, é o que você é e não se discute mais isso.

Mas para tudo há uma contrapartida: não vá ficar se achando. Nada de abandonar a modéstia e a humildade. Se um amigo elogia seu gosto musical, evite passar a tarde fazendo o infeliz escutar todos os discos que você tem. Se alguém elogia sua boa forma física, não precisa retribuir fazendo abdominais no meio da sala. Se sua amiga elogia sua torta de maçã, não insista para que ela coma quatro fatias. Diga apenas obrigada e sorria com seu sorriso lindo.

Martha Medeiros. Elogios. Em: *Coisas da vida*: crônicas. Porto Alegre: L&PM, 2011. p. 115-116.

a) A crônica foi escrita com base em qual acontecimento do cotidiano?
b) Como você reage ao receber um elogio?
c) Em sua opinião, por que a cronista e a mulher citada no texto imaginaram que os elogios recebidos não eram verdadeiros?

d) Releia o trecho a seguir.

> Triplamente trouxa: é o que fui por anos a fio. Não aceitava elogio nenhum. Era como se todos estivessem conspirando para me fazer de boba. Se eu simplesmente agradecesse, estaria atestando que aquele elogio era verdadeiro e merecido, e este seria o primeiro passo para eu me transformar numa presunçosa. Deus me livre.

- Por que, na opinião da cronista, ela se transformaria em uma pessoa presunçosa caso aceitasse um elogio?
- Que adjetivos foram empregados para qualificar o substantivo **elogio**? Se esses adjetivos fossem omitidos, o texto teria o mesmo sentido? Explique.

e) Você concorda com a opinião da cronista ao afirmar que: "Todo mundo tem alguma coisa do que se orgulhar"? Justifique sua resposta.

f) Que conselho a cronista dá no final do texto?

2. Leia a sinopse do filme *O menino e o mundo* e responda às questões.

> Sofrendo com a falta do pai, um menino deixa sua aldeia e descobre um mundo fantástico dominado por máquinas-bichos e estranhos seres. Uma inusitada animação que retrata as questões do mundo moderno pelo olhar de uma criança.
>
> *O menino e o mundo*. Direção de Alê Abreu. Brasil, 2014 (80 min). Quarta capa.

a) Você já assistiu ao filme *O menino e o mundo*? Se já viu, comente-o com a turma. Se não, comente se ficou ou não com vontade de assistir a ele depois de ler a sinopse.

b) De acordo com a sinopse, que relação há entre o título do filme e a história que ele conta?

c) Qual é o objetivo de uma sinopse?

d) Na sinopse foram empregados alguns adjetivos. Identifique dois deles e anote-os em seu caderno.

e) Que função o emprego de adjetivos exerce em textos como esse?

3. O adjetivo também pode mudar o efeito de sentido da frase, dependendo da posição que ele ocupa. Copie os pares de frases a seguir em seu caderno e explique o sentido expresso pelo adjetivo em cada frase.

a) O grande goleiro defendeu o time com garra.

O goleiro grande defendeu as bolas perigosas.

b) O homem pobre pediu esmola ontem.

O pobre homem sofreu uma desilusão.

4. Leia a tirinha a seguir e responda às questões propostas.

Mauricio de Sousa. *Coleção as melhores tiras*: Cascão. São Paulo: Globo, 2006. p. 5.

a) Por que Cebolinha ficou assustado ao ver o Cascão passando com uma toalha e de calção de banho?

b) Quais adjetivos ele utiliza para caracterizar o lugar onde estendeu sua toalha?

c) No último quadrinho, que locução adjetiva Cascão utilizou para caracterizar o banho que iria tomar?

d) Caso Cascão substituísse essa locução pelo adjetivo **solar**, teríamos alguma mudança de sentido em sua fala?

e) O banho para o qual ele estava se preparando é o mesmo imaginado por Cebolinha? Justifique sua resposta.

5. Algumas palavras, na língua portuguesa, podem exercer mais de uma função. Nesses casos, a distinção é feita por meio da análise do contexto. Observe os pares de frases a seguir e copie apenas aquelas em que a palavra destacada tem a função de um adjetivo.

> **DICA!**
> Se o termo destacado estiver se referindo a um substantivo, ele será um adjetivo.

a) O **baiano** adora acarajé.
O acarajé **baiano** atrai muitos turistas.

b) Muitos **brasileiros** gostariam de conhecer Mariana, Congonhas, Tiradentes, São João del-Rei e Sabará, cidades históricas que fazem parte do caminho conhecido como Estrada Real.
No carnaval, os músicos **brasileiros** são disputados em todas as regiões do país.

c) O homem **perverso** fez seu amigo chorar.
O **perverso** é aquele que não sabe amar.

d) O **vermelho** é minha cor predileta.
Aquela moça comprou um carro **vermelho**.

70

Escrita em foco

Fonema e letra

Você já reparou que algumas palavras podem ser diferenciadas umas das outras por apenas uma letra? Ou que um mesmo som pode ser representado por mais de uma letra? É sobre essas questões que vamos refletir agora.

1. Leia o trava-língua a seguir para responder às questões.

> Um sapo dentro do saco
> O saco com o sapo dentro
> O sapo batendo papo
> E o papo cheio de vento.
>
> Domínio público.

a) Veja os possíveis significados para a palavra **papo**.

> **pa.po** *s.m.* **1** bolsa no esôfago das aves, usada para estocar temporariamente o alimento **2** *infrm.* tecido gorduroso e mole sob o queixo **3** *infrm.* barriga, abdome **4** *infrm.* conversa [...].

Antônio Houaiss; Mauro de Salles. *Minidicionário Houaiss da língua portuguesa*. 3. ed. Rio de Janeiro: Objetiva, 2008. p. 555.

Essa palavra foi utilizada com o mesmo sentido nos dois versos do trava-língua? Justifique sua resposta.

b) Observe os dois pares de palavras abaixo retiradas do trava-língua.

sapo	sapo
saco	papo

- Que diferença as palavras de cada par apresentam?
- Releia essas palavras em voz alta. Quantas letras cada palavra tem e quantos sons são possíveis reconhecer em cada palavra?

c) Agora veja mais duas palavras retiradas do trava-língua.

| dentro | cheio |

Quantas letras cada palavra tem e quantos sons são possíveis reconhecer em cada palavra?

A menor unidade sonora de uma língua que estabelece uma diferença de significado entre as palavras é chamada de **fonema**. Na escrita, os fonemas são representados por **letras**.

Dígrafo e encontro consonantal

1. Releia o início da crônica "Muttley, faça alguma coisa!".

> Ontem, na volta pra casa, eu **peguei** um **engarrafamento daqueles** e **fiquei** ali de bobeira no volante, espiando os **pedestres**. De repente, apareceu um **ciclista** todo uniformizado, de luva, capacete e tudo, e atrás dele uns vinte repórteres e **fotógrafos** da imprensa.
>
> O **que** que esse cara aprontou? Fiquei imaginando. Será que atropelou **alguém**? **Assaltou**? Salvou alguém de um assalto? Ou vai ver é outra coisa: pode ser alguém famoso. Olhei bem pra cara do sujeito, mas ele não me lembrou nenhuma **celebridade** antiga nem instantânea...
>
> Resolvi abrir o **vidro** e chamei um dos jornalistas.

a) Observe duas das palavras destacadas no texto.

> enga**rr**afamento • pedes**tr**es

Qual das combinações de letras destacadas representa um único som e qual das combinações representa mais de um som?

b) Releia as demais palavras destacadas no texto, observando as combinações de letras em destaque e indique quais delas representam um único som e quais representam mais de um som.

> pe**gu**ei • da**qu**eles • fi**qu**ei • ci**cl**ista • fotó**gr**afos
> **qu**e • al**gu**ém • a**ss**altou • cele**br**idade • vi**dr**o

c) Qual das palavras a seguir tem em sua composição o mesmo som que a letra **x** na palavra **xícara**? Copie em seu caderno a alternativa correta.

A assalto   **B** celebridade   **C** chamei

• Nessa palavra, esse som de **x** é representado por quais letras?

> Recebe o nome de **dígrafo** a combinação de letras que representa um único som e de **encontro consonantal** a sequência de duas ou mais consoantes em que é possível reconhecer o som de cada uma delas.

Para saber mais

- Várias combinações de letras podem representar um único som, são elas: **am/an**, **em/en**, **im/in**, **om/on**, **um/un**, **ss**, **rr**, **nh**, **ch**, **lh**, **sc**, **xc**, **gue**, **que**, **gui**, **qui**.
- Uma letra também pode representar mais de um fonema. Por exemplo: a letra **x** representa o som de **ks** nas palavras tá**x**i, a**x**ila, ane**x**o. Já na palavra e**x**traordinária, representa som de **s** como em e**s**pada, na palavra **x**ícara representa som de **ch** e na palavra e**x**ercício, som de **z**.
- Um mesmo **som**, graficamente, pode ser representado por diferentes letras, como no caso do som de **s**, que pode ser representado pelas letras **c**, **ç**, **sc**, **ss** e **x** nas palavras te**c**ido, pe**ç**a, de**sc**ida, to**ss**e e se**x**to.

Atividade

1. Leia o título das capas de livro abaixo e responda às questões.

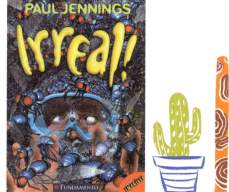

Paul Jennings. *Irreal!* Curitiba: Fundamento, 2008.

Edson Krenak. *O sonho de Borum*. Ilustrações de Mauricio Negro. Belo Horizonte: Autêntica, 2015.

Raquel Coelho. *Teatro*. 5. ed. Belo Horizonte: Formato, 2001. (Coleção No caminho das artes).

Ruth Rocha. *A flauta mágica*. Ilustrações de Cárcamo. São Paulo: Salamandra, 2012.

a) Quais informações costumam aparecer nas capas de livros?

b) Qual pode ser o conteúdo de cada um dos livros acima?

c) Você conhece ou já leu algum deles? Caso não tenha lido, com base no título e nos outros elementos que compõem as capas, qual deles você acredita ser mais interessante? Justifique sua resposta.

d) Quais desses títulos apresentam um encontro consonantal? Copie-os no caderno.
- Indique o encontro consonantal presente neles e explique por que ele recebe essa classificação.

e) Copie em seu caderno os títulos que contêm dígrafo.
- Agora aponte o dígrafo presente neles e explique por que ele é classificado dessa forma.

73

Ampliando fronteiras

Mobilidade urbana

Na crônica "Muttley, faça alguma coisa!", você conheceu uma situação inimaginável para o cronista: um ciclista gastar menos tempo que um motorista para percorrer o mesmo trajeto. É comum acreditarmos que o veículo motorizado seja mais rápido, mas não levamos em consideração os empecilhos que podem ser encontrados durante o percurso.

Verificar em que condições se realiza o deslocamento de pessoas ou cargas e propor medidas para solucionar ou prevenir eventuais problemas nesse deslocamento, sobretudo nas grandes cidades, é a preocupação dos estudos sobre a **mobilidade urbana**. Pensar na mobilidade urbana é entender como podemos nos deslocar dentro da cidade da melhor maneira possível. Vamos compreender como isso poderia acontecer?

Calçadas
As calçadas devem estar em boas condições para os pedestres.

Piso tátil
Fundamental para que os deficientes visuais possam se deslocar com mais independência e segurança.

Faixa de pedestre
As faixas devem ser bem sinalizadas e respeitadas por todos.

Ciclovias e ciclofaixas
Essencial para que os ciclistas possam trafegar com segurança e tranquilidade.

Acesso a serviços

É imprescindível que existam, próximo ao local onde moramos, hospitais, escolas, bancos, supermercados, farmácias, entre outros locais que atendam nossas necessidades básicas.

Trânsito fluido

Vias bem sinalizadas, em boas condições, aliadas à segurança e à educação de motoristas e pedestres.

Acesso ao transporte público

Pontos de acesso (bem sinalizados e seguros) próximos a locais de grande circulação de pessoas, como escolas, hospitais e indústrias.

Rampas de acesso

De extrema importância para a mobilidade de cadeirantes e carrinhos de bebê.

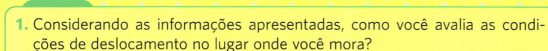

1. Considerando as informações apresentadas, como você avalia as condições de deslocamento no lugar onde você mora?

2. De acordo com a Constituição brasileira, todo cidadão tem direito à mobilidade urbana eficiente.

   a) Em sua opinião, por que a mobilidade urbana eficiente é um direito do cidadão?

   b) Explique para a turma como é o seu deslocamento até a escola e nos passeios no final de semana e quais meios de transporte utiliza. Após todos relatarem suas experiências, conversem sobre o que poderia ser feito para que vocês pudessem se deslocar de um lugar para outro com mais facilidade.

Produção de texto

Crônica

Neste capítulo, você leu duas crônicas – "On the road", de Antonio Prata, e "Muttley, faça alguma coisa!", de Leo Cunha – e aprendeu que esse gênero é caracterizado por se basear em fatos do cotidiano.

Chegou a hora de você mostrar seu lado cronista e produzir uma crônica narrativa, que vai fazer parte do **Livro de crônicas** da turma. As crônicas desse livro serão lidas por vocês, seus familiares e pela comunidade escolar. Para produzir seu texto, siga estas orientações.

Para começar

As crônicas, geralmente, são publicadas em jornais e revistas. Algumas delas, por suas qualidades literárias, destacam-se e ocupam também as páginas dos livros, adquirindo um caráter menos efêmero. Como esse gênero se baseia nos fatos do cotidiano, diversos assuntos podem servir de inspiração para o cronista. Para produzir seu texto, você deverá escolher uma das opções a seguir.

Escrever sobre um fato do cotidiano que você vivenciou

Se escolher essa opção, você deverá escrever sobre um fato do cotidiano que vivenciou, como é o caso da crônica "On the road", em que o cronista relata uma viagem de férias feita em família. Para isso, tente se lembrar de situações marcantes do passado ou do momento atual, ou ainda ações rotineiras, como ir à escola, estudar, arrumar o quarto, tomar banho, passear com seu animal de estimação, etc. Lembre que mesmo os acontecimentos mais corriqueiros podem se tornar assunto de uma crônica, desde que você consiga envolver seu leitor.

Escrever sobre um fato do cotidiano vivenciado por outra pessoa

Se escolher essa opção, escreva sobre algo que aconteceu com outra pessoa e você presenciou, ouviu ou ficou sabendo, como na crônica "Muttley, faça alguma coisa!", cuja história relata como o cronista descobriu o que é o Desafio Intermodal, após observar um ciclista acompanhado por repórteres e fotógrafos da imprensa. Pode ser uma história que aconteceu com alguém que você conheça, como um familiar, ou uma pessoa mais distante, como um amigo de um colega, um vizinho, ou ainda pode ser inspirada em alguma notícia que você leu, ouviu ou a que assistiu.

▶ **Aprenda mais**

No livro *O imitador de gatos*, você vai conhecer diversas crônicas narradas pelo olhar de um cronista sensível e atento ao que acontece a seu redor. São cenas do cotidiano como a história de reencontro com um antigo professor em uma cafeteria ou a de um rapaz preocupado com um casal de cegos em uma estação de metrô.

Lourenço Diaféria. *O imitador de gato*. São Paulo: Ática, 2009. (Para gostar de ler: volume 30).

Estruture seu texto

Após definir o assunto da sua crônica, chegou o momento de planejar o seu texto. Para isso, releia as crônicas estudadas neste capítulo, observando as características desse gênero. As orientações abaixo também servirão de auxílio para essa produção.

1. Defina se o objetivo da crônica é criticar, sensibilizar, promover uma reflexão ou provocar o humor no leitor.

2. Lembre-se de que uma crônica tem como matéria-prima um fato real, mas apresentado a partir da visão pessoal e subjetiva do cronista.

3. Se escolher produzir uma crônica sobre um fato cotidiano que vivenciou, lembre-se de que o narrador pode ser personagem: nesse caso, você deverá empregar a primeira pessoa. Se a crônica for sobre um fato ocorrido com outra pessoa, o narrador pode ser observador e você deverá empregar a terceira pessoa.

4. Fique atento ao tom que você vai utilizar de acordo com o conteúdo de seu texto. Lembre-se de que, muitas vezes, o cronista parece ter uma conversa descompromissada com o leitor.

5. Empregue em seu texto adjetivos e locuções adjetivas para caracterizar pessoas, lugares, sentimentos e sensações.

6. Fique atento à escrita correta das palavras.

7. Utilize dois pontos e travessão ou aspas sempre que reproduzir as falas das personagens. Lembre-se que, se é o narrador quem reproduz as falas das personagens, esses sinais de pontuação não são necessários.

8. Empregue sinônimos para evitar a repetição de palavras no texto.

9. Organize os fatos em parágrafos que façam sentido entre si.

10. Por fim, dê um título criativo para sua crônica, que chame a atenção do leitor.

77

Avalie e reescreva seu texto

Após escrever a primeira versão da sua crônica, troque-a com a de um colega, verifique se ele seguiu todas as orientações e faça apontamentos para a melhoria da crônica de forma respeitosa. As questões a seguir podem auxiliar nessa avaliação.

- ✓ A crônica apresenta um olhar particular sobre um fato cotidiano?
- ✓ O tipo de narrador utilizado está de acordo com o que foi narrado na crônica?
- ✓ O tom adotado está adequado ao conteúdo da crônica?
- ✓ Há adjetivos e locuções adjetivas que caracterizam pessoas, lugares, sentimentos, sensações?
- ✓ O título é criativo e chama a atenção do leitor?
- ✓ As palavras estão escritas corretamente e o uso dos sinais de pontuação está adequado?
- ✓ Há sinônimos que evitam a repetição de palavras no texto?
- ✓ O texto foi escrito em parágrafos que fazem sentido entre si?

Após você e o seu colega revisarem as crônicas, destroquem-nas. Releia sua crônica e reescreva-a, corrigindo o que for necessário. Em seguida, vocês produzirão o **Livro de crônicas** da turma. Para isso, organizem-se em grupos: um para produzir a capa, outro o sumário, e o último para reunir as crônicas, paginá-las e encadernar o livro.

Finalizado o livro, vocês poderão organizar empréstimos para cada aluno levá-lo para casa, a fim de que seus familiares leiam as crônicas produzidas pela turma. Depois, vocês podem doá-lo à biblioteca da escola ou à biblioteca municipal para que outras pessoas tenham acesso às crônicas que escreveram.

Verifique seu desempenho

Quando terminar a produção, avalie como você se dedicou a essa atividade. Para isso, copie o quadro abaixo em seu caderno e reflita sobre as questões propostas.

	👍	✊	👎
A Dediquei tempo suficiente para a realização dessa produção?			
B Realizei todas as etapas dessa produção, ou seja, planejei o texto e ajudei o meu colega a verificar o que precisava melhorar?			
C Ajudei meus colegas na elaboração do livro de crônicas?			
D Com base na crônica produzida, anote no caderno o que você pode melhorar nas próximas produções.			

Para saber mais

Você sabia que existe uma cidade em que há mais bicicletas do que pessoas? Estima-se que em Amsterdã, na Holanda, há 880 mil bicicletas e cerca de 800 mil habitantes. Os ciclistas têm prioridade no trânsito, ônibus e veículos dão passagem a eles, já que a maioria das pessoas usa a bicicleta para se locomover.

Essa cidade, que é considerada uma das melhores do mundo em mobilidade urbana, incentiva o transporte não motorizado, além de possuir sistemas e outras possibilidades de locomoção, como metrô, bonde, trem, barcos, centrais de táxi, ônibus urbanos e regionais, que tornam o trânsito mais fluido.

Outras cidades, como Berlim, na Alemanha, Zurique, na Suíça, Londres, no Reino Unido e Copenhague, na Dinamarca, também são modelos quando o assunto é mobilidade urbana.

Pessoas andando de bicicleta em Amsterdã, 2015.

Chegou o momento de relembrarmos o que foi estudado neste capítulo e verificar o que ainda precisa ser retomado com mais atenção. Vamos lá?

1. Quais características uma crônica apresenta?

2. Imagine que você vai fazer uma festa em sua casa. Para isso, elabore duas listas, uma de convidados, outra de itens que devem ser comprados para o evento. Depois troque as suas listas com as de um colega, classifique os substantivos que ele listou e peça-lhe que faça o mesmo com as suas listas. Depois, confiram juntos as respostas.

3. Defina com suas palavras o que é sinônimo imperfeito e sinônimo perfeito.

4. Escolha um objeto qualquer da sala de aula e atribua a ele um adjetivo ou uma locução adjetiva.

5. Qual das palavras a seguir apresenta um encontro consonantal e qual apresenta um dígrafo? Justifique sua resposta.

renda   **crônica**

6. Pesquise em livros ou na internet mais informações sobre os conteúdos estudados neste capítulo. Com base nessa pesquisa e nas respostas das questões anteriores, elabore um esquema resumindo esses conteúdos.

UNIDADE 2
Notícia e entrevista

Agora vamos estudar...

- os gêneros notícia e entrevista;
- as flexões (gênero e número) e o grau do substantivo e do adjetivo;
- o artigo e o numeral;
- o encontro vocálico: hiato, ditongo e tritongo;
- a retextualização;
- os pronomes;
- a variação linguística: variedade estilística;
- a sílaba tônica.

Campanha da *Folha de S.Paulo*, produzida com colagens feitas com recortes do próprio jornal, 2004.

Iniciando rota

1. Você tem o hábito de ler jornais? Por quê?
2. Com o surgimento da internet, diminuiu a procura por jornais impressos. Questiona-se inclusive se algum dia esse meio de comunicação chegará ao fim. O que você pensa sobre isso?
3. Qual associação pode ser feita entre a imagem e a ideia de que "nós somos aquilo que lemos"?
4. Se a campanha tivesse o objetivo de estimular o público jovem a ler jornais impressos, que frase você escolheria para acompanhar a imagem?

81

CAPÍTULO 3

Notícia

Leitura 1

O primeiro jornal nasceu em Roma em 59 a.C. para informar a população sobre os grandes feitos do imperador romano Júlio César. Após várias transformações, a notícia hoje tem a função de relatar fatos que interessam à sociedade. Pelo título da notícia a seguir, você consegue imaginar por que esse fato foi divulgado?

Comunidade se organiza e transforma lixão em área de lazer

EXEMPLO | Após adoção, terreno baldio na Cidade dos Funcionários vira espaço de convivência

Há 40 anos, o terreno baldio próximo ao Colégio Vital Didonet, na Cidade dos Funcionários, vinha sendo utilizado como lixão. Os materiais, depositados pela própria comunidade e por carroceiros, eram recolhidos em parte por caminhões da Prefeitura que passavam todos os dias. Há 5 anos, Míria Espíndola, diretora do colégio, tenta organizar a situação do local. "Na época, fizemos um abaixo-assinado e encaminhamos para a Prefeitura, mas nada aconteceu", reclama. Este ano, o lixo já se acumulava na rua, obstruindo a passagem dos carros em uma das vias. Foi diante dessa realidade que a diretora decidiu unir-se à comunidade e tomar uma atitude para transformar o espaço.

Implantação da Praça dos Ipês incluiu conscientização de carroceiros.

A adoção do local foi oficializada por meio do programa de Adoção de Praças e Áreas Verdes da Secretaria Municipal de Urbanismo e Meio Ambiente (Seuma). Em 15 dias, a diferença era notável: a delimitação do espaço foi toda feita com pneus reciclados, assim como os brinquedos, encomendados de Beberibe (Litoral Leste) especialmente para o projeto. Os muros estão cobertos por artes do grafiteiro Lápis de Lata, que estampou o novo nome do lugar, Praça dos Ipês, e poemas nas paredes. O nome Praça dos Ipês surgiu inicialmente das seis mudas doadas pela Seuma, mas adquiriu um significado muito maior, como explica a diretora da escola: "Curiosamente, o significado dessa planta é justamente esse: transformação". Cada ipê foi adotado por um morador local. Eles receberam folhetos explicativos sobre como cuidar e manter a árvore. Antônio do Carmo é padrinho de um dos Ipês e o vê crescer através da janela de sua loja, em frente à nova praça. "Cada um plantou o seu e tem o dever de cuidar".

Segundo Míria, o processo de adoção não foi apenas burocrático, mas afetivo. Os alunos do 4º e do 5º anos do ensino fundamental do colégio também participaram da transformação. Em uma atividade na disciplina de Geografia, eles foram até o terreno e estiveram em contato com a situação degradante do local. Em seguida, as melhores redações sobre o tema foram enviadas anexadas ao abaixo-assinado organizado com os moradores que reivindicava uma intervenção do Poder Público.

"Não queríamos apenas fazer a limpeza do terreno, mas tornar a área aprazível, onde as famílias possam passear, as crianças possam brincar, para toda a comunidade de um modo geral", explica. O passo seguinte foi a conscientização dos trabalhadores. Míria organizou, com o marido, um café da manhã para os carroceiros locais. Eles focaram na educação ambiental.

"Conseguimos sensibilizar sete carroceiros. Agora eles mesmos se responsabilizam e falam uns pros outros que não se deve mais jogar lixo ali".

Vários outros moradores da região também se envolveram. Alexandre Aragão, que vive no bairro há oito anos, está participando do planejamento de diversas ações e captação de recursos para a praça.

Agora, o plano é envolver cada vez mais a coletividade. Para isso, Alexandre conta que já foram feitas parcerias, como com a iniciativa cultural do Projeto Plantando o Bem, que disponibiliza livros em locais públicos. "As pessoas da comunidade falam que sempre foi o sonho de todo mundo fazer essa limpeza para transformar o terreno em uma área útil. Já estamos até planejando o São João do bairro na praça. Uma parte do arrecadado será investida no projeto."

[...]

Ester Coelho. Comunidade se organiza e transforma lixão em área de lazer.
O Povo, Fortaleza, 30 abr. 2018. Cidades, p. 18.

Estudo do texto

1. As hipóteses que você levantou antes da leitura do texto se confirmaram?

2. Há 40 anos, as pessoas do bairro Cidade dos Funcionários utilizavam o terreno baldio próximo ao Colégio Vital Didonet com qual finalidade?

3. Há quanto tempo a diretora do colégio buscava organizar a situação desse local? De que maneira a comunidade foi envolvida?

4. Que nome recebeu o local depois de revitalizado? Como surgiu essa ideia?

- Que significado esse nome tem? De que maneira ele se relaciona com a obra realizada?

5. O primeiro parágrafo de uma notícia é conhecido como **lide** e tem a finalidade de introduzir ao leitor o fato principal, resumindo as informações básicas do texto. Para isso, na construção desse parágrafo, seis perguntas devem ser respondidas. Volte ao primeiro parágrafo do texto, localize as respostas para as seguintes questões e escreva-as no caderno.

> a) **O quê?** (Qual fato aconteceu?)
>
> b) **Quem?** (Quem realizou ou com quem aconteceu?)
>
> c) **Onde?** (Em que lugar aconteceu?)
>
> d) **Por quê?** (Por qual motivo aconteceu?)
>
> e) **Como?** (Como o fato ocorreu?)
>
> f) **Quando?** (A data do ocorrido)

6. As informações apresentadas nos demais parágrafos de uma notícia são chamadas de **corpo**. Releia o texto e escreva qual a finalidade do corpo de uma notícia.

7. O **título** da notícia costuma ser curto e atrativo a fim de chamar a atenção do leitor e revela a informação principal que será noticiada. Ao ler o título dessa notícia, responda: que informação principal sobre o assunto da notícia o título traz?

8. Algumas notícias costumam apresentar a **linha fina**, um texto curto que aparece após o título, com a função de complementá-lo e destacar outras informações que serão mais bem detalhadas na notícia. Releia a linha fina da notícia e responda de que maneira ela cumpre a sua função.

9. O texto que costuma acompanhar as fotografias ou imagens de uma notícia é chamado de **legenda**. Leia a legenda apresentada na fotografia que acompanha a notícia e explique a sua função.

10. O uso de adjetivos e de outros termos da língua atribui uma carga pessoal/subjetiva aos textos. Por outro lado, é possível manter certa distância do texto, usando determinados elementos da língua. Na sua opinião, como fazer a notícia ser mais objetiva?

11. A que público a notícia lida interessa? Em que outros suportes (meios de comunicação), além do jornal impresso, as notícias podem ser publicadas?

Conexões textuais

Observe a imagem que acompanha a notícia a seguir. Você já viu este tipo de arte em algum lugar? Sobre qual assunto você imagina que a notícia vai tratar?

Arte de rua transforma comunidade violenta no México

Grafiteiros envolvem comunidade na revitalização e entregam obra que se destaca na paisagem

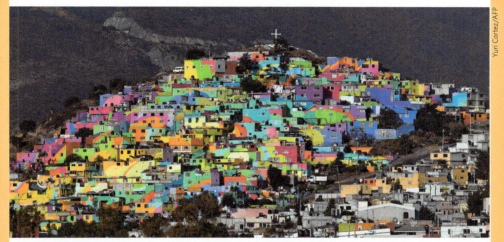

>> Resultado da intervenção artística na Comunidade de Las Palmitas, na cidade de Pachuca, México.

Resolver o problema da violência urbana depende de políticas públicas, mas também está nas mãos da sociedade civil organizada fazer a sua parte. E as ações podem acontecer das mais diferentes formas. Um exemplo foi o que aconteceu na comunidade de Las Palmitas, na cidade de Pachuca, região extremamente violenta no México.

Nos últimos 14 meses, o coletivo de arte Germen Crew conseguiu diminuir os crimes atuando para transformar a imagem negativa do bairro. Os artistas pintaram 209 casas, somando cerca de vinte mil metros quadrados. Foram escolhidas cores vibrantes e a comunidade, ao ser observada à distância, tornou-se uma obra de arte.

Os moradores foram envolvidos em todo o trabalho, reforçando o senso coletivo e de pertencimento. Foram 1.808 participantes de cerca de 450 famílias. De acordo com dados oficiais do país, a ação deu conta de diminuir a violência, especialmente entre os jovens.

O resultado é incrível e com certeza vale a inspiração para projetos aqui no Brasil:

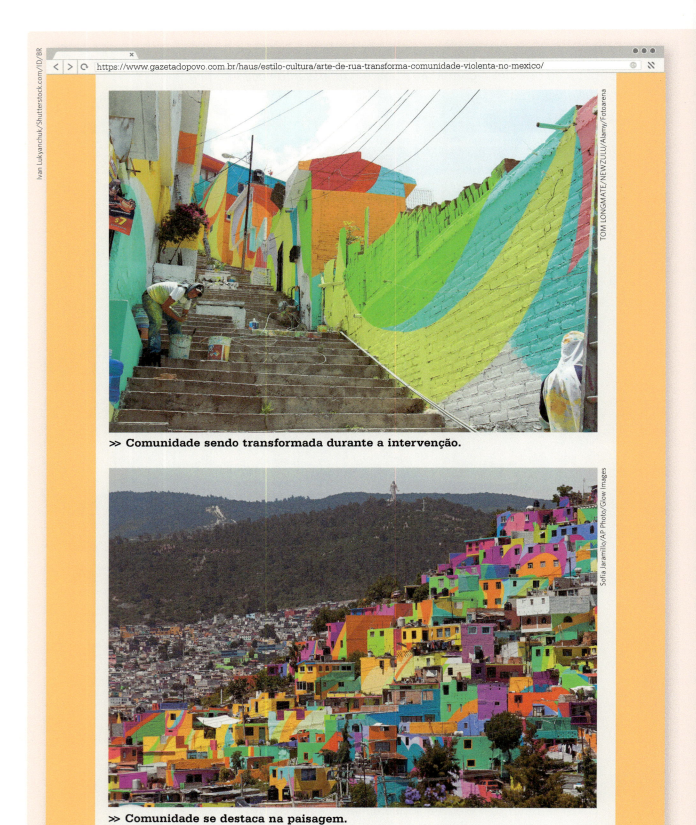

>> Comunidade sendo transformada durante a intervenção.

>> Comunidade se destaca na paisagem.

Arte de rua transforma comunidade violenta no México. *Gazeta do Povo*, Curitiba, 27 dez. 2015. Haus, Estilo e Cultura. Disponível em: <https://www.gazetadopovo.com.br/haus/estilo-cultura/arte-de-rua-transforma-comunidade-violenta-no-mexico/>. Acesso em: 19 jul. 2018.

1. Suas hipóteses sobre qual assunto a notícia poderia tratar foram confirmadas após a leitura do texto? Converse com seus colegas a respeito disso.

2. Em que jornal essa notícia foi publicada?

3. Quando ela foi publicada?

4. O que cada uma das fotos apresentadas na página **86** mostra? Qual a relação delas com a notícia?

5. O que as legendas (texto abaixo da foto) dizem sobre a foto e qual a função delas em notícias?

6. Você estudou na **Leitura 1** deste capítulo o que é um **lide**. Na notícia em análise, as informações foram organizadas de outro modo: elas aparecem ao longo do texto. Sendo assim, responda às questões a seguir em seu caderno.

  a) **O quê?** (Qual fato aconteceu?)
  b) **Quem?** (Quem realizou ou com quem aconteceu?)
  c) **Onde?** (Em que lugar aconteceu?)
  d) **Por quê?** (Por qual motivo aconteceu?)
  e) **Como?** (Como o fato ocorreu?)
  f) **Quando?** (A data do ocorrido)

7. Leia o trecho abaixo.

> Resolver o problema da violência urbana depende de políticas públicas, mas também está nas mãos da sociedade civil organizada fazer a sua parte.

  a) Na **Leitura 1**, você viu que um lixão foi transformado em área de lazer. Que impactos revitalizações como as que ocorreram na Cidade dos Funcionários e no México podem causar na sociedade?
  b) Os lugares mencionados nas notícias passaram por revitalizações. De onde partiram as iniciativas?
  c) Que outra semelhança há nos fatos ocorridos na Cidade dos Funcionários e no México?
  d) Você concorda com a afirmação presente no trecho acima? Converse com seus colegas.
  e) Quais atitudes poderiam transformar o lugar em que você mora, estuda ou convive? Comente a respeito.
  f) Em sua opinião, qual é a importância da publicação de notícias como essa e a apresentada na **Leitura 1**?

Estudo da língua

Flexões do substantivo

Você estudou que o substantivo é a palavra que dá nome a seres em geral, a ações, a sentimentos e a tudo que existe. Agora vamos continuar com o estudo dessa classe tão importante para a elaboração de nossos textos.

Gênero

1. Releia um trecho da notícia "Comunidade se organiza e transforma lixão em área de lazer".

> Segundo Míria, o processo de adoção não foi apenas burocrático, mas afetivo. Os alunos do 4º e do 5º anos do ensino fundamental do colégio também participaram da transformação. Em uma atividade na disciplina de Geografia, eles foram até o terreno e estiveram em contato com a situação degradante do local.

Alguns substantivos retirados do trecho foram divididos em dois grupos.

Grupo 1

processo • colégio • terreno

Grupo 2

transformação • atividade • situação

a) Na língua portuguesa, os substantivos dividem-se em dois gêneros: **masculino** e **feminino**. Dos grupos acima, qual apresenta substantivos do gênero masculino e qual apresenta substantivos do gênero feminino?

b) Como você chegou a essa conclusão?

> Será **masculino** todo substantivo que puder ser precedido por **o**, **os**, **um**, **uns**; e **feminino** os que puderem ser introduzidos por **a**, **as**, **uma**, **umas**. Exemplos: **a/uma** caneta (substantivo feminino), **o/um** lápis (substantivo masculino).

Para saber mais

Não podemos confundir gênero da palavra com o sexo do ser. Os substantivos **jornal** e **porta**, por exemplo, possuem **gênero gramatical** masculino e feminino, respectivamente, e não sexo.

A regra geral para a formação do feminino é a troca das terminações **-o** e **-ão** por **-a** e **-ã**, ou o acréscimo da terminação **-a** aos substantivos terminados em **-r**, **-s** e **-z**.

Além disso, é importante ficar atento:

• aos substantivos cujo significado varia de acordo com o gênero.

> **a** rádio – estação de rádio • **o** rádio – aparelho de rádio

• aos substantivos que possuem uma única forma para os dois gêneros.

> **o** estudante/**a** estudante • **o** dentista/**a** dentista

Número

1. Leia outro trecho da notícia da página **82**.

> Há 40 anos, o terreno baldio próximo ao Colégio Vital Didonet, na Cidade dos Funcionários, vinha sendo utilizado como lixão. Os materiais, depositados pela própria comunidade e por carroceiros, eram recolhidos em parte por caminhões da Prefeitura que passavam todos os dias.

a) O trecho acima revela que mais de um material era depositado pela própria comunidade e por carroceiros no terreno baldio. Como ficaria a frase se apenas um material fosse depositado?

b) No trecho também é empregado o substantivo **comunidade**.
- Quantas comunidades depositavam os materiais no terreno baldio?
- Que quantidade de pessoas o substantivo **comunidade** representa?
- Que forma o substantivo **comunidade** teria caso estivesse flexionado no plural?
- Se, no texto, **comunidade** estivesse no plural, a quantidade de pessoas envolvidas seria alterada?

Quando está no **singular**, o substantivo nomeia apenas um ser ou um conjunto de seres: **pessoa/comunidade**; quando está no **plural**, nomeia mais de um ser ou mais de um conjunto de seres: **pessoas/comunidades**.

Em geral, a formação do plural dos substantivos é marcada pelo acréscimo da letra **-s** às palavras. No entanto, há vários substantivos que formam plural de outro modo, dependendo de suas terminações no singular. Veja neste quadro as principais regras de formação do plural.

Palavras terminadas em	Forma-se o plural	Exemplos
a, **e**, **i**, **o**, **u**	acrescentando a letra **-s**	casas, pés, caquis, livros, baús
-r, **-z**, **-n**	acrescentando **-es**	lares, avestruzes, abdômenes
-s	acrescentando **-es** quando oxítonos	fregueses, chineses, meses
	são invariáveis	lápis, ônibus, tênis
-x	são invariáveis	sax, fênix, tórax
-m	trocando o **-m** por **-ns**	homens, jovens
-ão	trocando o **-ão** por **-ões**, **-ães** ou **-ãos**	limões, pães, cidadãos
-al, **-el**, **-ol**, **-ul**	trocando o **-l** por **-is**	vogais, anéis, anzóis, azuis
-il	trocando o **-l** por **-s** ou trocando **-il** por **-eis**	funis, répteis

Graus do substantivo

Os substantivos podem apresentar dois graus: aumentativo e diminutivo, os quais você estudará a seguir.

1. Considere a frase "Uma pracinha será inaugurada hoje" e responda às questões.

a) O que o substantivo **pracinha** indica sobre a praça que será inaugurada?

b) Que outras palavras associadas ao substantivo **praça** poderiam ser utilizadas para indicar o tamanho dela?

Os substantivos podem assumir formas que indicam variações de tamanho.

> Na língua portuguesa, os substantivos (**praça**) podem ser usados com dois graus de significação: diminutivo (**pracinha**) e aumentativo (**praçona**).

Os graus **aumentativo** e **diminutivo** podem ser marcados por meio de dois processos.

Sintético
Juntam-se ao substantivo terminações que indicam diminutivo ou aumentativo, como: **-inho, -zinho, -ão, -arra, -aço**. Exemplos:
- menin**inho**, homen**zinho**;
- menin**ão**, boc**arra**, gol**aço**.

Analítico
Consiste no emprego de adjetivos que indicam aumentativo ou diminutivo. Exemplos:
- menino **grande**, tarefa **enorme**;
- homem **pequeno**, formiga **minúscula**.

2. Leia os títulos de notícias abaixo considerando os substantivos em destaque.

Que tal adotar um '**amiguinho**'? Feira de adoção acontece neste sábado em Vila Velha

Folha Vitória, 15 maio 2017. Disponível em: <http://www.folhavitoria.com.br/geral/noticia/2017/05/que-tal-adotar-um-amiguinho-feira-de-adocao-acontece-neste-sabado-em-vila-velha.html>. Acesso em: 19 jul. 2018.

Brasileirão volta com **jogão** de Flamengo e São Paulo no Macaranã

Rondoniaovivo, 18 jul. 2018. Disponível em: <http://rondoniaovivo.com/esporte/noticia/2018/07/18/disputa-brasileirao-volta-com-jogao-de-flamengo-e-sao-paulo-no-maracana.html>. Acesso em: 19 jul. 2018.

a) O uso do diminutivo em **amiguinho** e do aumentativo em **Brasileirão** e **jogão** expressa o tamanho do ser? Justifique sua resposta.

b) Qual é o efeito de sentido do emprego desses substantivos nos títulos de notícia?

> Os substantivos empregados no **diminutivo** ou no **aumentativo** podem expressar outros sentidos além de tamanho, como carinho, proximidade, familiaridade, desprezo, ironia, intensidade, entre outros. O sentido de um substantivo no aumentativo ou no diminutivo depende sempre do contexto.

Flexões do adjetivo

Assim como os substantivos, os adjetivos também apresentam flexões de gênero e número.

Gênero

1. Leia o poema abaixo.

> noite alta lua baixa
> pergunte ao sapo
> o que ele coaxa

Paulo Leminski. *Toda poesia*. São Paulo: Companhia das Letras, 2013. p. 315.

a) Para você, que imagem é construída com a leitura desse poema?
b) Que caracterização o adjetivo **alta** atribui ao substantivo **noite**?
c) Que caracterização o adjetivo **baixa** atribui ao substantivo **Lua**?
d) Qual é o gênero dos substantivos no primeiro verso do poema?
e) Utilize os adjetivos empregados no primeiro verso do poema para caracterizar os substantivos abaixo.

- dia
- Sol

f) O que aconteceu com o gênero dos adjetivos? Explique.

Os adjetivos flexionam-se em gênero (**feminino/masculino**) para concordar com o gênero do substantivo. No entanto, existem certos adjetivos que não se flexionam em gênero. Alguns exemplos são: **veloz** (animal **veloz**/pessoa **veloz**), **enorme** (rua **enorme**/rio **enorme**), **quente** (noite **quente**/dia **quente**).

Em relação ao gênero, os adjetivos podem ser classificados em:

Biformes
Existem duas formas, uma para o masculino e outra para o feminino: noite **alta**/dia **alto**.

Uniformes
Usa-se a mesma forma para o masculino e para o feminino: noite **feliz**/dia **feliz**.

Em geral, para a formação do feminino nos adjetivos, troca-se **-o** por **-a**. Por exemplo: bel**o**/bel**a**. Mas há também adjetivos cujo feminino se forma de outro modo, dependendo de suas terminações no masculino.

2. Com base no quadro, observe o agrupamento de palavras no masculino e fique atento para o final de cada palavra. Depois, observe o agrupamento das palavras no feminino e explique que mudança houve entre a forma masculina e feminina.

Adjetivos no gênero masculino	Adjetivos no gênero feminino
cru	crua
alemão	alemã
brincalhão	brincalhona
plebeu	plebeia

91

Número

1. Leia a frase a seguir.

> Um lixão antigo dá lugar a belas praças.

a) Nela foi empregado o substantivo **lixão**.
- Em que número ele está flexionado?
- Qual adjetivo foi empregado para caracterizá-lo?
- Em que número esse adjetivo está flexionado?

b) Na frase foi empregado também o substantivo **praças**.
- Em que número ele está flexionado?
- Qual adjetivo foi empregado para caracterizá-lo?
- Em que número esse adjetivo está flexionado?

c) O que se pode concluir em relação ao adjetivo?

Para saber mais

A formação do plural dos adjetivos segue a mesma regra da formação de plural dos substantivos. Por exemplo: dia **triste**/dias **tristes**.

Como você viu, os adjetivos concordam também em número (**singular/plural**) com o substantivo ao qual se referem: menino **legal**/meninos **legais**.

Graus do adjetivo

Os adjetivos podem apresentar dois graus: o comparativo e o superlativo. São eles que você vai ver agora.

Comparativo

1. Leia um trecho de um texto de divulgação científica.

Sobrevivência do mais forte

Animais fortes têm mais chances que os mais fracos de vencer a batalha da sobrevivência.

Ter força significa ter poder e ser capaz de fazer aquilo que o mais fraco não pode. Animais fortes, por exemplo, podem levantar cargas pesadas, defender-se de um predador ou lançar-se em jornadas longas e perigosas.

[...]

Camilla de la Bédoyère. Sobrevivência do mais forte. Em: *Os mais fortes e os mais fracos*. São Paulo: Ciranda Cultural, 2010. p. 4.

a) Que tipos de animais estão sendo comparados nesse texto?
b) Qual deles leva vantagem em relação ao outro? Por quê?

O **grau comparativo** estabelece uma relação de comparação entre uma característica de dois seres, que pode ser:

de igualdade	Os animais fortes são **tão** capazes de vencer uma batalha **quanto** os fracos.
de superioridade	Os animais fortes são **mais** capazes de vencer uma batalha (**do**) **que** os fracos.
de inferioridade	Os animais fortes são **menos** capazes de vencer uma batalha (**do**) **que** os fracos.

Superlativo

1. Leia a tirinha a seguir e responda às questões.

Alexandre Beck. *Armandinho nove*. Florianópolis: A. C. Beck, 2016. p. 28.

a) Que adjetivo Armandinho emprega no primeiro quadrinho para caracterizar o salário do pai?

b) O que é possível concluir a respeito do salário do pai de Armandinho ao ler somente esse quadrinho?

c) Que palavra a personagem emprega no segundo quadrinho para intensificar o adjetivo empregado no primeiro quadrinho?

d) Ao afirmar, no último quadrinho, que o salário do pai é **apertadíssimo**, há uma quebra de expectativa. Explique como isso gera o humor na tirinha.

Em sua fala, Armandinho usou adjetivos no grau superlativo.

O grau **superlativo** estabelece uma intensificação do adjetivo utilizado e pode ser classificado em **absoluto** e **relativo**. O **superlativo absoluto** exalta a característica de um ser sem compará-lo com outro. Ele apresenta duas formas: **sintética** e **analítica**. O **superlativo relativo** intensifica uma qualidade de um termo em relação a outro. Ele pode estabelecer uma relação de **superioridade** ou de **inferioridade**.

Absoluto sintético	O salário do papai é **justíssimo**.
Absoluto analítico	O salário do papai é **muito justo**.
Relativo de superioridade	O salário do papai é **o mais justo** de todos.
Relativo de inferioridade	O salário do papai é **o menos justo** de todos.

Atividades

1. Leia a tirinha a seguir.

Fernando Gonsales. *Níquel Náusea*: botando os bofes para fora. São Paulo: Devir, 2002. p. 27.

a) A qual conto a tirinha faz referência?

b) Que diferença é possível estabelecer entre a história do conto e dessa tirinha?

c) Em que grau está o substantivo **patinho**?

d) Que adjetivo é atribuído ao patinho no primeiro quadrinho?

e) E no segundo quadrinho, que adjetivo é atribuído ao substantivo **cisne**? Em que grau ele está?

f) Que efeito de sentido esse adjetivo provoca na tirinha em relação ao que foi empregado no primeiro quadrinho?

g) Observe a linguagem verbal e a não verbal presentes no último quadrinho. Que fato causa humor nessa tirinha?

2. Observe as capas dos filmes a seguir.

 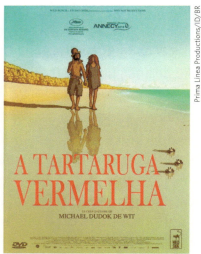

Grandes olhos. Direção de Tim Burton. Estados Unidos, 2015 (106 min).

A tartaruga vermelha. Direção de Michael Dudok de Wit. França, 2017 (80 min).

a) Identifique o substantivo e o adjetivo de cada título de filme.

b) Qual é o gênero de cada um dos substantivos empregados?

c) Por que o adjetivo **grandes** está no plural e o adjetivo **vermelha**, no singular?

94

3. Leia o cartum abaixo.

Fábio Sgroi. Aumentativo. *Fábio Sgroi*, 26 out. 2015. Disponível em: <http://fabiosgroi.blogspot.com.br/2015/10/aumentativo.html>. Acesso em: 19 jul. 2018.

a) Você já ouviu a expressão "conversa de pescador"? O que ela significa?
b) O que as personagens do cartum estão fazendo?
c) Quais palavras utilizadas pelo pescador que conta a história indicam que ele está aumentando os fatos?
d) Como ficaria a fala dele se utilizasse apenas substantivos que indicam tamanho pequeno? Com essas alterações, o texto teria o mesmo efeito de sentido?
e) O que provoca o efeito de humor no texto?

4. Leia a tirinha abaixo, em que a personagem Helga tenta explicar a Hagar os motivos do sobrepeso dele. Depois responda às atividades.

Dick Browne. *O melhor de Hagar, o Horrível*. Porto Alegre: L&PM, 2007. p. 27.

a) Sabemos que o grau pode expressar que o ser nomeado é maior ou menor que seu tamanho normal. Esse é o caso do substantivo **boquinha** empregado na tirinha? Explique.
b) Por que esse substantivo está entre aspas na fala de Helga?
c) Que elemento é responsável por reiterar a afirmação de Helga no primeiro quadrinho?

A notícia a seguir trata de um fato sobre as estrelas. Você gosta de assuntos relacionados ao espaço? O que você imagina que aconteceu para virar assunto de uma notícia?

Telescópio Hubble descobre estrela mais distante observada até agora

Estrela batizada de LS1 existiu quando o Universo tinha menos de um terço da idade atual

02/04/2018 - 15h04/ ATUALIZADO 15h0404 / POR REDAÇÃO GALILEU

Uma equipe internacional de astrônomos anunciou nesta segunda-feira (2) a descoberta da estrela mais distante já detectada no Universo. Localizada pelo telescópio Hubble em abril de 2016 dentro do monstruoso aglomerado de galáxias MACS J1149-2223, a supergigante azul é muito luminosa e duas vezes mais quente que o Sol.

Só foi possível encontrá-la graças à ajudinha de um fenômeno natural previsto por Albert Einstein. As chamadas lentes gravitacionais produzem os "telescópios" mais potentes da natureza: quando objetos massivos ficam entre a Terra e um astro muito distante, o efeito da intensa força gravitacional distorce a luz que vem de trás e amplifica a imagem.

Observação de campo profundo do Hubble (esq.) mostra o aglomerado de galáxias MACS J1149.5+2223, a imagem de 2011 revela a localização de LS1 e, na de 2016, microlente gravitacional torna a estrela visível.

No caso, contribuíram a gravidade do próprio aglomerado de galáxias, mas também de um objeto compacto na "vizinhança" da estrela, com cerca de três vezes a massa do Sol. O processo conhecido como microlente gravitacional funciona como uma espécie de lupa, revelando astros menores, como estrelas ou até planetas.

Lente e microlente somadas resultaram em um aumento de 2 mil vezes na luz da estrela, batizada de *Lensed Star 1* (LS1), em referência justamente às lentes naturais. Sem elas, o Hubble seria incapaz de detectar o objeto, que existiu quando o Universo tinha apenas 4,4 bilhões de anos — menos de um terço da idade atual.

Segundo os pesquisadores envolvidos no estudo, a LS1 fica 100 vezes mais distante que a segunda estrela individual mais longe da Terra de que se tinha conhecimento até então. Várias linhas de pesquisa na astrofísica poderão se beneficiar da investigação do objeto.

"A descoberta da LS1 nos permite obter novos *insights* sobre os constituintes do aglomerado de galáxias", afirma Jose Diego, um dos líderes do estudo, pesquisador do Instituto de Física de Cantabria, na Espanha.

Os astrônomos acreditam que a microlente gravitacional tenha sido produzida por uma estrela de nêutrons ou um pequeno buraco negro de massa estelar. Trata-se, portanto, de uma boa oportunidade de investigar tais objetos. Além disso, novas observações de LS1 podem revelar detalhes sobre a composição geral do Universo e, quem sabe, forneçam até pistas sobre a misteriosa matéria escura.

Telescópio Hubble descobre estrela mais distante observada até agora. *Galileu*, 2 abr. 2018. Disponível em: <https://revistagalileu.globo.com/Ciencia/Espaco/noticia/2018/04/telescopio-hubble-descobre-estrela-mais-distante-observada-ate-agora.html>. Acesso em: 27 ago. 2018.

Para saber mais

O *site* da revista *Galileu* é direcionado a leitores que são apreciadores da divulgação científica e foi criado a partir da revista impressa, nomeada, primeiramente, como *Globo Ciência*, em 1991, recebendo o nome atual apenas em 1998. Nele, além da versão digital da revista impressa, podemos encontrar notícias e vídeos sobre assuntos como cultura, história, sociedade, tecnologia e saúde. O *site* está disponível por meio deste endereço eletrônico: <http://linkte.me/unlv1>.

Página inicial do *site Galileu*.

Estudo do texto

1. Qual é o fato central dessa notícia? Explique aos colegas.

2. O fato que você imaginou antes da leitura é semelhante ao que foi apresentado na notícia? Comente com a turma.

3. Releia o seguinte trecho.

> "A descoberta da LS1 nos permite obter novos *insights* sobre os constituintes do aglomerado de galáxias", afirma Jose Diego, um dos líderes do estudo [...]. Além disso, novas observações de LS1 podem revelar detalhes sobre a composição geral do Universo e, quem sabe, forneçam até pistas sobre a misteriosa matéria escura.

• Das informações apresentadas nesse trecho, qual delas é um fato e qual representa uma opinião do autor da notícia?

4. Em qual aglomerado de galáxias se localiza o astro descoberto pelo telescópio Hubble?

5. Copie a alternativa que explica corretamente como LS1 foi descoberto.

   A Ele já vinha sendo observado há alguns anos, mas foi descoberto por acidente quando pesquisadores tiveram a certeza da presença dele ao observar um aglomerado de galáxias.

   B Os pesquisadores só conseguiram encontrá-lo com a ajuda de um fenômeno natural previsto por Albert Einstein.

6. Explique com suas palavras o que seria o fenômeno das "lentes gravitacionais".

7. Conforme o texto, qual a distância de LS1 da Terra?

8. Segundo a notícia, qual o benefício dessa descoberta?

   A Compreender o que formou o aglomerado de galáxias.

   B Compreender o que formou a lua e a lei da atração.

97

9. Releia o trecho a seguir.

> No caso, contribuíram a gravidade do próprio [aglomerado de galáxias](#), mas também de um objeto compacto na "vizinhança" da estrela, com cerca de três vezes a massa do Sol. O processo conhecido como microlente gravitacional funciona como uma espécie de lupa, revelando astros menores, como estrelas ou até planetas.

a) O texto destacado é um **hiperlink**, ou seja, *link* que, ao ser clicado, direciona o leitor a outra página da internet. Qual é a função dos hiperlinks em textos como esse?

b) Veja a imagem que surgiria, caso tivéssemos clicado no hiperlink **aglomerado de galáxias**.

- De que maneira essa imagem contribui com as informações apresentadas nesse trecho?

c) Há outros hiperlinks na notícia lida. Localize-os e escreva o que você acha que o leitor encontrará ao clicá-los.

10. Em relação às imagens apresentadas na notícia, responda às questões a seguir.

a) O que elas representam?

b) Qual é a importância dessas imagens na notícia?

c) Em sua opinião, quais outras imagens poderiam ilustrar essa notícia?

11. Por que o autor qualifica MACS J1149-2223 de "monstruoso"?

12. Por que o autor considera que os astrônomos vão investigar a respeito das estrelas de nêutrons e buracos negros?

A Pela forma como acreditam ter sido compostos os planetas de todos os sistemas solares.

B Pela forma como acreditam ter se formado a microlente gravitacional.

13. Releia outro trecho da notícia, observando a palavra destacada.

> "A descoberta da LS1 nos permite obter novos ***insights*** sobre os constituintes do aglomerado de galáxias", afirma Jose Diego, um dos líderes do estudo, pesquisador do Instituto de Física Cantabria, na Espanha.

a) Leia o verbete de dicionário a seguir e verifique com qual sentido a palavra destacada foi empregada.

> ***insight*** [*insait*] (Ing.) *s.m.* 1. Ato de perceber, de maneira súbita, a solução de um problema; iluminação súbita; ideia luminosa; clareza, estalo: *Teve um* insight *para um final surpreendente de seu livro.* 2. (*Psicol.*) Capacidade de uma pessoa para reconhecer o próprio inconsciente.
>
> Academia Brasileira de Letras. *Dicionário escolar da língua portuguesa.* 2. ed. São Paulo: Companhia Editora Nacional, 2008. p. 724.

b) Como Jose Diego poderia fazer a mesma afirmação, mas sem utilizar a palavra *insight*?

14. Releia o parágrafo final da notícia.

> **No caso**, contribuíram a gravidade do próprio aglomerado de galáxias, **mas** também de um objeto compacto na "vizinhança" da estrela, com cerca de três vezes a massa do Sol.

a) Copie em seu caderno a alternativa que apresenta outros conectivos que poderiam substituir respectivamente os que estão destacados sem alterar o sentido do parágrafo.

- **A** **Assim** e **e**
- **B** **porque** e **além do mais**
- **C** **e** e **pois**

b) Esses conectivos introduzem respectivamente:

- **A** uma conclusão e uma explicação.
- **B** uma explicação e uma conclusão.
- **C** uma explicação e uma adição.
- **D** uma adição e uma explicação.

c) Qual é a função dessas palavras nesse parágrafo?

15. Qual é a linha fina dessa notícia?

16. Quem escreveu a notícia e quando ela foi publicada?

17. A que público leitor essa notícia é destinada?

18. Que tipo de registro predomina nessa notícia: o formal ou o informal?

19. Quais características fazem desse texto uma notícia?

> **DICA!**
> Você já estudou o que é uma **linha fina**. Se necessário, volte à página **84** e releia a atividade **8**.

20. Leia a notícia abaixo para responder às questões seguintes.

http:// jornaljoca.com.br/portal/telescopio-hubble-descobre-a-estrela-mais-distante-ja-vista/

Telescópio Hubble descobre a estrela mais distante já vista
3 de abril de 2018

Um grupo de astrônomos anunciou, em 2 de abril, a descoberta da estrela mais distante já observada no Universo. Batizada de LS1, os cientistas afirmam que ela é muito luminosa e tem uma massa três vezes superior a do Sol. A supergigante foi localizada em uma galáxia a cerca de 9 bilhões de anos-luz da Terra e fotografada pelo telescópio Hubble em abril de 2016.

O astro só foi encontrado devido a um fenômeno natural chamado de "lente gravitacional". Funciona assim: quando a luz de um objeto distante (planeta, estrela ou galáxia)

>> A estrela LS1 no aglomerado de galáxias.

"passa" perto de outro objeto, ela é amplificada e multiplicada, como se estivesse sob a lente de uma "lupa" gigante da natureza. O fenômeno foi previsto por Albert Einstein e ocorre devido ao efeito da força gravitacional.

A LS1 fica 100 vezes mais distante que a segunda estrela individual mais longe da Terra de que se tinha conhecimento até então. A sua descoberta irá ajudar outros estudos sobre a composição e os mistérios do Universo.

Os astrônomos estudam galáxias — até mais distante do que a da LS1. Elas só são visíveis graças ao brilho combinado de suas bilhões de estrelas.

As estrelas, porém, não podem ser vistas individualmente pelas atuais tecnologias. A exceção é quando ocorre um fenômeno conhecido como supernova: momentaneamente, as estrelas brilham forte e ofuscam a luz combinada das estrelas nas galáxias onde estão.

Você sabia?

Ano-luz é a distância que a luz percorre no vácuo no período de um ano.

Como a velocidade da luz é a mais rápida que conhecemos, os especialistas utilizam a luz para calcular distâncias no Sistema Solar e em outras partes do universo.

Para se ter uma ideia, o Sol está a oito minutos-luz da Terra. A Lua está apenas a um segundo-luz.

38 COMENTÁRIOS

ensinolivre,
18 de julho de 2018 às 15:04

Que legal, Joca! Adoro notícias sobre estrelas, será que já tem mais alguma novidade?

RESPONDER

Telescópio Hubble descobre a estrela mais distante já vista. *Jornal Joca*, São Paulo, Magia de ler, 3 abr. 2018. Tecnologias. Disponível em: <https://jornaljoca.com.br/portal/telescopio-hubble-descobre-a-estrela-mais-distante-ja-vista/>. Acesso em: 21 jul. 2018.

Para saber mais

A notícia que você acabou de ler foi publicada no *site* do *Jornal Joca*, destinado a crianças e jovens. No endereço <http://linkte.me/f6y9d> (acesso em: 21 jul. 2018) podemos acessar notícias de nosso país e do mundo sobre os mais variados assuntos.

Página inicial do *site Jornal Joca*.

a) Qual é o fato principal dessa notícia?
b) Quando ela foi publicada?
c) Que imagem foi escolhida para ilustrar essa notícia?
d) Releia o trecho a seguir retirado da notícia da página **96**.

> Uma equipe internacional de astrônomos anunciou nesta segunda-feira (2) a descoberta da estrela mais distante já detectada no Universo. **Localizada** pelo telescópio Hubble em abril de 2016 dentro do monstruoso aglomerado de galáxias MACS J1149-2223, a **supergigante azul** é muito luminosa e duas vezes mais quente que o Sol.

- As palavras destacadas estão retomando qual termo?
- Veja que foram utilizadas outras palavras a fim de evitar a repetição de um mesmo termo: que importância essa estratégia tem em um texto como a notícia?

e) Qual é o objetivo das informações apresentadas no item **Você sabia?**, da página **100**?

f) Observe o comentário a seguir.

ensinolivre,
18 de julho de 2018 às 15:04
Que legal, Joca! Adoro notícias sobre estrelas, será que já tem mais alguma novidade?
RESPONDER

- A quem pertence esse comentário?
- De que outra forma os leitores de um jornal podem participar de suas publicações?

Para saber mais

A maioria das revistas e jornais brasileiros apresenta espaço ou seção destinados ao leitor. Uma vez que as matérias principais são restritas a jornalistas ou especialistas, é muito importante a presença da voz do leitor a fim de apresentar outro ponto de vista sobre o assunto e também de contribuir com críticas, elogios ou sugestões que possam melhorar as próximas edições.

21. Qual das notícias lidas nesta seção foi publicada primeiro?

a) Releia o primeiro parágrafo de cada uma delas.

> **I** Uma equipe internacional de astrônomos anunciou nesta segunda-feira (2) a descoberta da estrela mais distante já detectada no Universo. Localizada pelo telescópio Hubble em abril de 2016 dentro do monstruoso aglomerado de galáxias MACS J1149-2223, a supergigante azul é muito luminosa e duas vezes mais quente que o Sol.

> **II** Um grupo de astrônomos anunciou, em 2 de abril, a descoberta da estrela mais distante já observada no Universo. Batizada de LS1, os cientistas afirmam que ela é muito luminosa e tem uma massa três vezes superior a do Sol. A supergigante foi localizada em uma galáxia a cerca de 9 bilhões de anos-luz da Terra e fotografada pelo telescópio Hubble em abril de 2016.

- Como você já estudou, o primeiro parágrafo de uma notícia recebe o nome de **lide**. Em qual das notícias o lide está mais completo? Justifique sua resposta.

b) Releia mais dois trechos retirados das notícias lidas.

> **I** Localizada pelo telescópio Hubble em abril de 2016 dentro do monstruoso aglomerado de galáxias MACS J1149-2223, a supergigante azul é muito luminosa e duas vezes mais quente que o Sol.

> **II** Batizada de LS1, os cientistas afirmam que ela é muito luminosa e tem uma massa três vezes superior a do Sol.

- Em qual dos trechos o nome do astro descoberto não é identificado? Por qual motivo você acha que isso aconteceu?

c) Em sua opinião, podemos afirmar que as notícias lidas foram imparciais? Justifique sua resposta.

▶ **Aprenda mais**

O planetário é um local que costuma simular o céu noturno fazendo os visitantes se sentirem em uma grande nave espacial. É um lugar onde se explora a astronomia, trabalhando conceitos da matemática, física, química e biologia.

O planetário mais moderno do Brasil fica em Santo André, no ABC paulista. Ele possui um sistema único de projeção ótica digital que garante ao espectador uma visão do espaço em 360 graus. Se tiver a oportunidade, não deixe de visitar o planetário de sua cidade!

Foto do planetário de Santo André, SP.

102

Estudo da língua

Artigo

Agora você vai retomar outra classe gramatical cuja função é acompanhar e especificar os substantivos.

1. Releia um trecho da notícia da página **96** e observe as palavras destacadas.

> Só foi possível encontrá-la graças à ajudinha de um fenômeno natural previsto por Albert Einstein. As chamadas lentes gravitacionais produzem os **"telescópios"** mais potentes da natureza: quando objetos massivos ficam entre a **Terra** e um **astro** muito distante, o **efeito** da intensa força gravitacional distorce a **luz** que vem de trás e amplifica a **imagem**.

a) A que classe gramatical pertencem as palavras em destaque?

b) Classifique-as quanto ao gênero e ao número.

c) Que palavra vem antes de cada substantivo destacado?

d) Se substituíssemos a palavra **os** de "**os** 'telescópios'" pela palavras **uns**, que mudança de sentido teríamos no contexto em que foi empregada?

A palavra que antecede o substantivo definindo-o ou indefinindo-o é chamada de **artigo**. O artigo também exerce a função de identificar o gênero e o número dos substantivos.

Os artigos são classificados em: **indefinidos** (um, uma, uns, umas) e **definidos** (o, os, a, as). Os artigos indefinidos são utilizados para fazer referência a seres de forma geral, indefinida. Os artigos definidos são empregados para fazer referência a seres determinados, particulares.

Para saber mais

- Antes de nomes próprios, não há obrigatoriedade do uso do **artigo definido**. Por exemplo: **a** Fernanda saiu. / Fernanda saiu.
- Antes de nomes de lugares, o **artigo definido** pode ou não ser usado. Por exemplo: **a** Bahia, **o** Rio de Janeiro, **o** Brasil; São Paulo, Belém.
- O **artigo indefinido** também pode indicar uma **aproximação numérica**: "Ele deve ter **uns** quarenta anos"; ou ainda **reforçar** uma característica: "Você é **um** campeão!".
- Os artigos podem ser combinados com outras palavras.
  Observe: de + a = **da**   de + as = **das**   de + o = **do**   de + os = **dos**
  em + a = **na**   em + as = **nas**   em + o = **no**   em + os = **nos**
- Em textos, no geral, usamos o **artigo indefinido** para indicar um ser desconhecido pelos interlocutores. Depois de apresentado, ele passa a ser mencionado com a utilização do **artigo definido**. Exemplo:

> Na semana passada, cientistas descobriram **um** astro. Por brilhar demais, **o** astro foi observado em meio a uma galáxia.

Numeral

Agora você vai relembrar outra classe gramatical.

1. Releia o trecho abaixo observando a palavra destacada.

> No caso, contribuíram a gravidade do próprio aglomerado de galáxias, mas também de um objeto compacto na "vizinhança" da estrela, com cerca de **três** vezes a massa do Sol. O processo conhecido como microlente gravitacional funciona como uma espécie de lupa, revelando astros menores, como estrelas ou até planetas.

• O que o termo destacado indica? Copie a resposta em seu caderno.

  A quantidade   **B** ordem   **C** sequência

2. Reescreva o trecho a seguir de modo que o número destacado seja representado por meio da linguagem verbal, ou seja, utilizando palavras.

> Segundo os pesquisadores envolvidos no estudo, a LS1 fica **100** vezes mais distante que a segunda estrela individual mais longe da Terra de que se tinha conhecimento até então.

A palavra que representa uma quantidade ou uma posição em uma sequência é chamada de **numeral**.

Veja a seguir como os numerais são classificados.

- **Cardinais**: definem uma quantidade.
  Compramos **dois** quilos de laranja e **trezentos** gramas de uva.
- **Ordinais**: indicam ordem, posição.
  O americano chegou em **segundo** lugar e o brasileiro, em **primeiro**.
- **Multiplicativos**: indicam a multiplicação de uma quantidade.
  Ganhei o **dobro** de figurinhas.
- **Fracionários**: indicam uma parte ou divisão de uma quantidade.
  Para essa receita, use **dois terços** de farinha integral.

Quando escrevemos os números, podemos representá-los por algarismos (**1**, **10**, **100**) ou por numerais (**um**, **dez**, **cem**). Portanto, os algarismos são sinais gráficos e os numerais, palavras que representam esses sinais.

Sempre que precisar, consulte o quadro de numerais abaixo.

Numerais			
Cardinais	Ordinais	Multiplicativos	Fracionários
um	primeiro	–	–
dois	segundo	dobro, duplo/dúplice	meio, metade
três	terceiro	triplo/tríplice	terço
quatro	quarto	quádruplo/quadrúplice	quarto
cinco	quinto	quíntuplo/quintúplice	quinto
seis	sexto	sêxtuplo/sextúplice	sexto
sete	sétimo	sétuplo/setúplice	sétimo
oito	oitavo	óctuplo/octúplice	oitavo
nove	nono	nônuplo/nonúplice	nono
dez	décimo	décuplo/decúplice	décimo
onze	décimo primeiro	undécuplo/undecúplice	onze avos
doze	décimo segundo	duodécuplo/duodecúplice	doze avos
vinte	vigésimo	–	vinte avos
vinte e um	vigésimo primeiro	–	vinte e um avos
cinquenta	quinquagésimo	–	cinquenta avos
cinquenta e um	quinquagésimo primeiro	–	cinquenta e um avos
cem	centésimo	cêntuplo/centúplice	centésimo
duzentos	ducentésimo	–	ducentésimo
trezentos	trecentésimo	–	trecentésimo
quatrocentos	quadringentésimo	–	quadringentésimo
quinhentos	quingentésimo	–	quingentésimo
mil	milésimo	–	milésimo

Atividades

1. Leia os títulos de notícia abaixo, classifique as palavras destacadas em **numeral** ou **artigo** e justifique sua resposta.

Despertador inteligente acorda apenas **uma** pessoa na cama

Estadão, 21 maio 2015. Disponível em: <https://pme.estadao.com.br/noticias/noticias,despertador-inteligente-acorda-apenas-uma-pessoa-na-cama,5762,0.htm>. Acesso em: 19 jul. 2018.

É pau, é pedra, é o fim de **um** caminho

Piauí, abr. 2013. Disponível em: <http://piaui.folha.uol.com.br/materia/e-pau-e-pedra-e-o-fim-de-um-caminho/>. Acesso em: 19 jul. 2018.

> **DICA!**
> As palavras **um** e **uma** podem ser tanto artigo quanto numeral. A definição só será possível com base no contexto em que são utilizadas: se o objetivo é indicar um ser ou algo dentre outros (artigo indefinido) ou a quantidade de algo (numeral).

2. Leia a piada abaixo e responda às questões referentes a ela.

Um caçador se perdeu na floresta. Após vagar pelo mato por três dias, já exausto e faminto, ele viu um guarda-florestal vindo em sua direção.

— Graças a Deus você me encontrou! — disse o caçador quase chorando de tanta alegria. — Eu estou perdido aqui há três dias!

— Isso não é nada — disse o guarda-florestal. — Eu estou perdido há duas semanas!

Gabriel Barazal. *Piadas para rachar o bico 1*. São Paulo: Fundamento Educacional, 2012. p. 46.

a) O encontro com o guarda-florestal serviu para ajudar o caçador, que estava perdido na floresta? Por quê?

b) As palavras **caçador** e **guarda-florestal** são mencionadas duas vezes na piada. Que artigos as acompanham na primeira vez em que elas são mencionadas? E na segunda vez?

c) Por que o artigo **um** não poderia ter sido utilizado na segunda vez em que essas palavras são mencionadas no texto?

d) Qual informação dessa piada cria o efeito de humor?

3. Analise a tirinha de Charles Schulz para responder às questões a seguir.

Charles Schulz. Minduim. *O Estado de S. Paulo*, São Paulo. 21 jun. 2005. Caderno 2. p. 6.

a) Snoopy pretendia entrar em uma casa. Ele consegue atingir esse objetivo? Que elementos não verbais permitem chegar a essa conclusão?

b) Snoopy corrige a fala de Sally, substituindo o artigo **um** por **o** antes da palavra **cachorro**. Que sentido possui a fala de Sally ao dizer **um cachorro**?

c) Que sentido possui o pensamento de Snoopy, ao trocar a palavra **um** pela palavra **o**?

d) Relacione o pensamento e a expressão de Snoopy no segundo quadrinho. Depois explique como ocorre o efeito de humor da tirinha.

4. Observe o anúncio abaixo e responda às questões.

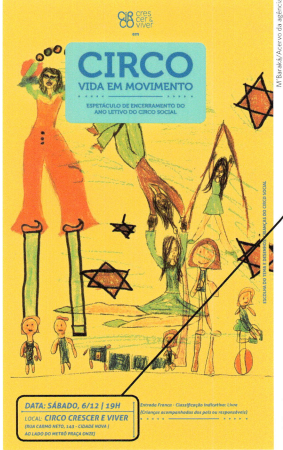

Circo Crescer e Viver. Anúncio do espetáculo "Circo: vida em movimento", 2014.

a) O que esse anúncio divulga?

b) Que elementos da imagem possibilitam relacioná-la com o circo?

c) Em sua opinião, qual a importância de espetáculos como esse?

d) Alguns números foram representados por algarismos nesse anúncio. Escreva por extenso os números que estão no trecho em destaque e classifique-os.

e) O que cada um desses algarismos indica nesse anúncio?

f) A expressão **19h** indica o horário previsto para o início do espetáculo. Leia o boxe a seguir e responda como seria essa indicação se ele começasse às dezenove horas e quarenta e cinco minutos.

Para saber mais

Como você viu no anúncio, a indicação de horas foi abreviada. Para fazer essa abreviação, é preciso seguir algumas regras. Ao abreviar a palavra **hora(s)**, utilizamos **h** (minúsculo e sem ponto); para a palavra **minuto(s)**, utilizamos **min** (também minúsculo e sem ponto); e, se quisermos abreviar a palavra **segundo(s)**, utilizamos **s** (minúsculo e sem ponto): **22h15min** e **8h32min53s**, por exemplo.

107

O numeral em textos instrucionais

1. Leia esta receita culinária e responda às questões a seguir.

Ingredientes para a salada

1 alface-americana
2 cenouras
1 beterraba
1 tomate sem pele e sem sementes
1 cebola

Ingredientes para o molho

Sal a gosto
Uma pitada de açúcar
1 colher (sopa) de azeite
3 colheres (sopa) de vinagre

Primeiro passo:
Lave cuidadosamente os ingredientes antes de iniciar sua preparação.

Segundo passo:
Rasgue as folhas da alface para deixá-las menores. Rale as cenouras e a beterraba. Depois, pique o tomate em pedaços regulares. Corte a cebola em rodelas.

Terceiro passo:
Junte tudo e misture bastante.

Quarto passo:
Para fazer o molho, misture todos os ingredientes numa xícara e molhe a salada com ele. Sirva em seguida.

O tempo de preparo dessa receita é de 20 minutos e o seu rendimento é de 6 porções

Fonte de pesquisa: Palmirinha Onofre. *1000 receitas deliciosas da vovó mais querida do Brasil.* São Paulo: Alaúde, 2014. p. 73.

a) Você costuma preparar receitas em sua casa? Em sua opinião, por que essa receita possui o nome "Salada primavera"?

b) Considerando a quantidade de ingredientes e o modo de preparo, essa receita pode ser considerada fácil ou difícil de preparar? Por quê?

c) Em receitas, uma das informações mais importantes é a quantidade necessária de cada ingrediente. Quais elementos foram utilizados para indicar essa informação?

d) Assim como os elementos presentes na receita, algumas palavras também podem expressar quantidade. Veja este exemplo.

[**algumas** – **bastantes** – **inúmeras** – **poucas** – **quaisquer**] cenouras

• O que o uso dessas palavras provocaria na execução da receita?

e) Outra informação importante em receitas é a ordem em que os passos devem ser realizados. Quais palavras indicam isso? A que classe gramatical elas pertencem?

f) Copie a alternativa correta em relação à palavra **pitada**.

A Indica uma grande porção.   **B** Indica uma pequena porção.

Textos instrucionais, como receitas, manuais de jogos e aparelhos eletrônicos, utilizam frequentemente numerais para demonstrar a sequência em que as ações devem ser realizadas e também para indicar a quantidade de itens ou materiais necessários.

Escrita em foco

Encontro vocálico: hiato, ditongo e tritongo

No capítulo anterior, você estudou que encontro consonantal é a sequência de duas ou mais consoantes em que é possível reconhecer o som de cada uma delas dentro de uma palavra. Podemos supor, assim, que encontro vocálico seja a sequência de duas ou mais vogais, mas como isso acontece?

1. Leia a sinopse do livro abaixo e responda às questões.

A semente que veio da África

Considerada na África "a árvore da palavra", a adansônia existe em todo o continente. Partindo da imagem desta árvore como símbolo de união entre os povos, Heloisa Pires (brasileira) juntou-se a artistas africanos para criar este livro. Com ele, as crianças brasileiras vão conhecer algumas histórias e jogos inventados com as sementes de adansônia, estreitando ainda mais o abraço entre nossos continentes.

Salamandra. *A semente que veio da África*, São Paulo, 2005.

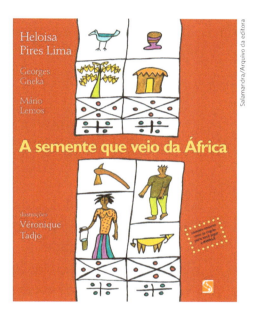

a) Que relação podemos estabelecer entre o título e a sinopse do livro?
b) Você sentiu vontade de conhecer o livro após ler a sinopse? Justifique sua resposta.
c) Em seu caderno, separe as palavras abaixo em sílabas prestando atenção às letras destacadas.

brasil**ei**ra – junt**ou** – estr**ei**tando

d) Como se chamam as letras que estão destacadas e como elas foram organizadas na separação silábica?
e) Agora, separe as palavras abaixo em sílabas prestando atenção às letras destacadas.

cr**ia**r – cr**ia**nças – **ai**nda

f) Como essas letras foram organizadas na separação silábica?

109

> Chamamos de **ditongo** o encontro de duas vogais em uma mesma sílaba e de **hiato** o encontro de duas vogais em sílabas diferentes.

g) Classifique o tipo de encontro vocálico que há na palavra **união**.

2. Leia os títulos de notícia a seguir, depois responda às questões.

I

Estabilidade econômica atrai leva de brasileiros para o Paraguai

Bem Paraná, 21 abr. 2018. Disponível em: <https://www.bemparana.com.br/noticia/estabilidade-economica-atrai-leva-de-brasileiros-para-o-paraguai>. Acesso em: 23 jul. 2018.

II

Saguão da Prefeitura sedia duas mostras com visitações gratuitas

Itu, 3 jul. 2018. Disponível em: <http://www.itu.com.br/cultura/noticia/saguao-da-prefeitura-sedia-duas-mostras-com-visitacoes-gratuitas-20180703>. Acesso em: 24 jul. 2018.

III

Uns mais iguais que outros

Época, 23 fev. 2018. Disponível em: <https://epoca.globo.com/brasil/noticia/2018/02/uns-mais-iguais-que-outros.html>. Acesso em: 23 jul. 2018.

a) Com base nos títulos, do que provavelmente tratam as notícias?

b) Em cada um dos títulos há, pelo menos, um ditongo. Localize-os e copie-os em seu caderno.

c) Separe as palavras abaixo em sílabas e responda quantas vogais compõem o encontro vocálico em cada uma delas.

Paraguai – saguão – iguais

> Quando três vogais fazem parte da mesma sílaba damos o nome de **tritongo**.

3. Classifique o encontro vocálico presente em cada um dos títulos de livro a seguir.

I

Basílio da Gama. *O Uraguai*. Porto Alegre: L&PM, 2009.

II
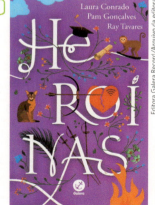
Laura Conrado, Pam Gonçalves e Ray Tavares. *Heroínas*. Rio de Janeiro: Galera, 2018.

Atividades

1. Leia o anúncio publicitário a seguir.

Beterraba é bom para o coração.

Hortifruti é bom pra você.

Hortifruti. Anúncio publicitário da campanha "Hortifruti é bom pra você".

As marcas apresentadas são utilizadas para fins estritamente didáticos, portanto não representam divulgação de qualquer tipo de produto ou empresa.

a) Quem produziu esse anúncio?
b) Qual é a finalidade dele?
c) Por que o anúncio afirma que "Hortifruti é bom pra você."?
d) De que forma a linguagem verbal do anúncio dialoga com a não verbal?
e) Localize nesse anúncio uma palavra com encontro vocálico e classifique-o em ditongo, tritongo ou hiato.

2. Releia um trecho da notícia "Telescópio Hubble descobre estrela mais distante observada até agora" e observe as palavras em destaque.

> Segundo os pesquisadores envolvidos no estudo, a LS1 fica 100 vezes **mais** distante que a segunda estrela **individual** mais longe da Terra de que se tinha conhecimento até **então**. Várias linhas de pesquisa na astrofísica **poderão** se **beneficiar** da **investigação** do objeto.

a) Classifique o encontro vocálico das palavras em destaque em ditongo, tritongo ou hiato.

b) Leia outras palavras retiradas da notícia.

| nêutrons | segunda-feira | monstruoso |
| muito | duas | efeito |

- Em seu caderno, separe as palavras acima em sílabas.
- Classifique o encontro vocálico de cada uma delas.

c) O que é possível concluir a respeito do uso de ditongos com base nos trechos dessa notícia?

   A) Que eles são pouco usados em relação aos tritongos e hiatos.
   B) Que eles são mais frequentes do que tritongos e hiatos.
   C) Que eles são mais frequentes do que hiatos e menos frequentes que tritongos.
   D) Que eles são mais frequentes do que tritongos e menos frequentes que hiatos.

Produção de texto

Notícia

Neste capítulo, você aprendeu que a notícia é um gênero que divulga fatos ocorridos ou que vão acontecer, informações e eventos relevantes para o público leitor de uma comunidade. Ela pode ser veiculada em meio impresso, como a notícia da Praça dos Ipês, no bairro Cidade dos Funcionários, ou digital, como a notícia da estrela LS1.

Seu desafio, agora, é produzir uma notícia sobre o seu bairro ou sua cidade. Essa produção vai compor um jornal-mural para que todos da escola possam se informar sobre os últimos acontecimentos ou sobre o que acontecerá nos bairros e na cidade.

Para começar

Inicialmente é preciso compreender que essa produção demanda pesquisa. Você pode levantar informações recentes sobre o assunto na internet ou com alguma pessoa que possa contribuir com o que você está pesquisando. Escolha uma das opções abaixo para pesquisar e produzir sua notícia.

Espaço revitalizado

Se escolher esse tema, pesquise e escreva sobre como era o local e as melhorias que já foram realizadas por lá. Descreva as ações que foram ou têm sido feitas, como a limpeza do espaço, a implantação de postes de iluminação, o plantio de árvores e flores, etc. Não se esqueça de escrever sobre a importância da revitalização desse espaço para a cidade e diga como os moradores poderão usufruir dele.

Ação solidária

Se optar por esse tema, pesquise e escreva sobre uma ação social ou campanha solidária que esteja acontecendo no bairro ou na cidade, como arrecadação de agasalhos, roupas ou brinquedos para moradores de comunidades carentes, distribuição de refeições para pessoas em situação de rua, etc. Lembre-se de descrever como vem sendo organizada e realizada essa ação solidária e mencione como os moradores do bairro e da cidade podem contribuir ou participar.

Divulgar um evento

Se preferir falar sobre isso, você deverá pesquisar e escrever sobre o tipo de evento (feira de exposição, *show*, peça de teatro, etc.); o conteúdo que ele apresentou ou apresentará; a data, o horário e o local em que o evento ocorreu ou ocorrerá. Além disso, discorra também sobre a importância do evento para a cidade.

Lembre-se de que a notícia deve apresentar fatos recentes ou que ainda vão acontecer, por isso busque informações novas para compor seu texto.

▶ **Aprenda mais**

O *Correio Braziliense* é um importante jornal de nosso país e tem como sede a cidade de Brasília. Ele oferece seu conteúdo tanto impresso quanto digital por meio do endereço eletrônico <www. http://linkte.me/fwxl3> (acesso em: 18 jul. 2018).

Estruture seu texto

Depois de escolher o tema e pesquisar sobre ele, é hora de planejar o seu texto. Para isso, siga as orientações a seguir.

1 Se necessário, retome sua pesquisa para que tenha mais informações para sua produção.

2 Seu texto deverá responder às seis questões que norteiam uma notícia, portanto verifique se a sua pesquisa fornece informações suficientes para isso.

1 - O quê?
Qual é o fato que se quer relatar?

2 - Quem?
Quem são as pessoas ou instituições envolvidas?

3 - Onde
Em qual local isso aconteceu, está acontecendo, acontecerá?

4 - Por quê?
Por qual motivo isso aconteceu, está acontecendo, acontecerá?

5 - Como?
De que forma isso aconteceu, está acontecendo, acontecerá?

6 - Quando?
Quando isso aconteceu, está acontecendo, acontecerá?

3 Inicie a produção do texto, que deverá apresentar a seguinte estrutura:

Título: síntese do assunto.

Lide: formado pelas respostas às perguntas relacionadas acima.

Corpo: apresentação de detalhes do fato.

4 Procure adotar uma linguagem objetiva e fique atento à escrita correta das palavras e ao uso adequado dos sinais de pontuação.

5 Evite o emprego de adjetivos para que a notícia não apresente marcas da sua opinião sobre o fato.

6 Utilize pronomes e sinônimos para evitar a repetição de palavras no texto.

7 Fique atento à flexão dos substantivos e aos artigos que os acompanham, como em "**o** espaço revitalizado" e em "**as** doações arrecadadas".

8 Empregue verbos no passado, presente ou futuro de acordo com os fatos que apresentar. Por exemplo, você pode dizer que o evento **aconteceu** ou **acontecerá** em determinado dia da semana.

9 Se preferir, você pode incluir um desenho seu ou uma fotografia à notícia. Para isso, faça uma ilustração bem bonita ou registre a imagem com um celular ou máquina fotográfica e na próxima etapa imprima-a e/ou acrescente-a ao texto.

Avalie e reescreva seu texto

Depois de estruturar seu texto e elaborar a primeira versão dele, verifique se os itens abaixo foram realizados.

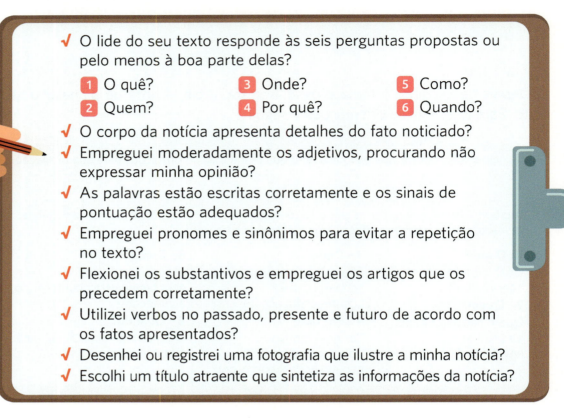

- ✓ O lide do seu texto responde às seis perguntas propostas ou pelo menos à boa parte delas?
  - 1 O quê?
  - 2 Quem?
  - 3 Onde?
  - 4 Por quê?
  - 5 Como?
  - 6 Quando?
- ✓ O corpo da notícia apresenta detalhes do fato noticiado?
- ✓ Empreguei moderadamente os adjetivos, procurando não expressar minha opinião?
- ✓ As palavras estão escritas corretamente e os sinais de pontuação estão adequados?
- ✓ Empreguei pronomes e sinônimos para evitar a repetição no texto?
- ✓ Flexionei os substantivos e empreguei os artigos que os precedem corretamente?
- ✓ Utilizei verbos no passado, presente e futuro de acordo com os fatos apresentados?
- ✓ Desenhei ou registrei uma fotografia que ilustre a minha notícia?
- ✓ Escolhi um título atraente que sintetiza as informações da notícia?

Após revisar e reescrever o texto, faça a última versão dele. Se possível, digite-o e entregue a versão impressa para o professor, que vai marcar uma data para vocês elaborarem o jornal-mural com todas as produções da turma.

Verifique seu desempenho

Terminada a produção, é importante verificar como foi o desenvolvimento desse trabalho. Para isso, copie o quadro a seguir em seu caderno e responda aos questionamentos propostos.

	👍	👉	👎
A Realizei uma boa pesquisa para buscar informações atuais para compor meu texto?			
B Dediquei tempo suficiente para a realização dessa produção?			
C Procurei realizar todas as etapas dessa produção, ou seja, estruturei meu texto e verifiquei o que precisava melhorar?			
D Ajudei meus colegas a preparar o jornal-mural?			
E Anote em seu caderno o que você poderia ter feito para seu texto ser melhorado.			

114

Para saber mais

Podemos até não perceber, mas nunca foi tão fácil saber de algo que acabou de acontecer do outro lado do mundo. Esse acesso nos faz conhecer coisas inimagináveis. É possível fazer grandes descobertas por meio de jornais e revistas, televisão ou internet. Por isso, saber navegar no imenso mar de informações dos dias de hoje é fundamental.

Infelizmente, o fenômeno das *fake news*, que são as notícias falsas com grande capacidade de se espalhar rapidamente, tem sido cada vez mais comum. Mas, afinal, como podemos descobrir se uma notícia é ou não verdadeira?

Existem técnicas e ferramentas que podem auxiliá-lo nessa tarefa. Eis algumas dicas.

1 Confira o endereço eletrônico: verifique se a grafia está correta, de acordo com a marca original e, se não estiver, desconfie. Tome cuidado também com *links* encurtados que podem direcionar a notícias falsas.

2 Pesquise referências do *site*: faça buscas em fontes confiáveis sobre o *site* em que vai navegar ou ler uma notícia.

3 Analise os elementos verbais e não verbais da página: observe se os textos da página são bem escritos, sem erros ortográficos; veja também se o *layout* é bem feito ou parece amador; e se a página disponibiliza canais de dúvidas e reclamações.

4 Averigue a autoria dos textos: cheque a autoria das notícias, assim você pode conferir se a pessoa é jornalista, especialista na área ou se já escreveu outras matérias. Alguns *sites* confiáveis disponibilizam canais de contato com a redação e, além disso, como você viu, as notícias costumam empregar uma linguagem mais objetiva, por isso desconfie daquelas que apresentam muitos adjetivos.

Verificando rota

Agora chegou o momento de verificar se você já conseguiu assimilar os conteúdos estudados, por meio das perguntas a seguir.

ACESSE O RECURSO DIGITAL

1. Quais são as principais características de uma notícia?
2. O que você aprendeu neste capítulo sobre o substantivo e o adjetivo?
3. Como podemos diferenciar artigo indefinido de numeral?
4. Como os encontros vocálicos podem ser classificados?
5. Pesquise em livros e na internet sobre os conteúdos estudados neste capítulo e junto com um colega elaborem um esquema que auxilie o estudo de vocês.

CAPÍTULO 4

Entrevista

Leitura 1

Neste capítulo, você vai estudar o gênero entrevista. Você já leu ou produziu uma entrevista? Sabe onde são publicadas?

Violão e bicicleta

Nos 50 anos de carreira, Toquinho relembra os tempos de criança e fala das brincadeiras na rua; conheça álbuns infantis do compositor

"Numa folha qualquer, eu desenho um sol amarelo". Assim começa a canção "Aquarela" (1983), em que o personagem colore o mundo que imagina, cria guarda-chuvas e castelos. A letra completa a cena: "Pinto um barco a vela branco, navegando".

A música [...] é uma das mais conhecidas de Toquinho, 68, um dos principais músicos e compositores do país, que completa 50 anos de carreira em 2014.

"A letra desperta a criança dentro de nós", conta.

Conhecido por parcerias com grandes nomes da música brasileira, como Vinicius de Moraes (1913-1980) e Chico Buarque, Toquinho tem uma reconhecida produção de músicas para crianças [...].

Na casa do artista, ele recebeu a "Folhinha" para um bate-papo.

Folhinha - Como foi sua infância?

Toquinho - Vivi no Bom Retiro, em São Paulo. Minha rua não era asfaltada. Eu jogava bola na rua, bolinha de gude, andava de bicicleta, rodava pião, soltava pipa.

Seu *site* diz que sua mãe não gostava quando você tirava nota alta na escola.

Minha mãe pedia para eu tocar violão. Eu era um aluno exemplar, muito competitivo e, quando chegava a época das provas, ficava nervoso, passava mal, vomitava. Aí minha mãe falou: "Se você tirar alguma nota dez, vai de castigo, deixe o estudo um pouco de lado".

Era *nerd*?

Nerdíssimo. O violão tirou minha preocupação com a escola.

Como decidiu trabalhar com música?

Tive apoio da família. Meu pai e minha mãe me incentivaram nessa profissão, ainda vista como marginal, que é a de artista.

Quando começou a tocar pra valer?

Aos 12 anos, por aí. Estudei muito violão. Gravei meu primeiro disco aos 18 anos, estava de *smoking* na capa, muito bonitinho.

Como é ter músicas para adultos e crianças?

Eu não pensava em fazer música infantil. Mas o Vinicius de Moraes me introduziu nisso. Ele era mais criança do que eu e me mostrou "A Arca de Noé" [1970], um livrinho de poemas infantis dele. Comecei a musicá-los e saiu o disco "Arca de Noé". Depois teve o "Arca de Noé 2". Os dois têm canções que crianças estão estudando até hoje, como "O Pato" e "A Casa".

Quais são as músicas suas de que mais gosta?

"Aquarela" é um sucesso que não dá para explicar. Ela me deu muitas alegrias. As crianças amam, é especial. Mas tenho mais de 50 canções infantis.

O que dizer às crianças?

Que busquem fazer o que mais gostem na vida. Acho que as crianças têm de ter liberdade. Não a liberdade solta e inconsequente, mas que façam seus próprios caminhos.

Mônica Rodrigues da Costa. Violão e bicicleta. *Folha de S.Paulo*, São Paulo, 15 nov. 2014. Folhinha, p. 4-5. © Folhapress.

Para saber mais

Antonio Pecci Filho, mais conhecido como Toquinho, é cantor, compositor e violonista. Ele nasceu em São Paulo, em 1946, e desde muito jovem demonstrou interesse pela música. Fez aulas de violão, apresentou-se em escolas, faculdades e clubes até iniciar sua carreira nos anos 1960. Após trabalhar como instrumentalista em *shows* e em teatros, gravou LPs e CDs, participou de programas de televisão e festivais de música e fez apresentações no Brasil e no exterior. Ao longo de sua vida artística fez parcerias com Vinicius de Moraes, Chico Buarque, Jorge Ben Jor e outros. Tem diversos discos lançados, entre eles os infantis *Arca de Noé, Arca de Noé 2, Casa de brinquedos* e *Canção de todas as crianças*. Sua música infantil mais conhecida é "Aquarela".

Estudo do texto

1. Qual é a relação do título com o conteúdo da entrevista? Converse com os colegas sobre isso.

2. As brincadeiras e atividades que Toquinho praticava em sua infância se parecem com as que você pratica? Converse com os colegas a respeito e justifique sua resposta.

3. O que se comemorava na vida de Toquinho na época em que essa entrevista foi realizada?

4. Copie em seu caderno a alternativa correta sobre a infância de Toquinho.

    A A mãe de Toquinho brigava com ele porque o filho preferia tocar violão a estudar; por isso, ele não tirava boas notas na escola.

    B Ele brincava de bola, bolinha de gude, bicicleta, pião e pipa na rua e era um ótimo aluno.

    C Ele tocava violão e brincava na rua, mas não era um bom aluno.

5. Logo no início, a entrevistadora pergunta a Toquinho sobre uma informação que está no *site* do artista, que diz respeito à vida escolar do músico.

    a) Por que essa informação chamou a atenção da entrevistadora?

    b) Como Toquinho se sentia na época das provas? Que solução foi encontrada para que ele lidasse com esse sentimento?

6. Na entrevista, Toquinho afirma que a profissão de artista era, e ainda é, vista como marginal. Sobre essa afirmação, responda às questões a seguir.

    a) Leia, abaixo, os possíveis significados para a palavra **marginal**.

    > **marginal** (mar.gi.*nal*) *adj.* **1.** Que se situa na margem de um curso de água: *a rodovia marginal do rio Tietê.* **2.** Relativo à margem (2): *Preencheu o espaço em branco das páginas com anotações marginais.* **3.** Que vive à margem do seu meio social, das convenções ou das leis vigentes; marginalizado. • *s.m. e f.* **4.** Pessoa marginal; delinquente, bandido, meliante, fora da lei.
    >
    > Academia Brasileira de Letras. *Dicionário escolar da língua portuguesa.* 2. ed. São Paulo: Companhia Editora Nacional, 2008. p. 828.

    • Qual dos sentidos acima se aplica à afirmação de Toquinho?

    b) Em sua opinião, por que ele faz essa afirmação?

7. Toquinho afirma: "Acho que as crianças têm de ter liberdade, não a liberdade solta e inconsequente, mas que façam seus próprios caminhos".

    a) Explique o que você entende por "liberdade solta e inconsequente".

    b) Você concorda com essa opinião do músico? Justifique sua resposta.

8. Um encontro planejado entre duas ou mais pessoas para uma conversa em que há a ordenação de perguntas e respostas recebe o nome de **entrevista**. Quem faz as perguntas é o entrevistador, e quem as responde é o entrevistado.

  a) Quem são a entrevistadora e o entrevistado no texto lido?

  b) Em que se destaca socialmente a pessoa que foi entrevistada?

9. A entrevista lida é dividida em: introdução e perguntas e respostas.

  a) Que parágrafo(s) do texto corresponde(m) à introdução?

  b) Copie em seu caderno a alternativa que apresenta a finalidade da introdução.

  A Fazer questionamentos ao entrevistado.

  B Apresentar o entrevistado.

  c) As perguntas e as respostas são bem demarcadas e facilmente identificadas pelo leitor. O que facilita essa identificação?

10. Uma entrevista pode ser oral ou escrita e veiculada em diversos meios de comunicação. A entrevista lida foi publicada na Folhinha, suplemento do jornal *Folha de S.Paulo* destinado às crianças.

  a) Que relação pode ser estabelecida entre os temas tratados na entrevista e o fato de ela ser publicada nesse suplemento?

  b) Se a entrevista fosse publicada em outro caderno ou suplemento do jornal, as perguntas feitas ao músico seriam as mesmas? Por quê?

  c) Em que outros meios de comunicação uma entrevista pode ser veiculada?

11. Releia alguns trechos da entrevista.

  I "Numa folha qualquer, eu desenho um sol amarelo".

  II Assim começa a canção "Aquarela" [...]

  III "A letra desperta a criança dentro de nós", conta.

  IV Na casa do artista, ele recebeu a "Folhinha" para um bate-papo.

  • Explique o emprego das aspas em cada um desses trechos.

12. Na entrevista, Toquinho empregou um **neologismo**, ou seja, uma palavra nova, inventada por ele.

  a) Que palavra é essa? O que ela significa?

  b) Que recurso da língua ele usou para criar essa palavra?

13. Na entrevista de Toquinho, há palavras e expressões como "bate-papo", "aí", "tocar pra valer", "bonitinho". O que elas revelam sobre o registro empregado na entrevista?

14. O que você achou dessa entrevista? Converse com seus colegas e verifique se a opinião deles é semelhante à sua.

Ampliando fronteiras

Os direitos das crianças e dos adolescentes

Você leu algumas informações sobre a infância de Toquinho. Entre elas, que ele estudava, jogava bola na rua, andava de bicicleta, entre outras atividades. Nesta seção, você vai ver que todas as crianças e todos os adolescentes têm direitos garantidos por lei. Vamos conhecer alguns deles?

Direito à liberdade, ao respeito e à dignidade

Como sujeitos de direitos civis, humanos e sociais garantidos pela Constituição, as crianças e os adolescentes têm liberdade de opinião, expressão, crença e culto religioso, além do direito de brincar, praticar esportes, divertir-se, buscar auxílio, refúgio e orientação, participar da vida familiar e comunitária, entre outras garantias. Também devem receber cuidados e serem educados sem uso de castigo físico, independente do motivo.

Direito à educação, à cultura e ao lazer

A fim de que sejam preparados para o exercício da cidadania e o mercado de trabalho, crianças e adolescentes têm direito à educação por meio do acesso à escola pública e gratuita próximo de sua residência, à organização e à participação de entidades estudantis e às condições para permanecer na escola. Também devem ter acesso à cultura e ao lazer, cujos espetáculos públicos e diversões precisam ser adequados à sua faixa etária, e estar acompanhados dos pais ou responsáveis, quando menores de dez anos.

120

1. Em sua opinião, mesmo sendo assegurados por lei, todos os direitos das crianças e dos adolescentes são cumpridos? Justifique sua resposta.

2. Você conhece outros direitos que as crianças e os adolescentes têm em nosso país? Comente com a turma.

3. Nesta seção, você conheceu alguns direitos das crianças e dos adolescentes, mas você sabia que eles também têm deveres? Em grupos, vocês vão realizar uma pesquisa sobre isso e apresentar o resultado dela aos colegas da turma.

Direito à vida e à saúde

Toda criança e todo adolescente têm direito à vida e à saúde por meio de políticas públicas e sociais que permitam o nascimento e promovam o desenvolvimento sadio e harmonioso. Assim, todas as mulheres devem ter acesso a programas e políticas de saúde da mulher e atenção humanizada à gravidez, ao parto e ao puerpério.

Para saber mais

Em 1990, foi promulgado o Estatuto da Criança e do Adolescente (ECA), documento que prevê os deveres e os direitos fundamentais das crianças e dos adolescentes brasileiros, como educação, saúde e lazer.

Com base nesse documento, as crianças e os adolescentes passaram a ser reconhecidos como sujeitos em pleno desenvolvimento físico, psicológico, social e moral, cabendo à família, à sociedade e ao Estado a sua proteção.

O ECA pode ser acessado pelo seguinte endereço: <http://linkte.me/tx260> (acesso em: 10 jul. 2018).

Rodrigo Gafa

Linguagem em foco

Retextualização

Quando falamos em texto, é importante compreender que tanto os textos orais quanto os escritos podem variar em relação ao registro empregado, pois isso dependerá dos interlocutores e da situação comunicativa, mas cada uma dessas modalidades possui características próprias.

Você já estudou que para expressar melhor o que desejamos, durante a nossa fala também utilizamos gestos, mudamos a expressão facial, o tom de voz, etc. Já na escrita empregamos os sinais de pontuação para expressar dúvidas, hesitações, entre outras emoções. Mas como indicar as características da fala em um texto escrito? É isso que você vai ver agora.

1. Releia o trecho a seguir retirado da entrevista "Violão e bicicleta".

> *Nos 50 anos de carreira, Toquinho relembra os tempos de criança e fala das brincadeiras na rua; conheça álbuns infantis do compositor*
>
> "Numa folha qualquer, eu desenho um sol amarelo". Assim começa a canção "Aquarela" (1983), em que o personagem colore o mundo que imagina, cria guarda-chuvas e castelos. A letra completa a cena: "Pinto um barco a vela branco, navegando".
>
> A música [...] é uma das mais conhecidas de Toquinho, 68, um dos principais músicos e compositores do país, que completa 50 anos de carreira em 2014.
>
> "A letra desperta a criança dentro de nós", conta.

a) Como você viu no **Estudo do texto**, a entrevista de Toquinho foi escrita pela jornalista Mônica Rodrigues da Costa. Para esse trabalho, ela fez perguntas ao cantor e registrou as respostas, em seguida produziu o texto dando voz a ele.

- Qual pergunta você imagina que a jornalista fez para que Toquinho respondesse: "A letra desperta a criança dentro de nós."?

b) Para você, a jornalista Mônica Rodrigues da Costa precisou fazer alterações na entrevista de Toquinho para publicá-la no jornal?

Contar a um amigo o filme a que assistimos, fazer anotações daquilo que o professor explicou em sala, explicar determinada matéria a um colega ou cantar uma música são exemplos de transformação de um texto em outro.

> Quando reproduzimos o que alguém disse ou escreveu, estamos recriando, reformulando essa fala ou esse texto. A esse processo damos o nome de **retextualização**.

2. Leia um trecho da entrevista a seguir.

> ◀ ▶ C www.letras.ufrj.br/nurc-rj/corpora/did/did_105.htm
>
> [...]
>
> **Tema:** "Vestuário"/ **Inquérito** 0105/ **Locutor** 120/ Sexo feminino, 30 anos de idade, pais cariocas/ **Profissão**: professora de didática/ **Zona residencial**: Norte e Suburbana/ **Data do registro**: 26 de setembro de 1972 / **Duração**: 40 minutos.
>
> **D** - Pra trabalhar, você tem problema de roupa, precisa de determinado tipo de roupa, ou não? Assim...
>
> **L** - Não, agora não. A gente agora pode andar de calça comprida, foi a maior liberação do mundo, dá muito mais facilidade. Pra mim, não há problema nenhum. O meu problema agora se reveste em onde é que vou botar os vestidos que eu tinha feito? Jogar tudo no lixo.
>
> **D** - Você não usa seus vestidos?
>
> **L** - Não, não há necessidade. Agora não tenho necessidade nenhuma. Só ando mesmo de calça comprida, eu acho muito mais prático, né?
>
> **D** - E você veste calça comprida pra qualquer lugar, qualquer situação?
>
> **L** - Por enquanto só, porque eu não uso, geralmente não tenho assim muita atividade social de saídas, quer dizer que o que eu tenho pra fazer, eventualmente é que se usa, num caso de casamento, um negócio qualquer assim mais, mais sóbrio é que apelo prum vestido.
>
> **D** - Hum, hum. Olha, você disse que agora está mais fácil, porque pode usar calça comprida.
>
> **L** - Porque antes a gente tinha que usar o bendito do vestido, calça acho que dá muito mais facilidade pra trabalho e tudo, ainda mais na minha profissão, né, de professora, que a gente trabalha em vários lugares, entra num, sai no outro, eu acho que a calça comprida dá muito mais facilidade.
>
> **D** - E como é que você explica que tenha custado tanto a haver esse tipo de liberação?
>
> **L** - Não sei. Primeiro, de... acho, acho que a parte principal, as pessoas aceitarem aquilo, quer dizer, a parte de administração e depois as altas esferas também aceitarem aquilo como ponto... Acho que é uma quebra de um, de um tabu, uma coisa, não chega a ser um tabu, mas uma, um tipo de, de vestimenta que todo mundo aceitava e que, de uma hora pra outra, pela evolução mesma do problema de sociedade, de subir de ônibus e descer do ônibus, entrar no carro e sair do carro, cada vez vai se tornando mais fácil, né, a adaptação das roupas.
>
> [...]
>
> Projeto Nurc RJ. Disponível em: <www.letras.ufrj.br/nurc-rj/corpora/did/did_105.htm>. Acesso em: 6 jul. 2018.

a) Essa entrevista foi realizada na década de 1970, quando começaram a ser feitas calças especialmente para mulheres, que até então só usavam saias e vestidos. Qual a opinião da entrevistada sobre esse fato?

b) Reescreva o trecho de entrevista acima, transformando-o em uma entrevista a ser publicada em uma revista direcionada ao público feminino. Tenha como base a entrevista "Violão e bicicleta".

Para saber mais

A retextualização pode acontecer de um texto:
- oral para um escrito;
- oral para um oral;
- escrito para um oral;
- escrito para um escrito.

Estudo da língua

Pronome I

Nesta seção, você vai relembrar a classe gramatical dos pronomes e conhecer a importância deles tanto na produção como na compreensão de um texto.

1. Releia um trecho da entrevista do Toquinho e responda às questões.

> **Seu *site* diz que sua mãe não gostava quando você tirava nota alta na escola.**
>
> Minha mãe pedia para eu tocar violão. Eu era um aluno exemplar, muito competitivo e, quando chegava a época das provas, ficava nervoso, passava mal, vomitava. Aí minha mãe falou: "Se você tirar alguma nota dez, vai de castigo, deixe o estudo um pouco de lado".

a) Nesse texto, a entrevistadora e o entrevistado são interlocutores envolvidos em uma situação comunicativa. Que palavra a entrevistadora utilizou para se referir ao entrevistado?

b) Que palavra o entrevistado utilizou para se referir a si mesmo?

c) Note que, em duas ocorrências, a palavra **minha** acompanha o substantivo **mãe**. Que sentido ela atribui a esse substantivo?

d) Nesse trecho, mencionam-se algumas atitudes da mãe do entrevistado em relação à educação dele. Copie a palavra que poderia substituir o termo **minha mãe**, na segunda ocorrência, sem alteração de sentido.

A você   **B** ela   **C** alguém

Ao responder às questões acima, é possível notar que as palavras **você** e **eu** substituem o substantivo **Toquinho**, e a palavra **minha** acompanha o substantivo **mãe**, acrescentando-lhe o sentido de posse.

> **Pronome** é a palavra que substitui ou acompanha o substantivo e outros nomes.

Alguns pronomes indicam diretamente as pessoas do discurso envolvidas em uma situação de comunicação.

- **1ª pessoa** (**eu** e **nós**) – quem fala ou escreve.
- **2ª pessoa** (**tu** e **vós**) – com quem se fala ou a quem se escreve.
- **3ª pessoa** (**ele**, **ela**, **eles**, **elas**) – para fazer referência de quem ou de que se fala.

Nos estudos gramaticais, quando falamos em **pessoas** do discurso, não estamos nos referindo apenas a seres humanos. Os pronomes que indicam diretamente as pessoas do discurso podem substituir ou fazer referência a seres humanos, sentimentos, objetos, fenômenos da natureza, etc.

Agora, observe os pronomes destacados nesta frase, dita na entrevista.

> **Minha** mãe pedia para **eu** tocar violão.

Pelo contexto, o pronome **eu** substitui o substantivo **Toquinho**. O mesmo não ocorre com o pronome **minha**, que acompanha o substantivo **mãe**.

Pronome substantivo é o pronome que substitui um substantivo. **Pronome adjetivo** é o pronome que acompanha um substantivo, acrescentando-lhe alguma noção, como posse, localização espacial ou temporal ou quantidade indeterminada.

Pronomes pessoais

1. Leia esta tirinha e responda às questões a seguir.

Fernando Gonsales. *Níquel Náusea:* Siga seus instintos. São Paulo: Devir, 2013. p. 46.

a) As personagens dessa tirinha são camaleões. Qual é a característica mais marcante desse animal?

b) Além de criar o efeito de humor, a falta de uma informação foi responsável pela alegria da fêmea. Que informação foi essa?

c) No último quadrinho, o camaleão macho usa a interjeição "Ufa!" quando a fêmea diz que ele repara em tudo. Por que ele usa essa interjeição?

d) Que palavras são responsáveis por identificar os interlocutores no primeiro quadrinho?

e) No último quadrinho, que palavra identifica de quem o camaleão macho está falando?

As palavras **ela**, **você** e **mim** foram responsáveis por identificar as pessoas do discurso na situação representada na tirinha.

Os **pronomes pessoais** substituem os substantivos e são responsáveis por identificar as pessoas envolvidas no discurso (1ª, 2ª e 3ª pessoa) em determinada situação comunicativa.

Pronomes pessoais retos e oblíquos

1. Leia o poema a seguir.

Quando ela fala

She speaks!
O speak again, bright angel!
Shakespeare

Quando ela fala, parece
Que a voz da brisa se cala;
Talvez um anjo emudece
Quando ela fala.

Meu coração dolorido
As suas mágoas exala.
E volta ao gozo perdido
Quando ela fala.

Pudesse eu eternamente,
Ao lado dela, escutá-la,
Ouvir sua alma inocente
Quando **ela** fala.

Minha alma, já semimorta,
Conseguira ao céu alçá-**la**
Porque o céu abre uma porta
Quando ela fala.

Machado de Assis. Quando ela fala. Em: *Poesias completas*.
Rio de Janeiro: W. M. Jackson Inc., 1957. p. 108.

> **Para saber mais**
>
> Os pronomes pessoais oblíquos **a**, **a**, **os**, **as**, quando são empregados após algumas formas verbais terminadas em **r**, **s** ou **z**, assumem as formas **lo**, **la**, **los**, **las**.

a) Quais sentimentos o eu lírico expressa nesse poema?

b) Releia a terceira estrofe. Como o pronome **ela** foi retomado no segundo verso?

c) Copie a alternativa correta sobre os pronomes destacados no poema.

A Os pronomes destacados são pessoais, mas possuem funções distintas: o pronome **la** complementa o verbo **alçar**, enquanto o pronome **ela** pratica a ação de falar.

B Os pronomes destacados são pessoais e possuem a mesma função: a de identificar sobre de quem se fala no poema.

2. Leia os provérbios a seguir para responder às questões.

> I Diz com quem tu andas e te direi quem tu és.
>
> Origem popular.

> II Nunca diga que desta água não beberá.
>
> Origem popular.

a) Explique, com suas palavras, o que cada um dos provérbios acima quer dizer.

b) Que pronomes pessoais foram usados no provérbio **I**?

c) A qual pessoa do discurso esses pronomes se referem?

d) Você utiliza esses pronomes com frequência em seu dia a dia?

e) No provérbio **II** não foi empregado nenhum pronome pessoal. Como é possível saber a qual pessoa do discurso ele se refere?

Para saber mais

Os pronomes pessoais retos da segunda pessoa do singular e do plural (**tu** e **vós**) têm sido substituídos pelos pronomes de tratamento **você** e **vocês**, respectivamente. No entanto, é importante entender que a gramática normativa ainda estabelece que o uso de **tu** leva o verbo para a segunda pessoa e o de **você** para a terceira. Exemplos:

Quando eu **te** contar, **tu** não vais acreditar.

Quando eu **lhe** contar, **você** não vai acreditar.

Pronomes pessoais de tratamento

1. Leia a anedota a seguir.

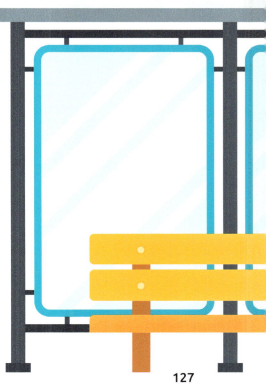

Da janela desse mesmo escritório, o funcionário podia ver o ponto de ônibus.

Eram nove horas da manhã quando um **senhor** chegou e parou no ponto. Os ônibus passavam e o homem lá firme, esperando. Quase meio-dia e **ele** ainda estava lá. Paradão. O funcionário desceu para almoçar e, curioso, perguntou:

— Que ônibus o **senhor** está esperando, amigo?

E ele:

— Estou esperando o 591.

— Mas esse ônibus já passou.

— Passou nada! Estou aqui desde cedo, na maior atenção, e só contei 234.

Ziraldo. *Mais anedotinhas do bichinho da maçã.* 2. ed. São Paulo: Melhoramentos, 1988. p. 37-38.

a) Que fato despertou interesse no funcionário?

b) Ao perguntar ao homem qual ônibus estava esperando, o que lhe chamou atenção?

c) Que situação desencadeou o humor nessa anedota?

d) Que função o pronome **ele**, destacado na anedota, exerce no texto?

   A Acompanha o substantivo **senhor**.   **B** Substitui o substantivo **homem**.

e) Observe que o termo **senhor** foi utilizado duas vezes na anedota. Copie em seu caderno a alternativa que explica a função dele.

   A Na primeira ocorrência trata-se de um substantivo, enquanto na segunda de um pronome que expressa respeito.

   B Na primeira ocorrência trata-se de um pronome pessoal, enquanto na segunda de um substantivo.

> Os **pronomes pessoais de tratamento** revelam o grau de formalidade e respeito entre os interlocutores, por isso há pronomes específicos para algumas autoridades e pessoas que, pelo cargo ocupado ou pela função desempenhada na carreira profissional, devem ser tratadas formalmente.

2. Em duplas pesquisem qual o pronome pessoal de tratamento mais adequado para se dirigir ou se referir a:

A pessoas íntimas.
B autoridades públicas.
C presidentes e governadores.
D reis e imperadores.
E juízes.
F pessoas mais velhas.

Atividades

1. Leia a tirinha e responda às questões.

Charles Schulz. *Felicidade é...*. Tradução de Alexandre Boide. Porto Alegre: L&PM, 2015. p. 81.

a) Que emoção Snoopy expressa no segundo quadrinho? Por quê?

b) O que causa o efeito de humor na tirinha?

c) Que palavra Charlie Brown utilizou para se dirigir ao seu interlocutor?

d) No terceiro quadrinho, se, no lugar dessa palavra, ele tivesse usado a palavra **vocês**, haveria alguma diferença na forma como Charlie Brown trata seus interlocutores? Explique.

2. Leia um trecho de notícia a seguir para responder às questões.

Menina do interior de SP manda carta para rainha Elizabeth, que respondeu!

Um tanto quanto esquecido em razão das novas tecnologias, o hábito de escrever cartas fez com que uma menina de nove anos, fã confessa da rainha Elizabeth, da Inglaterra, realizasse um de seus sonhos. Laura Queiroz, que mora em São João da Boa Vista, no Interior de São Paulo, resolveu expressar sua admiração à matriarca e, além disso, aproveitou para dar dicas de moda, outra de suas paixões, à inglesa. Inesperadamente, recebeu de volta elogios e agradecimentos da mais alta figura da monarquia britânica.

[...]

Carta de Laura

"Rainha da Inglaterra, com todo o respeito eu me apresento. Meu nome é Laura Queiroz, eu amo a realeza e moda. Então eu pensei: porque não escrever uma carta para a rainha. Eu tenho 8 anos, sou brasileira e eu vi Vossa Majestade na TV e adorei a senhora. Eu adoraria encontrar Vossa Majestade e visitar o palácio. Bem, eu tenho algumas dicas de moda para Vossa Majestade, basta abrir a folha. – Laura Queiroz

Resposta em livre tradução

"Querida Laura,
A rainha pediu-me que lhe escrevesse para agradecer por sua carta e pelos lindos desenhos de moda que você anexou. Sua majestade está feliz com as notícias enviadas por você e apesar de não poder responder pessoalmente sente-se agradecida e feliz com sua delicada mensagem. Seguem anexos alguns panfletos informativos. Espero que aprecie e novamente agradeço por ter escrito"

Eduardo Schiavoni. Menina do interior de SP manda carta para a rainha Elizabeth, que respondeu!. *UOL*. Cotidiano. Disponível em: <http://noticias.uol.com.br/cotidiano/ultimas-noticias/2014/07/05/menina-do-interior-de-sp-manda-carta-para-rainha-elizabeth-que-respondeu.htm>. Acesso em: 29 jun. 2018. © Folhapress.

a) Releia o título da notícia. Que efeito de sentido tem a expressão "que respondeu!"?

b) Qual foi a intenção de Laura ao escrever a carta?

c) Que pronome Laura utilizou para se dirigir à rainha?
- Por que ela escolheu esse pronome?

d) Por que foi utilizado o tratamento **Sua Majestade** na resposta que a menina recebeu?

e) No último parágrafo, quais pronomes oblíquos fazem referência à primeira e à segunda pessoa?

Pronomes possessivos

1. Leia o anúncio de propaganda e responda às questões.

Fundação SOS Mata Atlântica. Anúncio de propaganda Meu ambiente.

a) O que o anúncio promove?
b) Que instituição é responsável por ele?
c) Releia os dizeres que estão entre aspas. Que sentido as palavras **sua** e **seu** estão expressando?

   A posse   **B** negação   **C** afirmação

d) No anúncio aparecem as frases: "meu ambiente", "minha água", "minha árvore", "meu ar". Que ideia as palavras **meu** e **minha** acrescentam ao contexto do anúncio?

   A Elas expressam sentido de posse, mostrando ao interlocutor que ele faz parte do planeta, portanto tudo o que nele existe também é seu.

   B Elas expressam sentido de afirmação, mostrando ao interlocutor que o ambiente, a água, a árvore e o ar existem no planeta.

e) Ao utilizar essas palavras, o que o anunciante espera do interlocutor?
f) Retome as imagens que compõem o anúncio. Que estratégia é utilizada para conscientizar o leitor e demonstrar que ele pode preservar o meio ambiente?

Pronome possessivo é aquele que indica relação de posse referente às pessoas do discurso.

Para saber mais

Em alguns casos, é possível indicar a ideia de posse com a utilização de formas como **dele(s)**, **dela(s)**, **de você(s)**, **do(s) senhor(es)**, **da(s) senhora(as)**. Veja o exemplo.

A casa **dele** é longe da casa **da senhora**.

Além de posse, os pronomes possessivos podem indicar:
- **afetividade**: Não chore, **meu** filho!
- **cálculo aproximado**: Ela já passou dos **seus** 30 anos.
- **hábito ou rotina**: Todos os dias, faço **minha** caminhada pela manhã.

Atividades

1. Leia a tirinha e responda às questões a seguir.

Dik Browne. Hagar. *Folha de S.Paulo*, São Paulo, 7 dez. 2014. Ilustrada, p. E8.

a) A fala de Hagar, no primeiro quadrinho, é uma maneira figurada de dizer:

  A "Vocês vão vencer".

  B "Vocês vão morrer".

  C "Vocês se perderam do seu criador".

b) A fala de Hagar era direcionada a quais interlocutores?

c) Por que o exército de Hagar se ajoelhou em sinal de reverência?

d) No primeiro quadrinho, qual classificação recebe a palavra que acompanha o substantivo **criador**? O que essa palavra indica?

e) Quais outros pronomes estão presentes nessa tirinha? Classifique-os.

2. Você viu que usamos os pronomes **seu(s)**, **sua(s)** quando se trata da terceira pessoa do discurso, mas, como ocorreu na tirinha acima, às vezes o uso desses pronomes pode causar **ambiguidade**, ou seja, dupla interpretação. Veja.

Maria conversou com Rafael sobre **seus** planos para o próximo ano.

Os planos são de Maria ou de Rafael? Veja como essa frase pode ser reescrita a fim de eliminar essa ambiguidade.

Maria conversou com Rafael sobre os planos **dela** para o próximo ano.

Maria conversou com Rafael sobre os planos **dele** para o próximo ano.

Agora, reescreva as frases a seguir eliminando a ambiguidade.

a) Carol pediu a José que lesse seu livro.

b) O diretor conversou com a professora sobre seu desempenho.

c) A mãe pediu ao filho que guardasse suas roupas.

131

Leitura 2

Na entrevista que você vai ler a seguir, publicada no site da revista Ciência Hoje das Crianças, *o cientista Alexander Kellner fala um pouco da sua profissão e do livro que publicou. Lendo apenas o título e observando a fotografia, que profissão você imagina que seja a dele?*

Um cientista fascinado por pterossauros

Leia uma entrevista com Alexander Kellner, paleontólogo especializado nesses dragões voadores

Alexander W. A. Kellner nasceu em 1961, no principado de Liechtenstein, que fica entre a Suíça e a Áustria, na Europa. Veio para o Brasil, em 1965, com a mudança da família e abriu mão de sua nacionalidade para tornar-se um cidadão brasileiro. Formou-se e especializou-se em geologia e desde 1997 trabalha no Museu Nacional, da Universidade Federal do Rio de Janeiro. Lá, ele se dedica à pesquisa de vertebrados fósseis e já descobriu muitas espécies. Entre elas, o dinossauro carnívoro *Santanaraptor placidus* e o réptil voador *Thalassodromeus sethi*. Em busca de novas descobertas, organiza e participa de expedições em diversas partes do mundo. Em entrevista para a *Ciência Hoje das Crianças*, Kellner conta um pouco de sua profissão e de seu mais recente livro sobre pterossauros. Confira!

Ciência Hoje das Crianças – Quando e por que você decidiu ser paleontólogo?

Alexander Kellner – De forma resumida, a primeira vez que me interessei pela paleontologia – que é o estudo dos fósseis, os restos dos organismos extintos – foi quando visitei o Museu Nacional com meus pais. Fiquei fascinado por aqueles esqueletos montados, que eram de preguiças gigantes. Depois disso, aprendi que a paleontologia era uma disciplina da geologia. Assim, fiz esse curso pensando em me tornar um paleontólogo. Meu interesse era entender um pouco mais da diversidade da vida que existia no passado. O mais gozado era que, quando criança, eu assistia muito ao desenho dos Herculoides. Tinha um dragão voador que me fascinava e, por ironia do destino, acabei estudando os dragões voadores, como os pterossauros também são conhecidos.

O que faz um paleontólogo?

Ele passa a maior parte do seu tempo trabalhando em pesquisa no seu gabinete, estudando os fósseis. Ele também tem que dar aulas e orientar alunos. Agora, tem uma atividade que eu, como paleontólogo, adoro: a pesquisa de campo! Nela, por algumas semanas, a gente procura indícios de fósseis. Quando os encontra, então, se inicia uma escavação. É emocionante encontrar restos de organismos que passaram milhões de anos soterrados. E você é o primeiro a encontrá-los... É uma sensação muito boa.

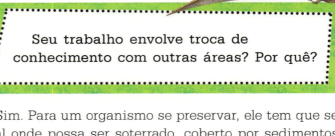

Seu trabalho envolve troca de conhecimento com outras áreas? Por quê?

Sim. Para um organismo se preservar, ele tem que ser levado para um local onde possa ser soterrado, coberto por sedimentos. Somente assim o fóssil não é destruído pelos animais carniceiros ou decomposto. E isso ocorre geralmente no fundo de mares, lagos ou rios. Assim, para um paleontólogo entender bem as informações que ele pode obter do fóssil, ele precisa entender também das rochas sedimentares onde ele é preservado. Para isso, são necessários conhecimentos da geologia. Além disso, quando ele procura entender como o organismo – agora representado por parte: ossos, dentes etc. – funcionava e vivia, precisa de conhecimentos da biologia.

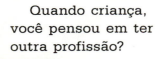

Quando criança, você pensou em ter outra profissão?

Muitas. Primeiro pensei em ser astronauta. Depois, engenheiro eletrônico. Quando estava mais velho, pensei em fazer administração de empresas. Por fim, decidi cursar geologia, para me dedicar a pesquisas dos fósseis.

134

Pterossauros – os senhores do céu do Brasil é o seu primeiro livro?

Na verdade, este é o meu quinto livro. Outros foram: a minha tese de doutorado, um catálogo de fósseis, um livreto de 12 páginas com brincadeiras para crianças e o livro *O Brasil no tempo dos dinossauros*, que está esgotado. O livro *Pterossauros – os senhores do céu do Brasil*, no entanto, tem uma diferença fundamental em relação aos outros e a todos os livros que foram publicados na língua portuguesa: ele é de divulgação científica, conta um pouco os bastidores de importantes descobertas feitas no Brasil. Ele é destinado a pessoas que gostam de ler – não apenas para quem tem interesse na paleontologia! É um livro que tem por objetivo entreter as pessoas, mostrando como a pesquisa dos fósseis pode ser fascinante.

O que você diria para as crianças que pensam em ser paleontólogas?

Primeiro, estudem bastante. Nada é melhor do que ter um conhecimento geral sobre vários assuntos, mesmo que eles não sejam utilizados diretamente na pesquisa do "futuro-paleontólogo". Depois, procurem ler um pouco sobre o assunto. Se ainda tiverem interesse nos fósseis, devem fazer um curso de geologia ou de biologia, que recomendo mais. Durante o curso, procurem fazer um estágio em algum lugar onde exista paleontologia. Esta é a maneira mais segura de a pessoa saber se gosta ou não da pesquisa dos fósseis. Lembrem-se: o principal quando se escolhe uma profissão é ser feliz com ela! Eu sou, espero que vocês também sejam, independentemente da profissão que escolherem! Espero que gostem do livro e se deixem levar pelas asas dos pterossauros ao mundo fascinante da paleontologia!

Cathia Abreu. Um cientista fascinado por pterossauros. *Ciência Hoje das Crianças*. 21 maio 2010. Disponível em: <http://chc.org.br/um-cientista-fascinado-por-pterossauros/>. Acesso em: 10 jul. 2018. © Instituto Ciência Hoje.

Para saber mais

O *site Ciência Hoje das Crianças* busca apresentar divulgações científicas e curiosidades de modo simples e divertido. Além disso, você também pode acessar notícias e edições da revista impressa que circulou no país por mais de 30 anos, acessando o *link* <http://linkte.me/kt324> (acesso em: 10 jul. 2018).

Página inicial do *site Ciência Hoje das Crianças*.

Estudo do texto

1. Você já conhecia a profissão de paleontólogo? Era essa a profissão que você tinha imaginado antes de ler o texto? Converse com seus colegas sobre as hipóteses que você havia levantado.

2. Na entrevista lida, quem são o **entrevistador** e o **entrevistado**? Como você chegou a essas informações?

3. De acordo com o entrevistado, o que é **paleontologia**?

4. Durante a entrevista, Alexander afirma que a atividade de que mais gosta é a pesquisa de campo.
   a) Com base no texto, explique quais tarefas são realizadas na pesquisa de campo.
   b) Por que essas atividades são nomeadas "trabalho de campo"? O que essa expressão representa?

5. Na entrevista "Violão e bicicleta", lida anteriormente, vimos que o entrevistado se destaca na área da música. E na entrevista que você acabou de ler, em que área se destaca o entrevistado?

6. No primeiro parágrafo da entrevista, é feita a apresentação do entrevistado. Copie em seu caderno as alternativas a seguir, marcando **F** para as informações falsas e **V** para as verdadeiras.

   A Apresenta o nome completo do entrevistado.

   B Apresenta data e local de nascimento do entrevistado.

   C Apresenta os locais onde o entrevistado estudou.

   D Apresenta o local onde o entrevistado trabalha.

   E Apresenta atividades desenvolvidas pelo entrevistado em seu trabalho.

7. Nas entrevistas veiculadas em jornais e revistas, pode haver um pequeno texto que aparece logo abaixo do título. Esse texto também aparece em notícias.
   a) Que nome ele recebe?
   b) Para que ele serve?

> **DICA!**
> Você já estudou o nome dado a esse pequeno texto que aparece logo abaixo do título. Caso não se recorde, volte à página **84** e releia a atividade **8**.

136

8. Observe algumas expressões retiradas da entrevista, que foram escritas de forma diferente, com as letras inclinadas (em itálico).

> *Santanaraptor placidus* • *Thalassodromeus sethi*
>
> *Ciência Hoje das Crianças*
>
> *Pterossaurosos – os senhores do céu do Brasil*

- Releia o texto e verifique qual dessas expressões é:

   A o título de um livro.

   B o nome de uma espécie de animal.

   C o nome do *site* de uma revista.

9. O registro empregado nessa entrevista é mais formal ou informal? Explique por que foi empregado esse tipo de registro.

10. Após ler a entrevista, é possível afirmar que Alexander Kellner é realmente um "cientista fascinado por pterossauros"? Justifique sua resposta com um trecho da entrevista.

11. Releia a última pergunta da entrevista.

    a) Que dicas o entrevistado dá às crianças que gostariam de ser paleontólogas?

    b) Que semelhança há entre a última resposta dessa entrevista e a última resposta da entrevista com Toquinho?

12. Qual é o público-alvo dessa entrevista? Explique como você chegou a essa conclusão.

13. Qual é a principal característica desse texto que o classifica como uma entrevista?

14. O que você achou da profissão de paleontólogo? Explique se gostou ou não, se achou interessante e por quê. Converse com seus colegas e verifique se tiveram as mesmas impressões que você.

137

Linguagem em foco

Variação linguística: variedade estilística

Você já notou que, dependendo da situação e dos nossos interlocutores, falamos ou escrevemos de modo mais ou menos formal? Ou que há diferentes modos de pronunciar as palavras ou de nomear a mesma coisa de acordo com a região do Brasil? Ao refletir um pouco sobre essas questões, você perceberá como a língua é dinâmica. No Brasil, utilizamos a língua portuguesa. Mas há muitas maneiras de se expressar em português.

> **Variação linguística** é um fenômeno ligado à propriedade que qualquer língua tem de se modificar devido a diferentes razões, como origem geográfica, faixa etária, status econômico, grau de escolarização dos falantes, além do momento histórico e das situações de uso.

Os diferentes usos da língua portuguesa por determinado grupo social recebem o nome de **variedades linguísticas**. Nesta seção, vamos estudar o tipo de variação que diz respeito à situação comunicativa.

1. Lucas sempre vai à natação com sua amiga Alice, mas hoje ele acordou gripado. Então pediu a seu irmão que entregasse dois bilhetes para justificar sua ausência, um à Alice e outro ao seu professor de natação. Leia-os e responda às questões a seguir.

I

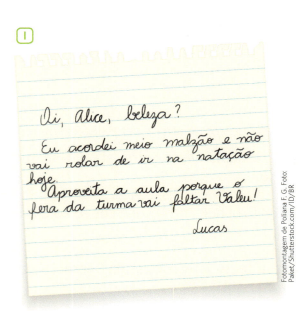

II

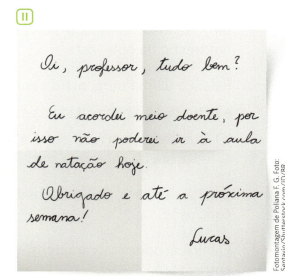

a) Que diferenças você percebe entre os dois textos?
b) Em sua opinião, por que Lucas optou por usar diferentes modos de escrever, sendo que o recado e o gênero textual são os mesmos?

Você viu que o modo como empregamos a língua varia de acordo com diversos fatores. Um desses fatores é a **situação comunicativa**, que envolve:

- **os interlocutores** – as pessoas envolvidas na situação comunicativa e a relação social entre elas;
- **o suporte** – o contexto de circulação do texto (oral ou escrito);
- **o momento de produção** – a data em que se produz o texto e o respectivo contexto histórico-social;
- **a intenção** – o que se pretende com o texto (conversar, convencer, explicar, informar, despertar emoção, etc.);
- **o gênero do texto** – o gênero no qual o texto se organiza.

Dependendo da situação comunicativa em que estamos inseridos, podemos empregar um registro mais formal ou informal.

Em situações como uma conversa entre amigos ou quando escrevemos a um colega, costumamos usar o **registro informal**, que permite o uso de gírias e expressões reduzidas (como "tava" e "tô").

Já em situações em que não há intimidade entre os interlocutores, como uma entrevista de emprego ou quando escrevemos uma carta à diretoria da escola, empregamos o **registro formal**, no qual se procura seguir as regras da gramática normativa.

Atividades

1. Leia a tirinha a seguir e responda às questões.

Joaquín Salvador Lavado (Quino). *Toda Mafalda*. São Paulo: Martins Fontes, 1991. p. 213.

a) O que as personagens da tirinha estão fazendo?

b) Idiossincrasia é um comportamento esperado de determinado grupo ou pessoa. O que Susanita quis dizer ao afirmar que Mafalda não soube segurar a idiossincrasia?
   - O que ela esperava como resposta de Mafalda?

c) Por que as personagens utilizaram o registro formal nessa tirinha?

d) Esse registro é adequado a qualquer situação comunicativa? Por quê?

2. Leia o trecho de uma entrevista com o compositor Chico Buarque de Hollanda concedida aos cartunistas Ziraldo e Jaguar. Em seguida, responda às questões propostas.

CHICO BUARQUE DE HOLLANDA

28/11/1975

[...]

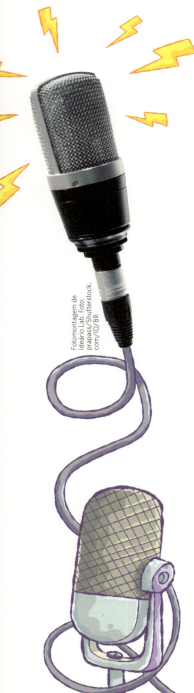

ZIRALDO – Quando você era adolescente, sacava que música iria ser a sua?

CHICO BUARQUE DE HOLLANDA – Até receber meu primeiro cachê – e até mesmo depois – nunca imaginei que fosse viver de música. Não tava nos meus planos. Sempre gostei muito de música, escutei muita música na minha infância, inventava músicas de brincadeira na escola...

ZIRALDO – Você se lembra de alguma dessas músicas?

CHICO – Não. Mas havia colaborações no nosso jornalzinho de escola, escrevia versos, bobagens mesmo.

ZIRALDO – Antes de compor, você gostava de escrever?

CHICO – Sim. Tudo que era jornalzinho de escola...

JAGUAR – Quais escolas?

CHICO – Fiz ginásio e científico numa escola de padres em São Paulo, Santa Cruz, com uma saidinha pra Cataguases, onde fiquei interno seis meses. Também escrevi para um jornal de Cataguases. Jornalzinho era comigo.

ZIRALDO – Em Cataguases contam com grande orgulho que você foi aluno do colégio de lá. Parece até que você passou a vida toda lá.

JAGUAR – É aquele colégio que tem o painel do Tiradentes?

CHICO – É. Tem muita coisa lá.

ZIRALDO – Você é paulista, né?

CHICO – Não, sou carioca, mas me formei em São Paulo.

ZIRALDO – Em que maternidade você nasceu?

CHICO – Na São Sebastião, no Largo do Machado.

ZIRALDO – Foi garotíssimo pra São Paulo?

CHICO – Com dois anos de idade. Mas não me considero muito paulista. Minha família toda era do Rio e passava o tempo todo, as férias, no Rio. Meu apelido em São Paulo era "Carioca". Fiquei meio equidistante entre paulista e carioca.

ZIRALDO – Você é desses Hollandas todos que desceram do Nordeste?

CHICO – Meu pai é paulista. Minha mãe carioca.

ZIRALDO – Que que o Aurélio é seu?

CHICO – Nada. Deve ser parente lá nessas lendas.

JAGUAR – (*decepcionado*) Eu pensei que fosse seu tio.

ZIRALDO – Ele não é primo do Sérgio Buarque de Hollanda?

CHICO – A bem da verdade ele não é Buarque de Hollanda. Esses nomes as pessoas vão montando. Quem inventou "Buarque de Hollanda" foi meu avô. Juntou "Buarque" com "Hollanda". O pai do Aurélio é Buarque Ferreira, tem um "Holanda" noutro lugar, e juntou. Aí criou essa confusão.

[...]

Tárik de Souza (Org.). *O som do Pasquim*. Rio de Janeiro: Desiderata, 2009. p. 15-17.

a) Essa entrevista parece uma conversa entre pessoas íntimas ou entre pessoas desconhecidas? Justifique sua resposta.

b) Observe a palavra destacada na primeira pergunta de Ziraldo.

> ZIRALDO – Quando você era adolescente, **sacava** que música iria ser a sua?

- O que o cartunista quis dizer com essa pergunta? Você já ouviu essa gíria?
- O registro que Ziraldo utilizou é mais formal ou mais informal? Em sua opinião, por que ele optou por esse registro para fazer a pergunta ao entrevistado?
- Se essa pergunta fosse direcionada a alguém com quem Ziraldo não tivesse intimidade, que impressão poderia causar no entrevistado?

3. Leia o texto abaixo para responder às questões.

As marcas apresentadas são utilizadas para fins estritamente didáticos, portanto não representam divulgação de qualquer tipo de produto ou empresa.

Diva espoleta

Texto: Renata Oliveira

Anairam de Leon - Niterói - RJ
22 anos, 9 anos de *skate*
Apoio: Globe, Grotesco, Estilo de Rua e Família in The Hill

Anairam de Leon, niteroiense de 22 anos, entrou para o mundo do *skate* aos 13 anos depois de cismar com a ideia de que queria ser *skatista*: "Desde pequena sou espoleta e sempre gostei de esportes e fazer coisas consideradas de menino, um dia cismei que queria andar de *skate*". Conseguiu realizar seu sonho de andar nos EUA. Atualmente, tem um projeto voltado ao *skate* feminino chamado Board Breakers e muitos planos para somar junto ao *skate* feminino. É, realmente ela é uma Diva espoleta!

Renata Oliveira. Diva espoleta. *Central Skate Mag*, Brasília, n. 6, p. 11, jul./ago. 2013. Disponível em: <http://issuu.com/centralskatemag/docs/edi____o_6>. Acesso em: 7 jul. 2018.

a) Qual a relação entre "fazer coisas consideradas de menino" e andar de *skate*?

b) Você concorda com essa divisão de "coisas consideradas de menino" e "coisas consideradas de menina"? Por quê?

c) Qual tipo de registro predomina nesse texto? Quais expressões podem ser retiradas do texto para justificar a sua resposta?

d) Sabendo que esse texto foi publicado em uma revista destinada ao público jovem, por que a autora preferiu utilizar esse tipo de registro?

141

Estudo da língua

Pronome II

A seguir, você conhecerá mais três tipos de pronome.

Pronomes demonstrativos

1. Leia a tirinha abaixo e responda às questões.

Fernando Gonsales. *Níquel Náusea:* um tigre, dois tigres, três tigres. São Paulo: Devir, 2009. p. 43.

a) Que efeito o cachorro pretendeu criar ao colocar os ossos junto da placa?

b) Você acha que esse cachorro é realmente bravo? Explique.

c) A personagem Níquel Náusea se refere aos ossos que seu interlocutor carrega. Que palavra ele usou para acompanhar o substantivo **ossos**?

d) Essa palavra determina:

  A uma quantidade específica.

  B a posição de algo em relação aos interlocutores.

  C quem são os interlocutores da situação comunicativa.

A palavra **esses**, utilizada pela personagem Níquel Náusea, revela que os ossos estavam mais próximos de seu interlocutor, o cachorro.

> Os **pronomes demonstrativos** são aqueles que indicam a posição de seres e objetos de que falamos no tempo, no espaço ou no próprio texto, em relação às três pessoas do discurso.

Esses pronomes são utilizados para explicitar a posição de certa palavra em relação a outras ou ao contexto. Veja o exemplo:

Ana e Maria vieram estudar comigo: **esta** me ajudou em matemática, **aquela** em Ciências.

2. Em duplas, classifiquem os pronomes demonstrativos a seguir em variáveis e invariáveis, justificando a resposta de vocês.

este	isto	aquela
essa	aquilo	esse
aquele	isso	esta

142

Pronomes indefinidos

1. Leia a tirinha abaixo e responda às questões a seguir.

Alexandre Beck. *Armandinho*. Disponível em: <https://tirasarmandinho.tumblr.com/post/163484447789/tirinha-original?is_highlighted_post=1>. Acesso em: 9 jul. 2018.

a) Em sua opinião, que importância tem a nossa felicidade não depender da opinião dos outros? Justifique sua resposta para os colegas e o professor.

b) Você concorda com a opinião da personagem da tirinha? Converse com os colegas a respeito.

c) Releia a fala da personagem no último quadrinho. É possível saber a quem ela está se referindo?

d) Que palavra da fala da personagem confere essa ideia de imprecisão?

A palavra que você respondeu na questão anterior corresponde à ideia de imprecisão, isto é, não aponta especificamente as pessoas a quem se faz referência.

Pronomes indefinidos são aqueles que se referem à terceira pessoa do discurso e substituem ou acompanham um substantivo, dando-lhe uma ideia de indefinição, imprecisão.

2. Alguns pronomes indefinidos foram agrupados a seguir em três colunas. Sente-se com um colega e elaborem um título para cada uma delas justificando a resposta de vocês.

algo, alguém, cada, ninguém, nada, outrem, que, quem, tudo	algum, alguma, certo, certa, muito, muita, todo, toda, outro, outra, pouco, pouca, quanto, quanta, tanto, tanta, um, uma, diversos, bastante, qualquer, quaisquer	cada um, qualquer um, quem quer que, seja quem, todo aquele que, todo mundo

143

Pronomes interrogativos

1. Leia o texto de divulgação científica abaixo e responda às questões.

Quantas línguas existem?

Já existiram 10 mil línguas diferentes no mundo, número que com o passar dos anos foi diminuindo gradativamente. Hoje, existem 6 700 línguas vivas e apenas 250 delas contam com mais de 1 milhão de falantes. Possivelmente existam outras línguas faladas por habitantes de lugares inóspitos, ainda não descobertos. A divisão de línguas por continentes é a seguinte:

Ásia: 2.165
África: 2.010
Oceania: 1.300
América: 1.000
Europa: 225

Estima-se que metade dessas línguas irá desaparecer até o ano de 2050, o que significa que uma língua irá se extinguir a cada cinco dias.

Marcelo Duarte. *O guia dos curiosos*: língua portuguesa. São Paulo: Panda Books, 2003. p. 24.

a) É correto dizer que algumas línguas deixaram de existir, mas que as existentes durarão para sempre?

b) O título do texto foi composto em forma de pergunta. Além do ponto de interrogação, que palavra também é responsável por indicar que se trata de uma pergunta?

c) Troque ideias com os colegas sobre o que pode levar uma língua a deixar de existir e escreva sua opinião a respeito desse fenômeno.

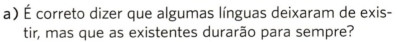

Os pronomes **qual**, **quais**, **quanto**, **quanta**, **quantos**, **quantas**, **que** e **quem**, empregados em frases interrogativas diretas ou indiretas, são chamados de **pronomes interrogativos**.

Para saber mais

Os pronomes indefinidos e interrogativos só podem ser classificados de acordo com o contexto. Veja alguns exemplos.

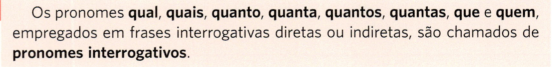

Quem chegou? → pronome interrogativo

Olha só **quem** chegou. → pronome indefinido

Atividades

1. Leia a tirinha abaixo e responda às questões a seguir.

Dik Browne. *O melhor de Hagar, o Horrível*. Porto Alegre: L&PM, 2007. v. 1. p. 44.

a) O que pode ter levado Hagar a fazer a pergunta no primeiro quadrinho?

b) A partir da fala de Helga, que expectativa Hagar cria em relação ao alimento que vai comer?

c) Analise o primeiro quadrinho e responda às questões a seguir.
- Como se classifica a palavra **que** utilizada por Hagar?
- Que palavra Hagar utilizou para se referir ao alimento que estava em seu prato? Como ela é classificada?

d) No segundo quadrinho, o que o pronome **essa** indica?

2. Observe a capa do livro abaixo e responda às questões.

Sérgio Capparelli. *Eu, meu avô, a pipa e a guerra dos gatos*. Ilustrações de Amilcar Pinna. São Paulo: Moderna, 2012.

a) De acordo com o título e a imagem presente na capa, sobre o que você acha que o livro vai tratar?

b) Quais pronomes foram empregados no título do livro? Como eles são classificados?

c) Em sua opinião, esses pronomes se referem a quem?

3. Leia o anúncio de propaganda a seguir e responda às questões.

Prefeitura de Betim. Anúncio de propaganda da Semana Nacional do Trânsito, 2017.

a) Qual é a finalidade desse anúncio? Copie a resposta correta em seu caderno.

A Desviar a atenção do condutor.   **B** Sensibilizar o condutor.

b) A que público ele é destinado? Como você chegou a essa conclusão?

c) Como se classifica o termo **quem**, presente no anúncio?

d) Que outra palavra empregada no anúncio tem a mesma classificação da palavra **quem**?

e) A quem o pronome **você** faz referência?

f) Quais pronomes empregados no anúncio transmitem a ideia de que o interlocutor faz parte do trânsito?

4. Leia a anedota abaixo e responda às questões.

Bocão, de novo, numa excursão na floresta:
— Socorro! Acho que uma cobra mordeu minha perna!
— Qual delas?
— Sei lá. Pra mim todas as cobras são iguais.

Ziraldo. *O livro do riso do Menino Maluquinho*.
São Paulo: Melhoramentos, 2000. p. 72.

a) Explique como é criado o efeito de humor na anedota.

b) Após Bocão afirmar que tinha sido mordido por uma cobra, uma pergunta é feita a ele. Como se classifica a palavra **qual**, empregada nessa pergunta?

c) Na resposta de Bocão, há dois pronomes. Quais são eles e como eles se classificam?

d) O pronome **todas** está:

A generalizando as cobras.

B especificando as cobras.

146

Escrita em foco

Sílaba tônica

Em português, toda palavra com duas ou mais sílabas possui uma que é pronunciada com mais intensidade. É o que você vai estudar agora.

1. Leia esta tirinha e responda às questões.

Alexandre Beck. Armandinho. *Folha de S.Paulo*, São Paulo, 8 ago. 2014. Disponível em: <www1.folha.uol.com.br/colunas/quebracabeca/2014/08/1508068-historias-tem-que-ter-final-feliz.shtml>. Acesso em: 9 jul. 2018.

a) Você sabe dizer qual história Armandinho está lendo?

b) Em que fato consiste o humor na tirinha?

c) Por que você acha que Armandinho sentiu pena do sapo?

d) Leia em voz alta as palavras **princesa** e **sapo**. Depois, localize a sílaba pronunciada com mais intensidade em cada uma delas.

Sílaba tônica é o nome dado à sílaba pronunciada com mais intensidade em uma palavra.

2. Agrupe as palavras abaixo de acordo com a posição que a sílaba tônica ocupa em cada uma delas.

café	pêssego	amável	fácil	cidade	também
fábula	caráter	cônjuge	jiló	ângulo	tamanduá

De acordo com a posição da sílaba tônica, as palavras recebem as seguintes classificações:

- **Oxítonas**: aquelas em que a última sílaba é a tônica. Exemplo: sa**ci**.
- **Paroxítonas**: aquelas em que a penúltima sílaba é a tônica. Exemplo: **li**vro.
- **Proparoxítonas**: aquelas em que a antepenúltima sílaba é a tônica. Exemplo: **ú**nico.

- Agora insira um título para cada grupo de palavras da atividade anterior.

147

Atividades

1. Releia um trecho da entrevista "Um cientista fascinado por pterossauros" e localize nela uma palavra paroxítona e uma proparoxítona.

> **Alexander Kellner** – De forma resumida, a primeira vez que me interessei pela paleontologia – que é o estudo dos fósseis, os restos dos organismos extintos – foi quando visitei o Museu Nacional com meus pais. Fiquei fascinado por aqueles esqueletos montados, que eram de preguiças gigantes. Depois disso, aprendi que a paleontologia era uma disciplina da geologia. Assim, fiz esse curso pensando em me tornar um paleontólogo. Meu interesse era entender um pouco mais da diversidade da vida que existia no passado. O mais gozado era que, quando criança, eu assistia muito ao desenho dos Herculoides. Tinha um dragão voador que me fascinava e, por ironia do destino, acabei estudando os dragões voadores, como os pterossauros também são conhecidos.

2. Observe a imagem dos animais abaixo.

a) Anote em seu caderno apenas os nomes em que a última sílaba é tônica.

b) Como essas palavras são classificadas em relação à posição da sílaba tônica?

c) Como os demais nomes são classificados em relação à posição da sílaba tônica?

148

Produção de texto

Entrevista

Neste capítulo, você estudou o gênero entrevista, que consiste na ordenação de perguntas e respostas em uma conversa planejada entre duas ou mais pessoas. Na primeira entrevista lida no capítulo, conhecemos um pouco da infância do cantor e compositor Toquinho e, na segunda, como Alexander Kellner desenvolve seu trabalho de paleontólogo.

Sua missão agora será juntar-se a um colega para que juntos entrevistem alguém que desempenha um trabalho interessante na cidade onde moram. Essa entrevista deverá ser gravada para ser apresentada para toda a turma e postada no *blog* da turma.

Para começar

Vocês realizarão a entrevista em duplas e inicialmente deverão decidir quem será:

O entrevistador — Aquele que fará as perguntas ao entrevistado na gravação da entrevista.

O produtor — Aquele que fará a gravação da entrevista.

Após essa divisão, é necessário definir quem será o entrevistado. Para isso, vocês podem procurar pessoas que apresentem as características a seguir.

- Desenvolvam algum trabalho comunitário que visa ajudar as pessoas de determinada localidade.
- São profissionais (fisioterapeuta, dentista, psicólogo, professor, médico, nutricionista) que atendem às pessoas com deficiência.
- São empresários que contratam pessoas com deficiência, ou então financiam alguma entidade beneficente.
- São responsáveis por espaços que promovem a inclusão social, como escolas de dança, música, teatro, pintura, entre outros.
- Possuem algum tipo de deficiência física ou intelectual e podem contar sobre as dificuldades que enfrentam no dia a dia no estudo ou no trabalho.

149

▶ **Aprenda mais**

O programa "Roda Viva", da *TV Cultura*, exibido desde 1986, é um programa de entrevistas que não tem um perfil definido de entrevistados, assim, pelo *site*, é possível assistir a entrevistas de diversas personalidades que se destacam em nosso país. Você pode acessar os vídeos por meio do endereço eletrônico <http://linkte.me/pcrzk> (acesso em: 2 jul. 2018).

Preparem a entrevista

Antes da entrevista, entrevistador e produtor devem estar preparados. Para isso, sigam as orientações abaixo.

1 Verifiquem se a ferramenta escolhida para gravação (celular ou câmera digital) está em boas condições e aprendam a manejá-la antes da entrevista.

2 Busquem informações sobre a vida do entrevistado, elaborem um roteiro e, antes do dia marcado para a entrevista, verifiquem se podem excluir ou acrescentar questões nele.

3 Ensaiem pelo menos uma vez, aproveitando para verificar o desempenho do entrevistador, como a imagem e o áudio estão ficando e o que ainda pode ser melhorado no roteiro. No ensaio, o produtor pode interpretar a pessoa entrevistada.

4 De acordo com o perfil do entrevistado, a entrevista pode ser mais ou menos descontraída. Mas, mesmo que a situação seja informal, as questões precisam ser claras. O entrevistador deve manter-se calmo e empregar um tom de voz adequado.

▌Realizem a entrevista

É chegada a hora! Depois de preparada a entrevista, marquem uma data para sua realização. No dia marcado, é importante que vocês cheguem na hora combinada. Levem o roteiro planejado, mas procurem não ficar presos a ele – caso o entrevistado fale algo importante, aproveitem o momento e improvisem outras perguntas. Antes de iniciar a entrevista, façam uma breve apresentação do entrevistado para aqueles que vão assistir à entrevista. O entrevistador deve manter-se calmo e fazer as perguntas em um tom de voz adequado, além de, ao final, agradecer ao entrevistado.

▌Avaliem a entrevista

Assim que as duplas terminarem a atividade, definam uma data para que todas as entrevistas sejam exibidas. Aproveitem esse momento para tomarem nota do que acharem importante e também para observarem como cada dupla elaborou seu roteiro e realizou a entrevista, além de conhecer um pouco da vida de uma pessoa fora do comum.

Ao terminar de assistir às entrevistas, sente-se com sua dupla e analisem como foi a realização do passo a passo dessa atividade. As perguntas a seguir podem ajudá-los nessa avaliação.

- ✓ Foi feito um texto introdutório de apresentação do entrevistado?
- ✓ As perguntas do roteiro foram adequadas ao objetivo da entrevista? Elas possibilitaram que o entrevistado apresentasse sua experiência ou ponto de vista sobre o tema tratado?
- ✓ Foi utilizado um registro de linguagem adequado à situação comunicativa?
- ✓ As perguntas foram formuladas com clareza e em um tom de voz adequado?
- ✓ O entrevistado foi ouvido com atenção? Foram improvisadas perguntas a partir de suas respostas?
- ✓ A qualidade de nossa gravação, áudio e imagem ficou boa?

▌Verifiquem seu desempenho

Ainda em duplas, copiem o quadro abaixo no caderno e respondam aos questionamentos propostos para avaliar o desempenho de vocês.

	👍	✊	👎
A Dedicamos tempo suficiente para executar cuidadosamente todas as etapas dessa produção?			
B Os ensaios que fizemos foram satisfatórios para detectarmos possíveis falhas em nosso roteiro?			
C O entrevistador estava seguro e conseguiu conduzir a entrevista tranquilamente?			
D O que podemos melhorar a partir dessa produção?			

> **Para saber mais**
>
> Na **Leitura 2**, você conheceu um pouco sobre a vida de Alexander Kellner, um cientista fascinado por pterossauros. Mas você sabe de onde vem essa espécie?
>
> Os pterossauros surgiram durante o período Triássico. Eles eram bem parecidos com lagartos, tinham uma cauda longa, mandíbulas cheias de dentes e pele rugosa.
>
>
>
> O pterodáctilo é a espécie mais famosa de pterossauro que habitava as regiões que hoje conhecemos como Europa e África. Contudo, ao contrário do que se vê em filmes, os pterodáctilos, apesar de carnívoros, não ofereciam risco algum porque eram animais bem pequenos e com capacidade de voo limitada.
>
> Ilustração em aquarela representando pterodáctilos.

Chegamos ao fim de mais um capítulo, momento de verificar se todos os conteúdos estudados foram assimilados ou se ainda precisam de alguma revisão. Vamos lá?

Para finalizar, procure responder aos seguintes questionamentos.

1. Como você definiria o gênero entrevista?
2. Que nome recebe o processo de reformular o que alguém disse ou escreveu, seja de um texto oral para um texto escrito, seja de um texto oral para outro oral, de um texto escrito para um oral ou de um texto escrito para outro escrito?
3. Em quais situações devemos empregar o registro formal e quando podemos empregar o registro informal?
4. Você conhece algum gênero em que o registro informal é predominante? Comente com a turma.
5. Você estudou a classe dos pronomes e viu que eles substituem ou acompanham o substantivo e outros nomes. Também aprendeu cinco classificações: os pessoais (retos e oblíquos e de tratamento), os possessivos, os demonstrativos, os indefinidos e os interrogativos. Você saberia exemplificar cada uma dessas classificações? Caso não saiba, retome a seção e anote um exemplo no caderno.
6. O que é uma sílaba tônica e como as palavras são classificadas em relação a ela?
7. Pesquise em livros e na internet mais informações sobre os conteúdos estudados neste capítulo. Com base nessa pesquisa e nas respostas das questões anteriores, elabore um esquema resumindo esses conteúdos de modo que facilite seus estudos.

O anúncio de propaganda desta página foi publicado na revista Época e aborda um problema bastante sério e que ameaça espécies nativas brasileiras. Observando-o rapidamente, você reconhece o animal da imagem? Qual ameaça você imagina que esse animal esteja sofrendo?

Uma leitura a mais

Renctas e Conselho Federal de Medicina Veterinária e Zootecnia (CFMV). Campanha Nacional de Combate ao Tráfico de Animais Selvagens.

153

1. A ameaça que a arara-vermelha está sofrendo é a mesma que você imaginou antes da leitura do anúncio? Comente com seus colegas.

2. Releia o texto a seguir e responda às questões.

a) Por que o anúncio afirma que as florestas estão sendo esvaziadas?

b) Em sua opinião, quais são os impactos do tráfico de animais em nossas vidas?

c) Copie a alternativa correta sobre o objetivo desse anúncio.

A Informar às pessoas os locais onde a arara-vermelha pode ser encontrada.

B Conscientizar as pessoas de que só os médicos veterinários e zootecnistas podem realizar o tráfico de animais selvagens.

C Conscientizar as pessoas de que o tráfico de animais selvagens tem contribuído com o desequilíbrio ambiental.

3. O **anúncio de propaganda** é um gênero em que, geralmente, são utilizadas as linguagens verbal e não verbal.

a) Que informações são apresentadas por meio do texto verbal?

b) A imagem complementa ou reforça o que é dito no texto verbal? De que forma isso acontece?

4. Releia o trecho a seguir prestando atenção às formas verbais destacadas.

> **Junte**-se à luta dos Médicos Veterinários e Zootecnistas no combate ao tráfico de animais selvagens: **não compre** animais ilegalmente e **denuncie** esse crime. **Acesse** o *site* e saiba mais:

a) Com que intenção os verbos foram empregados nesse trecho?

A Informar aos leitores quem já luta pelo combate ao tráfico de animais selvagens, a importância de denunciar e não comprar animais ilegalmente e divulgar o *site* para obter mais informações.

B Levar os leitores a praticar uma ação. Nesse caso, juntar-se à luta contra o tráfico de animais selvagens, não comprar animais ilegalmente, denunciar esse crime e acessar o *site* indicado para obter mais informações.

b) Podemos afirmar, então, que os verbos quando empregados nesse modo, em anúncios de propaganda, têm o objetivo de exprimir:

A um conselho.   B uma sugestão.   C uma ordem.

154

5. Onde esse anúncio foi publicado e qual público ele pretende atingir?

6. Quais organizações são responsáveis por esse anúncio?

7. Leia o anúncio de propaganda a seguir.

SOS Mata Atlântica. Anúncio de propaganda Preservação da Mata Atlântica, 2001.

a) Que relação há entre esse anúncio e o da arara-vermelha?

b) Que mensagem esse anúncio de propaganda visa transmitir?

c) Releia o seguinte trecho do anúncio.

> A natureza vê o homem destruir, **mas** não pode fazer nada.

- De que forma a imagem empregada no anúncio dialoga com esse texto?
- A palavra destacada une duas ideias, transmitindo o sentido de:

    A poder, pois a natureza vê o homem destruindo e, por isso, toma uma atitude.

    B indiferença, pois, mesmo vendo o homem destruir, a natureza não faz nada.

    C impotência, pois, mesmo vendo o homem destruir, a natureza não pode fazer nada.

d) Qual é a importância das informações na parte inferior direita do anúncio?

8. Você viu dois anúncios nesta seção. Agora liste em seu caderno as principais características desse gênero textual.

155

UNIDADE

3
Letra de canção e poema

Agora vamos estudar...
- os gêneros letra de canção e poema;
- a concordância nominal;
- a variação linguística;
- o verbo;
- a acentuação das oxítonas e das paroxítonas;
- as figuras de linguagem.

Iniciando rota

1. Quais cores você consegue identificar na imagem?
2. Como você imagina que o artista Fabian Oefner criou esse efeito na fotografia?
3. Analisando os efeitos criados na imagem, você considera que Fabian Oefner é um artista? Explique.
4. A fotografia de Fabian mostra que uma imagem pode despertar ideias e sentimentos. Cite alguns exemplos de arte que podem provocar essas reações no público.

A fotografia faz parte do ensaio *Cores dançantes*, do artista suíço Fabian Oefner. Nesta obra, pequenas partículas coloridas reagem às vibrações de uma música. O resultado? Os sons podem ser "visualizados" em movimentos coloridos e intensos.

CAPÍTULO 5

Letra de canção

Leitura 1

Você costuma ouvir música? Já ouviu canções de Lenine ou de Arnaldo Antunes? A letra de canção apresentada a seguir foi escrita por esses artistas. Ao ler o título desta letra de canção, você consegue dizer qual é a ideia central dela?

Rua da Passagem – Trânsito

Os curiosos atrapalham o trânsito
Gentileza é fundamental
Não adianta esquentar a cabeça
Não precisa avançar o sinal
Dando seta pra mudar de pista
Ou pra entrar na transversal
Pisca-alerta pra encostar na guia
Para-brisa para o temporal
Já buzinou, espere não insista
Desencoste o seu do meu metal
Devagar pra contemplar a vista
Menos peso no pé do pedal
Não se deve atropelar cachorro
Nem qualquer outro animal
Todo mundo tem direito à vida
E todo mundo tem direito igual

Motoqueiro, caminhão, pedestre
Carro importado, carro nacional
Mas tem que dirigir direito
Pra não congestionar o local
Tanto faz você chegar primeiro
O primeiro foi seu ancestral
É melhor você chegar inteiro
Com seu venoso e seu arterial
A cidade é tanto do mendigo
Quanto do policial
Todo mundo tem direito à vida
E todo mundo tem direito igual

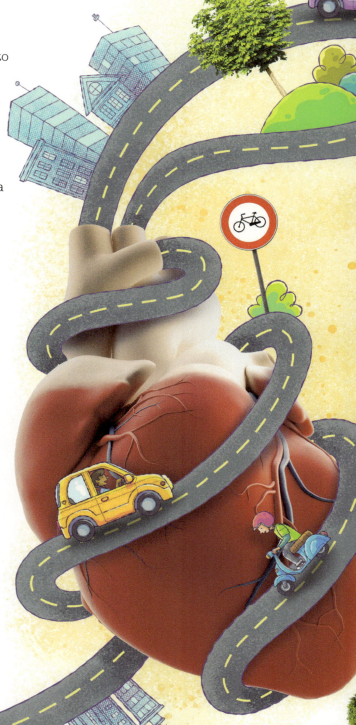

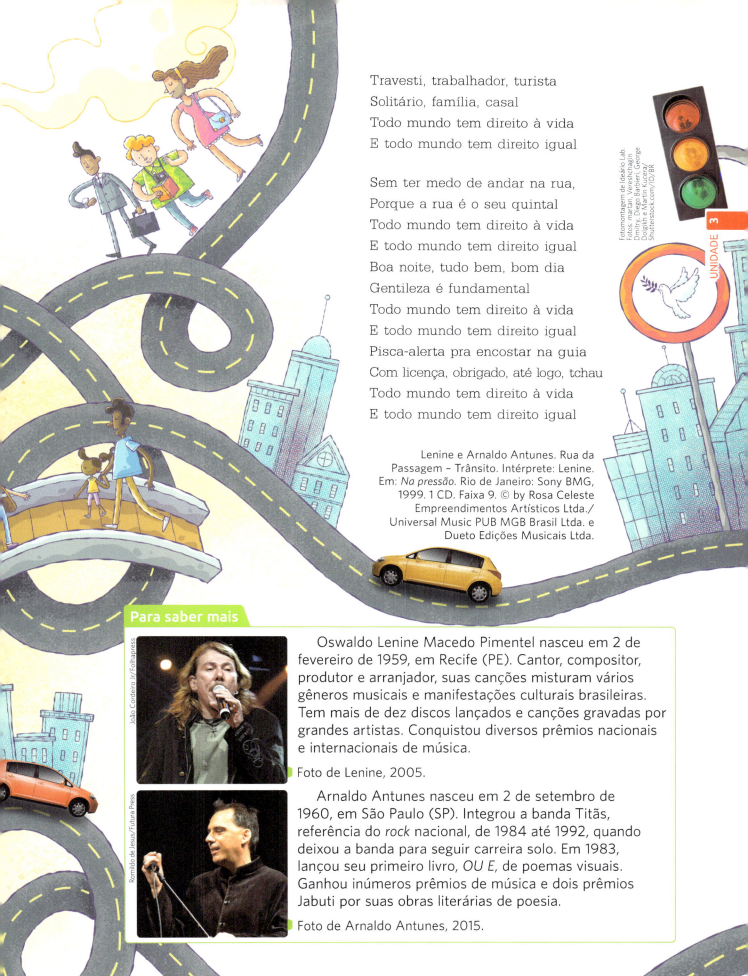

Travesti, trabalhador, turista
Solitário, família, casal
Todo mundo tem direito à vida
E todo mundo tem direito igual

Sem ter medo de andar na rua,
Porque a rua é o seu quintal
Todo mundo tem direito à vida
E todo mundo tem direito igual
Boa noite, tudo bem, bom dia
Gentileza é fundamental
Todo mundo tem direito à vida
E todo mundo tem direito igual
Pisca-alerta pra encostar na guia
Com licença, obrigado, até logo, tchau
Todo mundo tem direito à vida
E todo mundo tem direito igual

Lenine e Arnaldo Antunes. Rua da Passagem – Trânsito. Intérprete: Lenine. Em: *Na pressão*. Rio de Janeiro: Sony BMG, 1999. 1 CD. Faixa 9. © by Rosa Celeste Empreendimentos Artísticos Ltda./ Universal Music PUB MGB Brasil Ltda. e Dueto Edições Musicais Ltda.

Para saber mais

Oswaldo Lenine Macedo Pimentel nasceu em 2 de fevereiro de 1959, em Recife (PE). Cantor, compositor, produtor e arranjador, suas canções misturam vários gêneros musicais e manifestações culturais brasileiras. Tem mais de dez discos lançados e canções gravadas por grandes artistas. Conquistou diversos prêmios nacionais e internacionais de música.

Foto de Lenine, 2005.

Arnaldo Antunes nasceu em 2 de setembro de 1960, em São Paulo (SP). Integrou a banda Titãs, referência do *rock* nacional, de 1984 até 1992, quando deixou a banda para seguir carreira solo. Em 1983, lançou seu primeiro livro, *OU E*, de poemas visuais. Ganhou inúmeros prêmios de música e dois prêmios Jabuti por suas obras literárias de poesia.

Foto de Arnaldo Antunes, 2015.

Estudo do texto

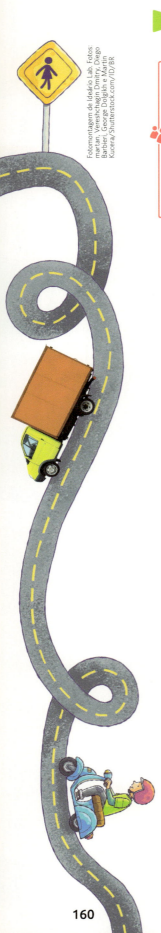

1. O tema abordado na letra da canção se assemelha ao que você imaginou antes da leitura? Explique.

2. Localize o ano em que o álbum *Na pressão* foi lançado, no qual se encontra a canção "Rua da Passagem – Trânsito". A temática abordada nessa letra de canção é atual? Por quê?

3. Quais são os procedimentos sugeridos aos motoristas na letra de canção? Qual a intenção do eu lírico (a voz expressa na letra de canção) ao propor esses procedimentos?

4. Uma letra de canção costuma ser organizada em **versos** (o verso corresponde a uma linha da letra), os quais se dividem em **estrofes** (nome dado a cada conjunto de versos, que são separados por um espaço). O verso "Gentileza é fundamental" aparece duas vezes na letra, uma no início da primeira estrofe e outra no meio da última estrofe.

    a) Que relação pode ser estabelecida entre esse e os demais versos?

    b) Releia a última estrofe da canção, observando as expressões destacadas, e responda às questões.

    > **Boa noite, tudo bem, bom dia**
    > Gentileza é fundamental
    > Todo mundo tem direito à vida
    > E todo mundo tem direito igual
    > Pisca alerta pra encostar na guia
    > **Com licença, obrigado, até logo, tchau**

    - O que o uso dessas expressões indica?
    - Em sua opinião, que outras atitudes podem ser tomadas pelas pessoas para haver mais gentileza no trânsito?

5. Releia os seguintes versos da letra de canção.

    > Tanto faz você chegar primeiro
    > O primeiro foi seu ancestral
    > É melhor você chegar inteiro
    > Com seu venoso e seu arterial

    a) Qual é a ideia central desses versos?

    b) Explique o sentido do verso "O primeiro foi seu ancestral".

    c) O sangue que chega ao coração, rico em gás carbônico, é chamado de **venoso** e o sangue que sai do coração, rico em oxigênio, recebe o nome de **arterial**. De que maneira o uso desses termos amplia a ideia central expressa nessa estrofe?

160

d) Que outros termos poderiam substituir **venoso** e **arterial** nesse verso, mantendo a ideia central da estrofe?

> **Para saber mais**
> O emprego de um termo no lugar de outro, em que o sentido de ambos possui uma relação de proximidade, é chamado **metonímia**.

6. Leia o trecho da Lei nº 9.503, de 23 de setembro de 1997, que institui o Código de Trânsito Brasileiro, e os versos colocados abaixo do trecho. Depois, copie em seu caderno os versos que se relacionam com o Código.

[...]

Art. 41. O condutor de veículo só poderá fazer uso de buzina, desde que em toque breve, nas seguintes situações:

I - para fazer as advertências necessárias a fim de evitar acidentes;

II - fora das áreas urbanas, quando for conveniente advertir a um condutor que se tem o propósito de ultrapassá-lo.

Art. 42. Nenhum condutor deverá frear bruscamente seu veículo, salvo por razões de segurança.

Art. 43. Ao regular a velocidade, o condutor deverá observar constantemente as condições físicas da via, do veículo e da carga, as condições meteorológicas e a intensidade do trânsito, obedecendo aos limites máximos de velocidade estabelecidos para a via, além de:

I - não obstruir a marcha normal dos demais veículos em circulação sem causa justificada, transitando a uma velocidade anormalmente reduzida;

II - sempre que quiser diminuir a velocidade de seu veículo deverá antes certificar-se de que pode fazê-lo sem risco nem inconvenientes para os outros condutores, a não ser que haja perigo iminente;

III - indicar, de forma clara, com a antecedência necessária e a sinalização devida, a manobra de redução de velocidade.

Art. 44. Ao aproximar-se de qualquer tipo de cruzamento, o condutor do veículo deve demonstrar prudência especial, transitando em velocidade moderada, de forma que possa deter seu veículo com segurança para dar passagem a pedestre e a veículos que tenham o direito de preferência.

[...]

Brasil. Lei nº 9.503, de 23 de setembro de 1997. Institui o Código de Trânsito Brasileiro. *Presidência da República. Casa Civil.* Disponível em: <http://www.planalto.gov.br/ccivil_03/leis/L9503Compilado.htm>. Acesso em: 10 jul. 2018.

Devagar para contemplar a vista
Menos peso no pé do pedal

Mas tem que dirigir direito
Pra não congestionar o local

Dando seta para
[mudar de pista

Não se deve atropelar o cachorro
Nem qualquer outro animal

Já buzinou, espere
[não insista

A cidade é tanto
[do mendigo
Quanto do policial

7. Releia mais estes versos da letra de canção.

Sem ter medo de andar na rua,
Porque a rua é o seu quintal

a) Por que as pessoas teriam medo de andar na rua?

b) Explique a comparação feita entre a rua e o quintal.

c) Em sua opinião, como os pedestres podem se prevenir de acidentes no trânsito?

161

8. Quantas estrofes há na letra de canção lida? Quantos versos há em cada estrofe?

9. Releia os seguintes versos e responda às questões.

> Todo mundo tem direito à vida
> E todo mundo tem direito igual

a) A quem a expressão **todo mundo** se refere?

b) Quantas vezes esses versos aparecem na letra de canção?

c) Copie a alternativa que explica o efeito de sentido provocado por essa repetição.

A Ela reforça o que é transmitido ao longo da letra da canção, que todas as pessoas têm os mesmos direitos.

B Ela complementa a ideia apresentada no título, reforçando o cuidado que todos devem ter no trânsito.

10. Em uma letra de canção, a estrofe ou o verso repetido diversas vezes é chamado de **refrão**. Sabendo disso, localize o refrão dessa letra de canção e explique a função desse recurso nesse texto.

11. Um dos recursos usados na letra de canção é a **rima**, que é a repetição de sons semelhantes ou iguais no interior ou no final de dois ou mais versos. Observe os versos a seguir e responda.

> Já buzinou, espere não ins**ista**
> Desencoste o seu do meu met**al**
> Devagar pra contemplar a v**ista**
> Menos peso no pé do ped**al**

a) Quais são os versos que rimam entre si?

b) Cite mais dois exemplos de rimas que aparecem no poema.

12. Releia a terceira estrofe da letra de canção em voz alta e responda às questões.

a) Que som consonantal é repetido nesses versos?

b) O ritmo é movimento, sabendo disso, que efeito essa repetição produz na canção?

A Ela ajuda a intensificar o ritmo.

B Ela atrapalha o ritmo da canção.

Para saber mais

A repetição de um som consonantal igual ou semelhante no começo, meio ou fim de palavras é chamado **aliteração**.

13. Junte-se a um colega e, com base na análise da letra da canção e nas atividades que realizaram, expliquem quais as principais finalidades desse gênero.

14. O que você achou da letra de canção lida? Justifique se gostou ou não dela e destaque a parte que achou mais interessante ou de que não gostou.

Estudo da língua

Concordância nominal

Você relembrou nos capítulos anteriores as seguintes classes gramaticais: substantivo, adjetivo, artigo, numeral e pronome. Agora, vai conhecer como essas classes se relacionam em um contexto.

1. Leia o anúncio de propaganda a seguir.

Prefeitura de Piracicaba. Anúncio de propaganda da campanha celular ao volante, 2015.

a) Esse anúncio faz parte de uma campanha realizada pela Prefeitura de Piracicaba, São Paulo. Que alerta o anúncio faz?

b) Explique a seguinte afirmação do anúncio: "Dirigir usando o celular é assim: fechar os olhos para o perigo".

c) De que forma a linguagem não verbal se relaciona com a linguagem verbal?

2. Observe os trechos a seguir.

Fechar os olhos

para o perigo

a) Localize o substantivo em cada um dos trechos.

b) A que classe gramatical pertencem as palavras que os acompanham?

c) Em que gênero e número essas palavras estão flexionadas?

d) Por que as palavras que acompanham os substantivos estão no plural em um trecho e no singular em outro?

3. Agora, releia a placa do anúncio de propaganda.

a) Qual é o objetivo dos dizeres dessa placa?
b) Observe as palavras a seguir.

PISCINA VAZIA

- A que classe gramatical elas pertencem?
- Em que gênero e número elas estão flexionadas?

4. Leia a charge abaixo e responda às questões.

Arionauro. Aumento da gasolina. *Arionauro Cartuns*. 20 abr. 2016. Disponível em: <http://www.arionaurocartuns.com.br/2016/04/charge-aumento-da-gasolina.html>. Acesso em: 11 jul. 2018.

a) A charge é um gênero jornalístico que busca criticar ou satirizar comportamentos, situações de uma localidade ou um momento específico. Que crítica é feita na charge e que elementos verbais e não verbais são usados para fazê-la?
b) Em que suporte essa charge foi publicada? Onde mais é possível encontrar textos desse gênero?
c) A que classe gramatical pertencem as palavras **três gotas**?
d) Em que número elas estão?

> Damos o nome de **concordância nominal** quando as palavras que acompanham o substantivo concordam com ele em gênero (feminino ou masculino) e número (singular ou plural).

Atividades

1. Leia o cartum abaixo e responda às questões.

Seri. *ABC do Humor*, Santo André, 9 abr. 2014. Disponível em: <http://blogabcdohumor.blogspot.com/2014/04/cartum.html>. Acesso em: 11 jul. 2018.

   a) Que sátira (ironia) é representada nesse cartum?
   b) Se a palavra **moto** fosse utilizada no lugar da palavra **carro**, como ficaria a primeira fala?
   c) Que palavra precisou ser alterada? Por que você fez essa modificação?

2. Leia a tirinha a seguir e responda às questões.

Alexandre Beck. *Armandinho*. Disponível em: <https://tirasarmandinho.tumblr.com/>. Acesso em: 11 jul. 2018.

   a) Por que Armandinho acha que há algo errado com ele?
   b) O que causa humor na tirinha?
   c) Como ficaria a fala de Armandinho se a palavra **veículo** estivesse no plural?
   d) Além da palavra **veículo**, quais outras sofreram alteração nessa fala? Por que isso aconteceu?
   e) A expressão "veículo leve" é formada por palavras de quais classes gramaticais?
   f) O que é possível concluir a respeito da relação entre o substantivo e a palavra que o acompanha?

Leitura 2

O rap é um gênero musical que teve origem nos Estados Unidos e se tornou popular também no Brasil, a partir da década de 1990. O termo rap *é sigla de* rythm and poetry *(ritmo e poesia) e já revela duas características desse gênero: a batida ritmada e a importância da letra. Você já ouviu ou costuma ouvir* raps*? Conhece* rappers *brasileiros? Já ouviu falar de Gabriel o Pensador? Ele escreveu o* rap *que você vai ler agora. Leia o título e responda: do que ele vai tratar?*

Supertrabalhador

Quem trabalha e mata a fome não come o pão de ninguém
Mas quem come e não trabalha tá comendo o pão de alguém
Quem trabalha e mata a fome não come o pão de ninguém
Mas quem come e não trabalha tá comendo o pão de alguém
E pra ganhar o pão tem que trabalhar
Missão para os heróis que estão dentro do seu lar
O seu pai, sua mãe, são trabalhadores
São os super-heróis, verdadeiros protetores
A superjornalista, o superdoutor
O supermotorista, o supertrocador
O superguitarrista, o superprodutor
E a superprofessora é que me ensinou
E o supercarteiro, que que faz, que que faz?
Manda carta e manda conta pra mamãe e pro papai
E o supergari, o lixeiro, o que que faz?
Bota o lixo no lixo que aqui tem lixo demais
Cada um faz o que sabe, cada um sabe o que faz
Ninguém menos ninguém mais, todo mundo corre atrás
E volta pra casa com saudade do filho
Enfrentando o desafio, desviando do gatilho
Mais uma jornada, adivinha quem chegou?
São as aventuras do supertrabalhador

Sou o supertrabalhador
Alimento minha família com orgulho e amor
Supertrabalhador
São as aventuras do supertrabalhador
Sou o supertrabalhador
Enfrento os desafios, o perigo que for
Supertrabalhador
São as aventuras do supertrabalhador
Demorou

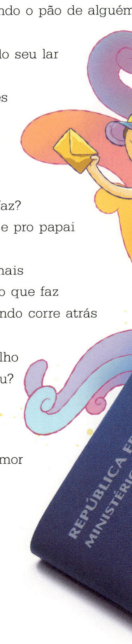

Quem trabalha e mata a fome não come o pão de ninguém
Mas quem come e não trabalha sempre come
o pão de alguém
Quem trabalha e mata a fome não come
o pão de ninguém

E pra fazer o pão tem que colher o grão
E separar o joio do trigo na plantação
O superlavrador falou com o agricultor,
Que sabe que precisa também do motorista do trator
Na cidade, o engenheiro precisa do pedreiro
Mas pra fazer o prédio tem que desenhar primeiro
O sonho do arquiteto, bonito no projeto, virando concreto
Vai virando o concreto!

Eu sou o supertrabalhador
Alimento minha família com orgulho e amor
Supertrabalhador
São as aventuras do supertrabalhador
Sou o supertrabalhador
Enfrento os desafios, o perigo que for
Supertrabalhador
São as aventuras do supertrabalhador
Demorou

Quero ser trabalhador, quem não é um dia quis
Minha mãe sempre falou: "Quem trabalha é mais feliz"
Mas tem que suar pra ganhar o pão
E ainda tem que enfrentar o leão
O leão quer morder o nosso pão
Cuidado com o leão, que ele come o nosso pão
O leão quer morder o nosso pão
Cuidado com o leão, não dá mole, não

Eu sou o supertrabalhador
Alimento minha família com orgulho e amor
Supertrabalhador
São as aventuras do supertrabalhador
Sou o supertrabalhador
Enfrento os desafios, o perigo que for
Supertrabalhador
São as aventuras do supertrabalhador
Demorou

Supertrabalhador

Taxista, motoboy, assistente, diretor

Supertrabalhador

Pipoqueiro, pedagogo, porteiro, pesquisador

Supertrabalhador

Ambulante, feirante, astronauta, ilustrador

Supertrabalhador

Comandante, comissário, caixa, vendedor

Supertrabalhador

Cozinheiro, garçom, bibliotecário, escritor

Supertrabalhador

Maquinista, sambista, surfista, historiador

Supertrabalhador

Marceneiro, carpinteiro, ferreiro, minerador

Supertrabalhador

Telefonista, salva-vidas, bombeiro, mergulhador

Supertrabalhador

Paraquedista, arqueólogo, filósofo, pintor

Supertrabalhador

Sapateiro, boiadeiro, farmacêutico, cantor

Súper

Gabriel o Pensador e Mauricio Pacheco. Supertrabalhador. Intérprete: Gabriel o Pensador. Em: Gabriel o Pensador para crianças. 1 CD. Faixa 2. *Nova Escola*, São Paulo, Abril, Edição especial, n. 15, 2007. © by Hip Hop Brasil (Gege). Todos os direitos reservados.

Para saber mais

Gabriel Contino, mais conhecido como Gabriel o Pensador, nasceu em 1973, no Rio de Janeiro (RJ). Iniciou sua carreira na década de 1990 e em suas letras aborda temas como violência, preconceito, política, educação, entre outros. O *rapper* também tem livros publicados, como o autobiográfico *Diário noturno* e os infantis *Meu pequeno rubro-negro* e *Um garoto chamado Rorbeto*, esse último, vencedor do Prêmio Jabuti.

Foto de Gabriel o Pensador, 2015.

Estudo do texto

1. Ao ler o título do *rap*, você levantou hipóteses sobre o que ele tratava. Suas suposições estavam corretas?

2. Você conhece algum super-herói? Quais são as características dele?

3. O *rap* é um gênero musical que trata, em geral, de temas sociais, como violência, preconceito, desigualdade social e política. Releia os versos a seguir para responder às questões.

> Quem trabalha e mata a fome não come o pão de ninguém
> Mas quem come e não trabalha tá comendo o pão de alguém
> Quem trabalha e mata a fome não come o pão de ninguém
> Mas quem come e não trabalha tá comendo o pão de alguém
> E pra ganhar o pão tem que trabalhar
> Missão para os heróis que estão dentro do seu lar
> O seu pai, sua mãe, são trabalhadores
> São os super-heróis, verdadeiros protetores

a) Que crítica é feita nos dois primeiros versos?
b) Em sua opinião, quem seria aquele que "tá comendo o pão de alguém"? Que tipo de crítica é feita nesse verso?
c) Segundo o trecho, o que é preciso ser feito para ganhar o pão?
d) A quem pertence essa missão?
e) Quais características são atribuídas aos pais?

4. De acordo com o texto, quais são as aventuras do supertrabalhador?

5. Releia a estrofe a seguir.

> E pra fazer o pão tem que colher o grão
> E separar o joio do trigo na plantação
> O superlavrador falou com o agricultor,
> Que sabe que precisa também do motorista do trator
> Na cidade, o engenheiro precisa do pedreiro
> Mas pra fazer o prédio tem que desenhar primeiro
> O sonho do arquiteto, bonito no projeto, **virando concreto**
> Vai **virando o concreto**!

a) Copie em seu caderno a alternativa que melhor resume essa estrofe.

   A Se você for um bom trabalhador, conseguirá fazer tudo sozinho.

   B Em qualquer ambiente de trabalho, uma pessoa precisa da outra.

b) Observe as expressões destacadas no trecho. Que diferença há entre elas?

169

6. Responda às questões abaixo sobre a estrutura dessa letra.

   a) Quantas estrofes há nessa letra de *rap*? Elas apresentam o mesmo número de versos?

   b) Quantas vezes o refrão aparece nessa letra?

   c) O refrão se relaciona de alguma forma com o título da letra? Justifique sua resposta.

7. O *rap* é um estilo musical que costuma utilizar rimas como um recurso para marcar o ritmo. Localize três rimas na letra "Supertrabalhador" e copie-as no caderno.

8. O registro das letras de *rap* costuma ser informal. Isso acontece na letra "Supertrabalhador"? Justifique sua resposta com exemplos.

> **DICA!**
> Você já estudou quando podemos empregar o **registro informal**. Caso ainda tenha dúvidas, volte à página **139**.

9. Observe nos versos a seguir as palavras com o prefixo **super-** e responda à questão.

> A superjornalista, o superdoutor
> O supermotorista, o supertrocador
> O superguitarrista, o superprodutor
> E a superprofessora é que me ensinou
> E o supercarteiro, que que faz, que que faz?

Que sentido o acréscimo do prefixo **super-** confere às palavras da letra que indicam profissão?

10. Releia os textos "Supertrabalhador" e "Rua da Passagem – Trânsito" e responda às questões a seguir.

   a) Em relação à forma, em que pontos as duas letras de canção se assemelham e em que pontos se diferenciam?

   b) Em relação à temática, elas possuem alguma semelhança? Em caso afirmativo, diga qual.

Para saber mais

Em nosso país, menores de 16 anos não podem trabalhar a não ser na condição de aprendiz, a partir dos 14 anos. O contrato de trabalho do aprendiz é diferente dos demais trabalhadores, uma vez que o empregador é obrigado a conceder-lhe o tempo que for necessário para a frequência às aulas, podendo cumprir até 8 horas diárias, somente se tiver completado o Ensino Fundamental. Além disso, o contrato de trabalho do aprendiz tem duração máxima de dois anos.

11. Releia a estrofe da música "Supertrabalhador" e da "Rua da Passagem – Trânsito", que você conheceu na **Leitura 1**.

I
Ninguém menos, ninguém mais,
      [todo mundo corre atrás
[...]
Supertrabalhador
Taxista, motoboy, assistente, diretor
Supertrabalhador
Pipoqueiro, pedagogo, porteiro, pesquisador
Supertrabalhador
Ambulante, feirante, astronauta, ilustrador
Supertrabalhador

II
A cidade é tanto do mendigo
Quanto do policial
Todo mundo tem direito à vida
E todo mundo tem direito igual
Travesti, trabalhador, turista
Solitário, família, casa
Todo mundo tem direito à vida
E todo mundo tem direito igual

a) O que há de semelhante na mensagem das duas canções?

b) Por que os compositores reafirmam essa mensagem?

   A Para mostrar que apenas as pessoas que foram citadas têm direitos civis.

   B Para mostrar que todos têm direitos civis.

   C Para mostrar que apenas os trabalhadores têm direitos civis.

12. Quais foram suas impressões sobre o *rap* "Supertrabalhador"? Explique se gostou ou não e justifique sua resposta.

Trocando ideias

1. Na estrofe de "Supertrabalhador", citada na atividade **11**, o compositor elencou diversas profissões. Discuta com a turma sobre o trabalho que desempenha cada um desses profissionais e responda: existe preconceito social em relação a alguma dessas profissões? Se houver, diga quais seriam as causas para esse preconceito. Como, em sociedade, podemos mudar essa situação?

▶ **Aprenda mais**

A Organização das Nações Unidas (ONU) foi criada após o fim da Segunda Guerra Mundial com o intuito de garantir a paz ao mundo e o respeito aos direitos fundamentais de todos, como acesso à educação, saúde e trabalho. Acesse o *site* da ONU no Brasil para saber mais a respeito.

Nações Unidas no Brasil.
Disponível em: <http://linkte.me/c1t19>.
Acesso em: 22 set. 2018.

Ampliando fronteiras

Movimento *hip-hop*

Você leu o *rap* "Supertrabalhador" e estudou as características desse gênero que compõe o movimento *hip-hop*.

Surgido nas periferias de Nova York, nos Estados Unidos, no fim da década de 1970, o movimento *hip-hop* deu voz à população que ali vivia, em geral aos jovens, latinos e principalmente afroamericanos, que utilizaram os elementos da música, dança e artes visuais para firmar sua identidade. Leia as informações a seguir e saiba um pouco mais sobre os principais elementos desse movimento.

O **DJ** é o músico responsável por escolher e tocar músicas em festas, bares e bailes e também por executar as batidas para o *rapper* cantar. Cada vez mais os músicos que desenvolvem seu trabalho como DJs têm ganhado reconhecimento no Brasil.

O ***rap*** se caracteriza por seu ritmo marcante e por falar sobre a sociedade de maneira crítica. No Brasil, o *rap* chegou na década de 1980, mas só em 1990 conquistou espaço nas gravadoras. Atualmente, é um estilo musical bastante popular, apresentando nomes como Racionais MCs, Emicida, Criolo, Negra Li, entre outros.

172

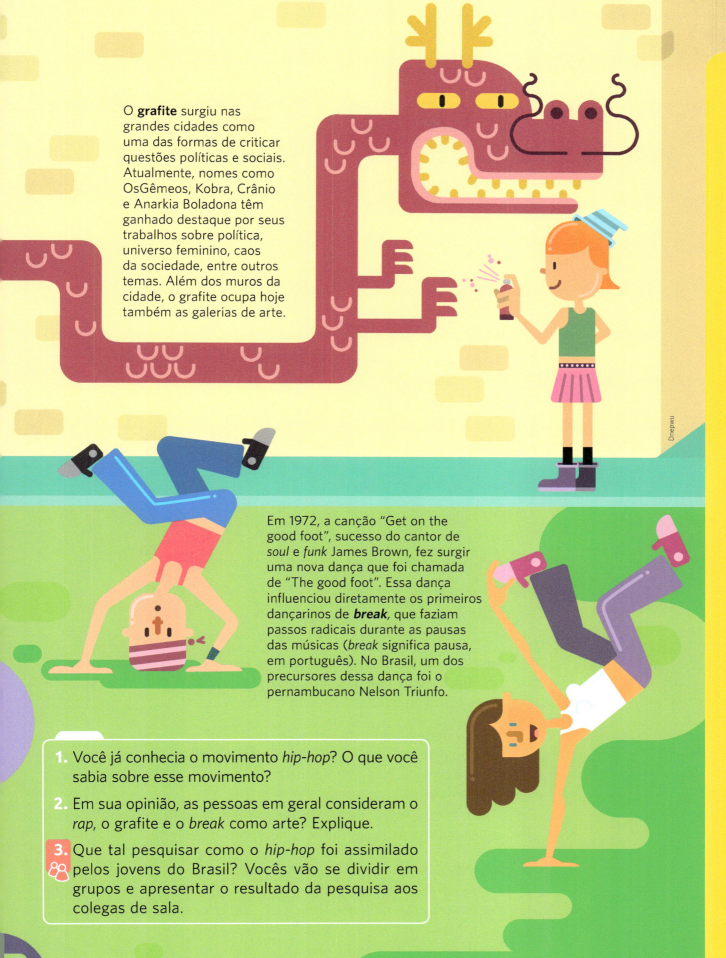

O **grafite** surgiu nas grandes cidades como uma das formas de criticar questões políticas e sociais. Atualmente, nomes como OsGêmeos, Kobra, Crânio e Anarkia Boladona têm ganhado destaque por seus trabalhos sobre política, universo feminino, caos da sociedade, entre outros temas. Além dos muros da cidade, o grafite ocupa hoje também as galerias de arte.

Em 1972, a canção "Get on the good foot", sucesso do cantor de *soul* e *funk* James Brown, fez surgir uma nova dança que foi chamada de "The good foot". Essa dança influenciou diretamente os primeiros dançarinos de **break**, que faziam passos radicais durante as pausas das músicas (*break* significa pausa, em português). No Brasil, um dos precursores dessa dança foi o pernambucano Nelson Triunfo.

1. Você já conhecia o movimento *hip-hop*? O que você sabia sobre esse movimento?
2. Em sua opinião, as pessoas em geral consideram o *rap*, o grafite e o *break* como arte? Explique.
3. Que tal pesquisar como o *hip-hop* foi assimilado pelos jovens do Brasil? Vocês vão se dividir em grupos e apresentar o resultado da pesquisa aos colegas de sala.

Linguagem em foco

Variação linguística

Como vimos no capítulo **4**, os diferentes usos da língua portuguesa recebem o nome de **variedades linguísticas**. Você já estudou a variedade estilística, que se refere ao registro que empregamos dependendo da situação comunicativa em que estamos inseridos. Vamos relembrar um pouco desse conteúdo?

1. Releia alguns versos do *rap* "Supertrabalhador".

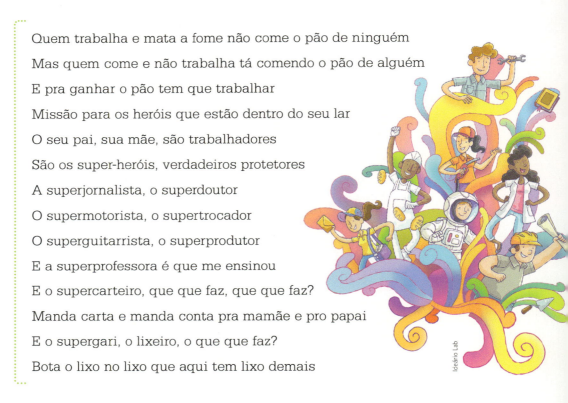

> Quem trabalha e mata a fome não come o pão de ninguém
> Mas quem come e não trabalha tá comendo o pão de alguém
> E pra ganhar o pão tem que trabalhar
> Missão para os heróis que estão dentro do seu lar
> O seu pai, sua mãe, são trabalhadores
> São os super-heróis, verdadeiros protetores
> A superjornalista, o superdoutor
> O supermotorista, o supertrocador
> O superguitarrista, o superprodutor
> E a superprofessora é que me ensinou
> E o supercarteiro, que que faz, que que faz?
> Manda carta e manda conta pra mamãe e pro papai
> E o supergari, o lixeiro, o que que faz?
> Bota o lixo no lixo que aqui tem lixo demais

No estudo do texto, você aprendeu que as letras de *rap* costumam apresentar um registro informal. Que palavras e expressões presentes nos versos acima comprovam isso?

2. Você viu que, dependendo da situação, podemos empregar um registro mais formal ou mais informal da língua. Em geral, em situações como uma conversa entre amigos, o registro pode ser informal, e podemos usar gírias e expressões reduzidas (como "tá", "pro" e "pra").

Considerando o que você aprendeu no capítulo **4**, que motivos levaram Gabriel o Pensador a usar um registro mais informal no *rap*?

A nossa sociedade é marcada por diferenças regionais, culturais, sociais, históricas, que também se refletem em nossa língua. Agora, vamos estudar outros tipos de variação que revelam o caráter dinâmico da língua: a geográfica, a social e a histórica.

Variação geográfica

1. Leia a tirinha abaixo e responda às questões a seguir.

Alexandre Beck. *Armandinho três*. Florianópolis: A. C. Beck, 2014. p. 9.

a) Você concorda com a atitude de Armandinho ao chamar a atenção do homem no primeiro quadrinho? Explique.

b) O que você achou do comportamento do homem no segundo quadrinho?

c) Que palavra a personagem que deixou o papel cair no chão utiliza para se dirigir a Armandinho?

d) Na região em que você mora, essa palavra costuma ser utilizada com frequência? Explique.

Na tirinha, você viu que, para se dirigir a uma criança do sexo masculino, a personagem adulta utilizou a palavra **guri**, usada em algumas regiões do sul do Brasil. Em outras regiões, podem ser mais comuns outras formas de fazer referência a esse mesmo ser, como **menino** ou **piá**.

Além das diferenças de vocabulário entre as distintas regiões do Brasil, também é possível reconhecer diferenças nos modos de:

- pronunciar alguns sons, como o do **r** na palavra **porta**;
- estruturar enunciados, por exemplo, "**Daí** ele chegou."; "Ele chegou, **daí**".

Quando a língua varia de acordo com o lugar de origem dos falantes é chamada de **variação geográfica**. Essa variação pode ser percebida no vocabulário, na pronúncia dos sons e na forma de estruturar os enunciados.

2. Por quais nomes você conhece os alimentos reproduzidos abaixo?

- Você sabe por quais outros nomes esses alimentos são conhecidos em nosso país? Pesquise com um colega e registrem no caderno outros nomes que esses alimentos recebem indicando a região em que são usados.

175

Variação social

1. Veja no quadro abaixo algumas palavras e expressões utilizadas pelos *rappers* e seus respectivos significados. Em seguida, responda às questões.

Fonte de pesquisa: Kárin Fusaro. *Gírias de todas as tribos*. São Paulo: Panda Books, 2001.

a) Você conhece alguma das palavras ou expressões acima? Se sim, com quem e em que situações você as utiliza?

b) Quais dessas palavras e expressões podem receber outros significados?

c) As palavras que você leu são mais utilizadas entre os *rappers*. Há palavras que você costuma utilizar apenas com seu grupo de amigos? Se sim, cite algumas delas.

Em uma mesma época, pessoas de várias idades se relacionam com diferentes pessoas, de diversas maneiras. Esse convívio influencia o comportamento, o modo de vestir, os gostos e até o modo de falar delas.

> Grupos sociais cujos membros compartilham características semelhantes (como nível socioeconômico, nível de escolaridade, idade, gênero) costumam apresentar um modo de falar que lhes é próprio e que os distingue dos demais. Essa diversidade de usos da língua caracteriza a **variação social**.

2. Releia a fala do Armandinho no quadrinho ao lado e responda às questões.

a) Que palavra o menino usou para se dirigir ao homem?

b) Qual é o significado dessa palavra nesse contexto?

A variação social explica o emprego de termos como **coroa**, que é uma forma utilizada para se referir a alguém mais velho.

> As **gírias**, empregadas no contexto informal da língua, são expressões próprias de determinado grupo social ou de diferentes faixas etárias, como *rappers*, adolescentes, surfistas, entre outros.

Variação histórica

1. Será que com o passar dos anos a língua também sofre variação? A receita abaixo é do ano de 1852 e faz parte do primeiro livro brasileiro de culinária. Leia-a e responda às questões a seguir.

Constança Oliva de Lima. Podim de pão. Em: *Cozinheiro imperial*. 7. ed. aum. e melhorada. Rio de Janeiro: Eduardo & Henrique Laemmert, 1877. p. 293.

a) Você já experimentou um pudim de pão ou já ouviu falar dessa sobremesa?

b) Para você, foi fácil entender como a receita é feita? Por quê?

c) O que poderia ter sido feito para facilitar o entendimento dela?

d) Escreva em seu caderno de que forma escrevemos atualmente as seguintes palavras.

podim • vacca • assucar • panella

e) Em sua opinião, por que a escrita dessas palavras mudou?

f) Caso essa receita fosse escrita nos dias atuais, haveria outras mudanças. Cite algumas delas.

As mudanças que a língua sofre com o passar do tempo caracterizam a **variação histórica**. Um exemplo é o desuso da palavra **deite-se** com sentido de **despeje** ou **derrame**.

> **Para saber mais**
>
> Como acabamos de observar, a língua portuguesa apresenta variações em função da época, região, situação de uso e das especificidades dos falantes. A **norma-padrão** é um modelo linguístico, descrito e seguido pela tradição gramatical, que normatiza a língua falada e escrita. Os falantes urbanos mais escolarizados se valem de variedades próximas da norma-padrão, conhecidas como **variedades urbanas de prestígio**.
>
> Um usuário da língua, que seja competente, sabe empregar a variedade linguística mais adequada a cada contexto. Por esse motivo, devemos combater o preconceito linguístico, uma vez que todas as formas diferentes da norma-padrão não são erradas.

Atividades

1. Observe os títulos das capas de livros reproduzidas abaixo e responda às questões.

César Obeid. *Meu pai é o cara*. São Paulo: Moderna, 2015.

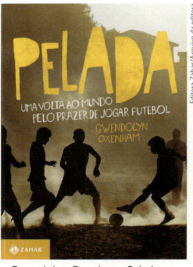

Gwendolyn Oxenham. *Pelada*: uma volta ao mundo pelo prazer de jogar futebol. Rio de Janeiro: Zahar, 2013.

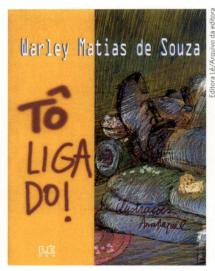

Warley Matias de Souza. *Tô ligado!* Belo Horizonte: Lê, 2010.

a) O que significa cada uma das seguintes expressões?
- O cara
- Pelada
- Tô ligado!

b) Levando em consideração as gírias utilizadas nas capas, a que público se destina cada um dos livros?

c) A utilização de gírias em falas ou textos escritos configura um uso mais formal ou menos formal da língua?

d) Qual dos tipos de variação linguística estudados ocorre nesses títulos? Por quê?

e) A linguagem apresentada nas capas se aproxima da forma de comunicação do público-alvo dos livros? Justifique.

2. Observe o mapa linguístico abaixo e confira os diferentes nomes que existem para a mesma brincadeira.

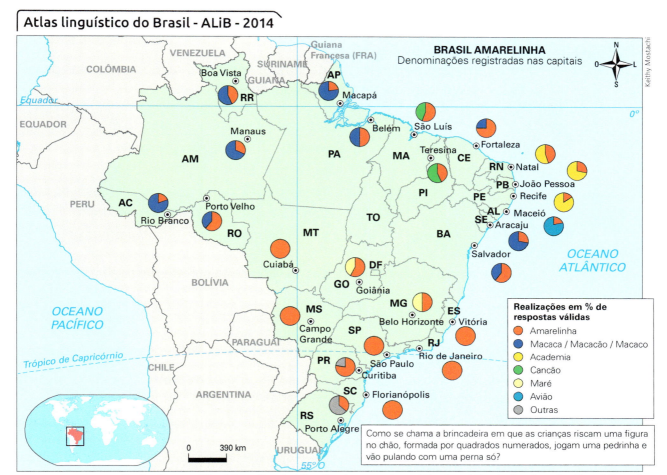

Fonte: Suzana Alice Marcelino da Silva Cardoso e outros. *Atlas linguístico do Brasil:* cartas linguísticas 1. Londrina: Eduel, 2014. p. 315.

a) De acordo com a legenda do mapa linguístico, há quantas denominações para a brincadeira pesquisada? Escreva-as no caderno.

b) Qual é o nome que você utiliza para essa brincadeira?

c) Por qual nome ela é mais conhecida? Como você chegou a essa conclusão?

d) De acordo com as informações presentes no mapa, em qual capital brasileira metade das pessoas conhece a brincadeira por amarelinha e a outra metade, por maré?

e) Esse mapa apresenta dados referentes a que tipo de variação linguística? Justifique sua resposta.

3. Com base no que você estudou sobre variação linguística, reflita sobre a seguinte questão: podemos dizer que há um modo correto de falar? Junte-se com um colega e troquem ideias a esse respeito. Depois, apresentem sua resposta para o restante da turma.

Estudo da língua

Verbo I

Agora você vai ampliar seu conhecimento sobre mais uma classe gramatical: a dos verbos.

1. Para começar, releia o trecho da letra de *rap*, observando as palavras destacadas, e, em seguida, responda às questões.

E para **fazer** o pão tem que **colher** o grão
E **separar** o joio do trigo na plantação
O superlavrador **falou** com o agricultor
Que **sabe** que **precisa** também do motorista do trator
Na cidade, o engenheiro **precisa** do pedreiro
Mas pra **fazer** o prédio tem que **desenhar** primeiro

a) Copie no caderno a alternativa que completa corretamente a frase a seguir:

As palavras destacadas nos versos indicam ■.

A ação **B** estado **C** fenômeno da natureza

b) No verso "Sou o supertrabalhador", a palavra **sou** expressa o mesmo sentido que as palavras destacadas no trecho? Explique.

c) A ação expressa pela palavra **precisa** se dá em que tempo: presente, passado ou futuro?

As palavras que você analisou na atividade acima pertencem à classe gramatical dos verbos.

> **Verbo** é uma palavra de forma variável que indica ação, estado, mudança de estado ou fenômeno da natureza, situando o que expressa em determinado tempo (presente, passado ou futuro).

Conjugações verbais

Todos os verbos são organizados em três grandes grupos ou conjugações, de acordo com sua terminação:

- **1ª conjugação**: verbos terminados em **-ar** (exemplos: nad**ar**, pass**ar**, ajud**ar**);
- **2ª conjugação**: verbos terminados em **-er** (exemplos: com**er**, venc**er**, aprend**er**);
- **3ª conjugação**: verbos terminados em **-ir** (exemplos: sorr**ir**, ag**ir**, part**ir**).

Para saber mais

O verbo **pôr** e seus derivados (**compor, repor, depor, propor**, etc.) pertencem à segunda conjugação, pois sua forma original é **poer**, que perdeu a vogal **e** ao longo do tempo.

Formas nominais do verbo

1. Os verbos podem se apresentar em três formas denominadas de **formas nominais**, chamadas assim pelo fato de desempenhar um papel semelhante ao dos nomes (substantivos, adjetivos e advérbios) e, sozinhas, não serem capazes de expressar os modos e tempos verbais. Leia as características de cada uma delas e as relacione com as frases apresentadas.

A **Infinitivo**: representa o verbo de forma neutra, sem demarcar tempo, modo, número e pessoa.

B **Gerúndio**: expressa uma ação contínua, um processo verbal não finalizado.

C **Particípio**: exprime um processo verbal concluído.

I "Eu percebi que você não tinha **terminado** de atravessar a rua".

II "E pra **ganhar** o pão tem que **trabalhar**".

III "**Enfrentando** o desafio, **desviando** do gatilho".

Locução verbal

1. Leia o título de notícia e responda às questões abaixo.

Chip brasileiro **vai ajudar** acelerador de partículas a captar mais dados

Estado de Minas, 29 jun. 2015. Disponível em: <https://www.em.com.br/app/noticia/tecnologia/2015/06/29/interna_tecnologia,662830/chip-brasileiro-ajudara-acelerador-de-particulas-a-captar-mais-dados.shtml>. Acesso em: 12 jul. 2018.

a) Quem pode se interessar pela leitura dessa notícia?

b) Qual das formas abaixo é equivalente aos verbos destacados no título?

A ajudará **B** tem ajudado **C** tinha ajudado

c) Qual dos dois verbos em destaque se apresenta em uma forma nominal? Que forma é essa?

d) Em qual dos verbos concentra-se a ideia principal do que se pretendeu dizer a respeito do *chip* brasileiro?

Uma expressão formada por dois ou mais verbos recebe o nome de **locução verbal**. As locuções verbais são compostas de **verbo auxiliar** e de **verbo principal**.

A ideia essencial de uma locução verbal concentra-se sempre no verbo principal. Veja os exemplos.

Eu **vou fazer** um teste amanhã.
   ↓   ↓
verbo auxiliar verbo principal

A encomenda **está chegando**.
              ↓   ↓
        verbo auxiliar verbo principal

181

Flexão verbal

Você já compreendeu que o verbo é uma palavra de forma variável que exprime ação, estado, mudança de estado ou fenômeno da natureza. Agora vai ver quais são as flexões que os verbos podem sofrer.

1. Releia estes versos do *rap* "Supertrabalhador" e responda às questões a seguir.

> Ninguém menos ninguém mais, todo mundo corre atrás
> E volta pra casa com saudade do filho
> Enfrentando o desafio, desviando do gatilho
> Mais uma jornada, adivinha quem chegou?
> São as aventuras do supertrabalhador
>
> Sou o supertrabalhador
> Alimento minha família com orgulho e com amor
> Supertrabalhador
> São as aventuras do supertrabalhador

Quais formas verbais foram empregadas nos dois primeiros versos desse trecho? Quem pratica as ações expressas por elas?

2. Reescreva as frases "Todo mundo corre" e "Todo mundo volta" de acordo com as indicações abaixo, fazendo as alterações necessárias.

a) Substitua a expressão **todo mundo** pela expressão **todos eles**.

b) Agora, substitua a expressão **todo mundo** pela expressão **todos nós**.

Observe que, ao reescrever as frases na atividade **2**, os verbos **correr** e **voltar** mantiveram sua parte inicial (**corr-** e **volt-**) e tiveram seu final alterado. Essa mudança ocorre porque o verbo varia de acordo com aquele ou aqueles a que se refere.

> Os verbos podem se flexionar de acordo com as **pessoas do discurso** (1ª, 2ª ou 3ª) e o **número** (singular ou plural).

DICA!
Você já estudou quais são as pessoas do discurso. Se necessário, volte à página **124** para relembrá-las.

Veja o seguinte quadro.

Todo mundo corr**e**	Todo mundo volt**a**	3ª pessoa do singular
Todos eles corr**em**	Todos eles volt**am**	3ª pessoa do plural
Todos nós corr**emos**	Todos nós volt**amos**	1ª pessoa do plural

3. Leia os títulos de álbuns nas capas abaixo e responda às questões.

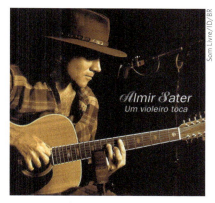

Vários artistas. *Se todos fossem iguais a você*. Rio de Janeiro: Universal Music, 2013. 1 CD.

Vanessa da Mata. *Segue o som*. Rio de Janeiro: Sony Music, 2014. 1 CD.

Almir Sater. *Um violeiro toca*. Rio de Janeiro: Som Livre, 2006. 1 CD.

a) Escreva os títulos desses álbuns e destaque as formas verbais presentes em cada um deles.

b) Nos títulos *Segue o som* e *Um violeiro toca*, as formas verbais utilizadas estão flexionadas em que tempo: presente, passado ou futuro?

c) Procure explicar por que essas formas verbais foram utilizadas no tempo que você indicou na resposta ao item **b**.

4. Leia novamente os títulos acima. Cada forma verbal empregada neles revela uma intenção daquele que fala em relação ao que pretende expressar. Com base nisso, responda às questões.

a) Em qual dos títulos a forma verbal indica uma **certeza**?

b) Em qual deles foi expressa uma ideia **incerta**, **hipotética**?

c) Qual dos títulos expressa um **convite**?

Os verbos apresentam também flexão de **tempo** – **passado**, **presente** e **futuro** – e flexão de **modo** de acordo com a intenção que se pretende exprimir. Na língua portuguesa, há os três modos apresentados a seguir.

- **Indicativo**: expressa certeza, convicção. O fato expresso pelo verbo certamente acontece, aconteceu ou acontecerá.

  Exemplo: O menino **canta**.

- **Subjuntivo**: indica incerteza, dúvida, desejo, possibilidade, hipótese.

  Exemplo: Se o menino **cantasse** bem, eu iria.

- **Imperativo**: expressa ordem, instrução, pedido, conselho. Busca convencer, de forma concisa e direta, o interlocutor a realizar ou não determinada ação.

  Exemplo: **Cante** aquela música, menino!

Atividades

1. Leia o anúncio publicitário e responda às questões.

As marcas apresentadas são utilizadas para fins estritamente didáticos, portanto não representam divulgação de qualquer tipo de produto ou empresa.

COLHER OS TEMPEROS NA HORTA,
BUSCAR INSPIRAÇÃO NOS AROMAS,
SERVIR COM CARINHO.
SABE QUAL A NOSSA PARTE PREFERIDA?
DIVIDIR ISSO TUDO COM VOCÊ.

Venha ao Lucca - Casa de Chef e sinta-se em casa.

Almoço de segunda a sexta, das 11h30 às 14h30 | Jantar de terça a sábado das 19h30 às 23h30
Rua General Couto de Magalhães, 1195, São João - Porto Alegre (51) 3013.1505 | lucca@restaurantelucca.com.br

Lucca Casa de Chef. Anúncio publicitário, 2014.

a) Qual é o objetivo principal desse anúncio?

b) Observe a primeira palavra de cada frase do texto principal do anúncio. O que essas palavras têm em comum?

c) Classifique os verbos do anúncio em primeira, segunda ou terceira conjugação.

d) Na frase "Sabe qual a nossa parte preferida?", há um verbo oculto. Que verbo é esse? Ele indica estado ou ação?

e) O gênero anúncio publicitário tem como objetivo convencer as pessoas a adquirir determinado produto ou serviço. Tendo em vista essa finalidade, responda: por que predominam nesse anúncio verbos no infinitivo?

2. Leia o trecho de um conto de Clarice Lispector e responda às questões a seguir.

Amor

Um pouco cansada, com as compras deformando o novo saco de tricô, Ana subiu no bonde. Depositou o volume no colo e o bonde começou andar. Recostou-se então no banco procurando conforto, num suspiro de meia satisfação.

Os filhos de Ana eram bons, uma coisa verdadeira e sumarenta. Cresciam, tomavam banho, exigiam para si, malcriados, instantes cada vez mais completos. A cozinha era enfim espaçosa, o fogão enguiçado dava estouros. O calor era forte no apartamento que estavam aos poucos pagando. Mas o vento batendo nas cortinas que ela mesma cortara lembrava-lhe que se quisesse podia parar e enxugar a testa, olhando o calmo horizonte. Como um lavrador. Ela plantara as sementes que tinha na mão, não outras, mas essas apenas. E cresciam árvores. Crescia sua rápida conversa com o cobrador de luz, crescia a água enchendo o tanque, cresciam seus filhos, crescia a mesa com comidas, o marido chegando com os jornais e sorrindo de fome, o canto importuno das empregadas do edifício. Ana dava a tudo, tranquilamente, sua mão pequena e forte, sua corrente de vida.

[...]

Clarice Lispector. Amor. Em: Ítalo Moriconi (Org.). *Os cem melhores contos brasileiros do século*. Rio de Janeiro: Objetiva, 2000. p. 212.

a) Qual é a mensagem que o conto passa?

b) Qual é a relação entre ela e o título?

c) Com base no trecho lido, como a personagem Ana poderia ser descrita?

d) A respeito da maioria das formas verbais empregadas nesse trecho, copie no caderno a informação verdadeira.

> **A** Elas estão no tempo presente e criam um efeito de que tudo acontece no momento em que o narrador conta os fatos.
>
> **B** Elas estão no tempo passado, indicando ações que já aconteceram.

e) Analise as formas verbais destacadas nos trechos a seguir e responda à questão.

> **I** [...] Ana **subiu** no bonde.
>
> **II** Os filhos de Ana **eram** bons, uma coisa verdadeira e sumarenta.

- Em qual dos trechos a forma verbal indica um estado e em qual deles indica ação? Justifique sua resposta.

3. Leia o poema abaixo e responda às questões a seguir.

Extraterrestre

Assim imagino meu extraterrestre:
cantarolando sonatas azuis,
trazendo notícias de galáxias perdidas
e de um mundo onde a paz
é a língua falada por todos.
Assim imagino meu extraterrestre:
sabendo de cor um milhão de poemas
e o segredo dos lagos profundos.
Como será que ele me imagina?

Roseana Murray. Extraterrestre. Em: *Poemas do céu*. Ilustrações originais de Mari Ines Piekas. São Paulo: Paulinas, 2009. p. 8. (Coleção estrela).

a) Quais foram suas impressões sobre esse poema?

b) Qual é o assunto do poema lido?

c) De acordo com o poema, o modo como o eu lírico imagina o extraterreste é positivo ou negativo? Comente.

d) Observe que o verso "Assim imagino meu extraterrestre:" foi repetido no poema. Copie em seu caderno a alternativa que explica um possível motivo para a utilização desse recurso.

　A Ao repetir o verso, o eu lírico nega o que disse sobre como imagina seu extraterrestre.

　B Ao repetir o verso, o eu lírico reforça o modo como imagina seu extraterrestre.

e) Em sua opinião, como um extraterreste nos imaginaria?

f) No poema, o verbo **imaginar** foi empregado de duas formas diferentes. Quais são elas?

g) Quem praticou as ações expressas por essas formas verbais?

h) Que parte do verbo foi mantida em cada uma das formas verbais?

i) Que parte foi alterada nas duas formas verbais? Explique por que ocorreu essa alteração.

j) As formas verbais **cantarolando**, **trazendo** e **sabendo**, empregadas no poema, estão no:

　A infinitivo.　　**B** gerúndio.　　**C** particípio.

• O que expressam essas formas verbais quanto às ações realizadas pelo extraterrestre?

4. Leia a resenha de livro abaixo e responda às questões a seguir.

TESOURO DO SAMBA

"Conversa de gente velha é sempre uma coisa chata." Tem muito jovem que acha isso, não é verdade? Pois é um erro.

Conversando com pessoas mais velhas, muitas vezes descobrimos coisas incríveis e surpreendentes.

Foi o que aconteceu com a jovem Amélia, do livro "Ninguém Aprende Samba no Colégio". Ela achava que a avó era (e sempre tinha sido) só uma velhinha coroca, mas acabou descobrindo coisas impressionantes sobre o passado dela.

O livro é saboroso porque conta uma história bonita entre avó e neta, que viviam juntas, mas não se conheciam direito. E é uma boa ocasião para aprender mais sobre música brasileira, sobre os sambas de um dos maiores bambas que nosso país já teve: o compositor Noel Rosa.

O livro traz as letras de algumas das canções mais famosas de Noel, como "Feitiço da Vila", "Pierrô Apaixonado", "Palpite Infeliz" e até a engraçadíssima "Festa no Céu".

O título do livro é um verso da canção "Feitio de Oração", de Noel Rosa e Vadico (este último também é personagem do livro).

Amélia vai participar de um concurso de música e, meio sem querer, começa a descobrir o universo de Noel. Ela e os colegas escolhem, para a apresentação que vão fazer, a canção "Conversa de Botequim", uma que diz assim: "Seu garçom, faça o favor de me trazer depressa...".

Mas é com a avó que Amélia vai fazer sua descoberta mais surpreendente: a de que as coisas antigas, assim como os mais velhos, nem sempre são sinônimo de chatice.

Heloisa Seixas. Tesouro do samba. *Folha de S.Paulo*, São Paulo, 15 fev. 2014. Folhinha, p. 2. ©Folhapress.

a) Cite alguns aspectos positivos que o texto apresenta sobre o livro *Ninguém aprende samba no colégio*.

b) Você sentiu vontade de conhecer o livro? Por quê?

c) Transcreva do texto uma locução verbal que pode ser substituída por uma forma verbal simples. Em seguida, faça a substituição.

d) A maioria das formas verbais presentes no texto foi empregada no mesmo modo. Observe alguns exemplos.

> é • descobrimos • aconteceu • achava
> teve • traz • são • escolhem • diz

• Em que modo elas estão? Por que elas foram empregadas nesse modo?

5. Leia a tirinha abaixo e responda às questões a seguir.

Charles Schulz. *É para isso que servem os amigos*. Porto Alegre: L&PM, 2014. p. 18.

a) O que a fala de Lucy revela sobre a relação dela com Charlie Brown?

b) Nos dois primeiros quadrinhos, Lucy emprega três formas verbais em tempos diferentes. Indique-as, bem como seus respectivos tempos.

c) Que locução verbal aparece em uma das falas de Lucy? Ela equivale a que forma simples do verbo?

d) A fala de Charlie Brown no último quadrinho é o que confere humor à tirinha. Por que isso acontece?

6. Leia o anúncio publicitário para responder às questões a seguir.

As marcas apresentadas são utilizadas para fins estritamente didáticos, portanto não representam divulgação de qualquer tipo de produto ou empresa.

Revista *Ecológico*. Anúncio publicitário "Não deixe o desmatamento virar rotina.", 2013.

a) Procure explicar que relação há entre a linguagem verbal em destaque e a não verbal do anúncio.

b) Considerando a temática do anúncio, a que remetem as imagens da barba e do aparelho barbeador? Explique.

c) No anúncio, há três formas verbais no modo imperativo. Quais são elas? Que efeito elas pretendem causar no leitor?

d) O anunciante associou uma questão ambiental muito importante, o desmatamento, ao seu produto, a revista. Que efeito isso causa no público-alvo?

7. Leia esta tirinha e responda às questões.

Pedro C. *Folha de S.Paulo*, São Paulo, 1º fev. 2014. Folhinha, p. 8.

a) O que levou a personagem a classificar como um pesadelo o que havia acontecido?

b) Por que no final o menino reconsiderou a ideia de que o ocorrido pudesse não ser um pesadelo?

c) Explique o sentido da expressão **pagar de DJ** e do adjetivo **baita**, usados no terceiro quadrinho.

d) Em que tempo está a maioria das formas verbais presentes na tirinha?

e) Explique por que a personagem utilizou as formas verbais nesse tempo.

▶ **Aprenda mais**

No disco *A arca de Noé*, diversos cantores da música brasileira interpretam os poemas de Vinicius de Moraes que têm como tema os bichos. Arnaldo Antunes, Zeca Pagodinho, Caetano Veloso, Marisa Monte e, claro, o próprio Vinicius, entre outros, cantam os versos que há gerações conquistam crianças de todas as idades. O CD é uma das homenagens ao centenário de Vinicius de Moraes, comemorado em 2013.

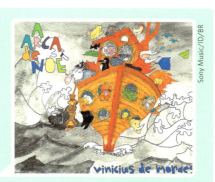

Vários Artistas. *A arca de Noé*. Rio de Janeiro: Sony Music, 2013. 1 CD.

A Banda de Boca é um grupo da Bahia que, no disco *MPB pras crianças*, interpreta canções populares de grande sucesso, como "Bola de meia, bola de gude", "Calhambeque", "O leãozinho", "Samba de Maria Luiza", "João e Maria" e outras. Os instrumentos da banda são apenas cinco bocas. Isso mesmo, é tudo *a capella*, sem nenhum instrumento musical. Não deixe de conferir!

Banda de Boca. *MPB pras crianças*. Rio de Janeiro: Biscoito Fino, 2008. 1 CD.

Escrita em foco

Acentuação das oxítonas

Você já estudou que as palavras **oxítonas** são aquelas cuja última sílaba é a tônica. Agora vamos aprender quando as oxítonas devem ser acentuadas.

1. A lista abaixo contém os títulos de algumas das mais famosas canções brasileiras. Leia-a e responda às questões a seguir.

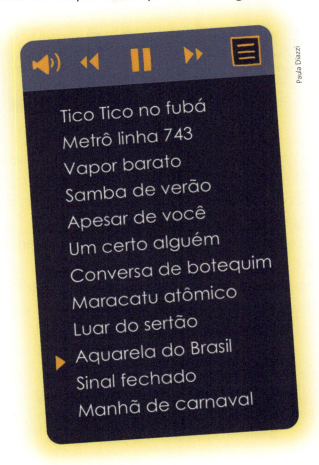

Tico Tico no fubá
Metrô linha 743
Vapor barato
Samba de verão
Apesar de você
Um certo alguém
Conversa de botequim
Maracatu atômico
Luar do sertão
Aquarela do Brasil
Sinal fechado
Manhã de carnaval

a) Todos os títulos da lista apresentam pelo menos uma palavra oxítona. Verifique quais são essas palavras e anote-as em seu caderno.

b) Agora, localize quais das palavras oxítonas identificadas por você recebem acento gráfico.

c) Que vogais foram acentuadas nas palavras oxítonas localizadas na questão anterior?

d) É correto afirmar que todas as palavras oxítonas são acentuadas? Cite exemplos que confirmem sua resposta.

> As palavras **oxítonas** recebem acento gráfico, agudo ou circunflexo, quando são terminadas em **a(as)**, **e(es)**, **(o)os** e **em(ens)**.

190

Atividades

1. Todas as palavras do quadro abaixo são oxítonas e estão sem acento gráfico. Copie-as no caderno e, quando necessário, acentue-as de acordo com as regras que você estudou.

> caruru • refem • barril • domino • cafe • guarana
> capaz • pontape • abacaxi • tatu • pave • picoles

2. Releia um trecho do *rap* "Supertrabalhador" e responda às questões.

> Ninguém menos ninguém mais, todo mundo corre atrás
> E volta pra casa com saudade do filho
> Enfrentando o desafio, desviando do gatilho
> Mais uma jornada, adivinha quem chegou?
> São as aventuras do supertrabalhador
>
> Sou o supertrabalhador
> Alimento minha família com orgulho e amor
> Supertrabalhador
> São as aventuras do supertrabalhador

a) Identifique e escreva no seu caderno as palavras oxítonas desse trecho.

b) Quais palavras que você escreveu são acentuadas graficamente?

c) Com base nas respostas das questões anteriores, copie a alternativa correta em seu caderno.

  A Todas as palavras oxítonas são acentuadas graficamente.

  B As oxítonas terminadas em **r** são acentuadas graficamente.

  C As oxítonas terminadas em **a(s)** e **em(ens)** são acentuadas graficamente.

3. Leia os verbos a seguir e responda às questões.

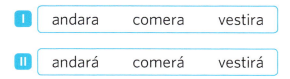

a) Qual grupo apresenta palavras oxítonas? Como você chegou a essa conclusão?

b) Como são classificadas as palavras do outro grupo em relação à posição da sílaba tônica?

c) Os dois grupos apresentam os mesmos verbos, a diferença é que os do grupo **II** estão acentuados. O que muda em relação ao sentido desses verbos?

Produção de texto

Vídeo de apresentação e apreciação

Neste capítulo você conheceu as canções "Rua da passagem – Trânsito", "Supertrabalhador" e as características do gênero letra de canção. A música ativa grandes áreas de nosso cérebro, consegue despertar em nós diversos sentimentos, além de nos fazer sorrir, chorar, viajar no tempo e trazer à nossa memória lembranças muito especiais.

Agora vocês vão produzir um vídeo de apresentação e apreciação de uma música de que gostem muito, a fim de transmitir o que ela representa para o grupo. Depois de apresentá-lo à turma, vocês vão postá-lo na internet para divulgá-lo a mais pessoas.

Para começar

Definidos os grupos, é o momento de escolher a música que vão divulgar às pessoas. Para isso, vejam algumas sugestões.

Música nacional

Se essa for a opção de vocês, pensem em alguma música que tenham ouvido recentemente e da qual tenham gostado, ou que seja a preferida do grupo. Outra opção é pesquisar uma música nacional que não seja tão conhecida por vocês e que valha a pena ser divulgada.

Música internacional

Se optarem por produzir um vídeo sobre uma música internacional, verifiquem a tradução da letra, para conferir a mensagem que ela transmite, e também motivos que os fizeram selecioná-la.

Música instrumental

Música não precisa ter uma letra. Caso essa seja a opção do grupo, aproveitem para explicar por que ela também é considerada música, bem como as sensações que ela transmite e os motivos que os levaram a escolher uma música instrumental.

Ilustrações: Camila Carmona

192

▶ **Aprenda mais**

O canal OK!OK! trata da cultura *pop* em geral, com ênfase no mundo da música. Os vídeos indicados com "*Track by track*" são críticas de CDs, analisando música por música, com comentários sobre o estilo, as características da melodia e também estabelecendo relação entre as letras e a vida dos cantores. Você pode acessá-lo no endereço <http://linkte.me/i60f3> (acesso em: 22 set. 2018) para buscar inspiração para produzir o seu vídeo.

Preparem o vídeo

Escolhida a música que vão apresentar no vídeo, chegou o momento de preparar a gravação. Para desenvolver esta etapa, vejam as orientações a seguir.

1 É importante que todos os alunos do grupo participem da atividade, no entanto apenas um deve aparecer no vídeo, os outros vão auxiliar com a pesquisa e a gravação.

2 Escolham uma ferramenta para gravação (câmera, celular, *tablet*, etc.), verifiquem se o equipamento está em boas condições e se todos do grupo sabem manejá-lo.

Nós escolhemos a música "Trem das onze", do compositor e intérprete Adoniran Barbosa!

Essa canção foi premiada no carnaval do Rio de Janeiro, em 1964.

O ritmo dessa música nos contagia! A letra faz referência ao Jaçanã, bairro situado na zona norte da cidade de São Paulo.

Ilustrações: Dnepwu

3 Entre os membros do grupo, dividam tarefas como quem vai pesquisar sobre a música escolhida (nome da música, do compositor e do intérprete, se tiver), justificar os motivos pelos quais a escolheram, por que vale a pena conhecê-la e os sentimentos que ela desperta, entre outros aspectos. Quem será responsável pela gravação, se alguém pode montar um cenário, etc.

4 No vídeo, deixem claro por que as pessoas precisam conhecer a música apresentada pelo grupo. Para isso utilizem adjetivos que a qualifiquem.

5 Façam anotações das informações que o representante do grupo vai falar para que fique mais fácil de lembrá-las.

6 O integrante pode empregar um registro mais ou menos formal de acordo com a música escolhida e as pessoas às quais o grupo vai sugerir o vídeo.

7 O representante do grupo deve utilizar um tom de voz adequado, falar devagar e utilizar gestos e expressões faciais que colaborem com o que está falando.

8 Ensaiem pelo menos uma vez para verificar o desempenho do integrante que vai falar e a qualidade do som e da imagem do equipamento de gravação.

Realizem o vídeo

Agendem uma data para gravar o vídeo e, se possível, organizem um cenário bem bacana, relacionado com a música que vão sugerir. Definam a ordem das informações que serão apresentadas e iniciem o vídeo com uma breve apresentação do grupo.

O representante do grupo deve olhar sempre para a câmera como se estivesse conversando com seus interlocutores e manter a calma. Se acharem necessário, interrompam a gravação e comecem novamente.

Finalizada a gravação, vocês deverão editar o vídeo. Para isso, utilizem programas próprios de edição.

Avaliem o vídeo

Assim que todos os grupos finalizarem suas gravações, os vídeos serão exibidos à turma. Durante as apresentações, façam anotações sobre a postura de cada um e sobre o modo como os demais grupos fizeram seus vídeos a fim de comparar com o de vocês.

Em seguida, sentem-se em grupo para avaliar como foi o desempenho de cada um durante a gravação. As perguntas a seguir podem auxiliá-los nisso.

- ✓ Utilizamos um equipamento adequado para a gravação do vídeo?
- ✓ Apresentamos a canção escolhida de modo a convencer às pessoas a conhecê-la?
- ✓ Foi empregado um registro da língua adequado ao público que pretendemos atingir?
- ✓ O integrante do grupo que falou no vídeo empregou um tom de voz adequado e conseguiu exprimir sua opinião com gestos e expressões faciais?

Verifiquem seu desempenho

Ainda em grupos, copiem o quadro abaixo no caderno e respondam aos questionamentos propostos a fim de avaliar o desempenho de vocês nesta produção.

	👍	✋	👎
A Procuramos executar cuidadosamente todas as etapas desta produção?			
B Fizemos algum ensaio a fim de detectar possíveis falhas no equipamento de gravação ou em nossa apresentação?			
C Conseguimos trabalhar bem em grupo e dividimos adequadamente as funções?			
D Realizamos uma boa produção informando aos ouvintes a nossa apreciação em relação à música escolhida?			
E O que podemos melhorar com base nessa produção?			

Para saber mais

As mulheres estão presentes no movimento *hip-hop* mundial desde a década de 1980. Em um cenário predominantemente masculino, elas lutaram contra o machismo e o preconceito para ocupar espaços como MCs, DJs, grafiteiras, dançarinas de *break*, entre outras funções dessa modalidade artística.

Karol Conka durante apresentação em Brasília, em 21 de fevereiro de 2015.

No Brasil, foi na década de 1990 que as MCs mulheres surgiram nos palcos, nas rádios e na televisão. No início, elas integravam grupos de *rap* e tinham pouco destaque. Também faziam participações em gravações e apresentações musicais de MCs com carreiras já consolidadas. A pioneira dessa época foi Dina Di, que abriu caminho para outras MCs, como Negra Li.

Atualmente, a nova geração de mulheres que atuam no *rap* brasileiro inclui nomes como Karol Conka, Tássia Reis e a MC mirim Sofia. Em suas músicas, elas tratam das distorções sociais, como a desigualdade de gênero, o racismo e o preconceito. Além disso, questionam o padrão de beleza feminino e enaltecem o valor da mulher brasileira.

Verificando rota

Chegou o momento de verificar o que você estudou e aprendeu neste capítulo e o que ainda precisa ser revisado. Vamos lá?

1. Quais as características de uma letra de canção?

2. Releia um verso da letra de canção "Rua da passagem – Trânsito".

> Para-brisa para o temporal

   a) Como ficaria o verso se a palavra **temporal** fosse substituída por **chuva**? Justifique o que precisou ser alterado com essa substituição.

   b) Como ficaria o verso se a palavra **temporal** estivesse no plural?

3. Explique a importância de valorizar e respeitar as variedades linguísticas.

4. Como você definiria verbo? Como eles podem ser flexionados?

5. Leia as palavras oxítonas abaixo, identifique quais recebem acento gráfico e explique por que isso ocorre.

    caju   avó   café   abacaxi   maracujá   parabéns

6. Pesquise em livros e na internet mais informações sobre os conteúdos estudados neste capítulo. Com base nessa pesquisa e nas respostas das questões anteriores, monte um esquema que colabore com seus estudos e resuma esses conteúdos.

CAPÍTULO 6

Poema

Leitura 1

A poesia está presente nas mais diferentes formas em nosso dia a dia. Quantas vezes você não se emocionou ouvindo uma música ou assistindo a um filme? O poema é apenas uma das formas pelas quais a poesia pode se apresentar. O texto que você vai ler a seguir chama-se "O pião" e foi escrito por Guilherme de Almeida. Você já ouviu falar nesse autor? Conhece esse ou outro poema escrito por ele? Com base no título, sobre o que você acha que o poema vai tratar?

O pião

A mão firme e ligeira
puxou com força a fieira:
e o pião
fez uma elipse tonta
no ar e fincou a ponta
no chão.

É um pião com sete listas
de cores imprevistas;
porém,
nas suas voltas doidas,
não mostra as cores todas
que tem:

— fica todo cinzento,
no ardente movimento...
E até
parece estar parado,
teso, paralisado,
de pé.

Mas gira. Até que, aos poucos,
em torvelins tão loucos
assim,
já tonto, bamboleia/
e, bambo, cambaleia...
Enfim,

tomba. E, como uma cobra,
corre mole e desdobra
então,
em parábolas lentas,
sete cores violentas,
no chão.

Guilherme de Almeida. O pião. Em: *Caminhos da poesia*. São Paulo: Global, 2006. p. 49-51. (Antologia de Poesias para Crianças).

Para saber mais

Guilherme de Andrade de Almeida (1890-1969) nasceu em Campinas, São Paulo, e além de poeta, foi advogado, jornalista, crítico de cinema, ensaísta e tradutor. Eleito membro de instituições literárias brasileiras, fez parte da Academia Paulista de Letras e da Academia Brasileira de Letras.

Foto de Guilherme de Almeida, 1968.

Estudo do texto

1. O que você imaginou sobre o conteúdo do poema antes da leitura se confirmou? Comente.

2. O **poema** é um gênero de tamanho muito variado, composto em versos, geralmente organizados em estrofes, e que busca expressar os sentimentos e emoções do eu lírico para despertar a sensibilidade do leitor. Em sua opinião, o que o eu lírico procurou expressar nesse poema?

> **Para saber mais**
>
> Embora **poesia** seja muitas vezes usada como sinônimo de **poema**, há uma diferença de sentido entre essas duas palavras. **Poesia** é a arte de criar sentidos que despertam emoções e o sentimento do belo. Assim, podemos dizer que há poesia em vários textos, verbais ou não verbais, como na música e na pintura.
> Já o **poema** é um gênero literário escrito em versos.

3. O ser ou a voz que fala em um poema ou em uma letra de canção é chamado de **eu lírico** ou **eu poético**, que não pode ser confundido com o autor do poema, ou com o compositor da letra de canção. Que ações são descritas pelo eu lírico na primeira estrofe?

4. A disposição desse poema na página é mais parecida com a de um conto ou com a de uma letra de canção? Justifique sua resposta.

5. Releia o poema observando as rimas, depois copie a alternativa correta sobre elas.

A As rimas do poema são irregulares, pois não há uma sequência que é repetida em todas as estrofes do poema.

B As rimas do poema são regulares, pois há uma sequência que é repetida em todas as estrofes do poema.

C As rimas fazem parte apenas das duas estrofes finais do poema.

> **DICA!**
> Você já estudou o que é **rima**. Para relembrar volte à página **162** e releia a atividade **11**.

6. Na segunda e na terceira estrofe, são apresentadas duas falsas impressões sobre o pião. Copie em seu caderno o trecho que apresenta essas impressões. Justifique sua resposta.

7. Observe o seguinte trecho extraído do poema.

> — fica todo cinzento,
> no ardente movimento...

- Qual é a função das reticências nesse trecho?

8. Na última estrofe, o pião é comparado a um animal. Identifique em seu caderno que animal é esse e o efeito dessa **comparação** no texto.

197

9. Releia as estrofes reproduzidas a seguir.

> — fica todo cinzento,
> no ardente movimento...
> E até
> parece estar parado,
> teso, paralisado,
> de pé.
>
> Mas gira. Até que, aos poucos,
> em torvelins tão loucos
> assim,
> já tonto, bamboleia/
> e, bambo, cambaleia...
> Enfim,
>
> tomba. E, como uma cobra,
> corre mole e desdobra
> então,
> em parábolas lentas,
> sete cores violentas,
> no chão.

a) O fato de o pião ficar tonto, cambaleando e por fim tombar representa características próprias de um ser inanimado? Que efeito de sentido esse uso cria no poema?

b) Quando usamos uma sequência de palavras para intensificar uma ideia, damos o nome de **gradação**. No trecho acima, quais palavras estabelecem uma gradação? Que ideias elas estão intensificando?

Para saber mais

Quando atribuímos características próprias de seres humanos a seres inanimados ou a animais, estamos personificando esse ser. A **personificação** também pode ser chamada de **prosopopeia**.

c) Um recurso que pode ser usado na construção do ritmo do poema é a repetição de sons. Observe esse recurso destacado no trecho abaixo.

- Que efeito de sentido essa repetição tem para o texto?

> [...]
> já t**on**to, b**am**boleia/
> e, b**am**bo, c**am**baleia...
> E**n**fim,
>
> t**om**ba. E, como uma cobra,
> [...]

10. O que você achou desse poema? Comente suas impressões, diga se gostou ou não, se achou interessante, divertido e por quê.

Estudo da língua

Verbo II

Você já viu que os verbos apresentam flexão de tempo e de modo. Nesta seção, você vai estudar os tempos do modo indicativo.

Tempos do modo indicativo

1. Releia a primeira estrofe do poema "O pião", de Guilherme de Almeida.

> A mão firme e ligeira
> puxou com força a fieira:
> e o pião
> fez uma elipse tonta
> no ar e fincou a ponta,
> no chão.

a) Nessa estrofe, há três formas verbais. Localize-as e indique em que modo elas estão.

b) Quem realiza as ações expressas por essas formas verbais?

c) A respeito dessas ações, copie em seu caderno a informação correta.

> **A** Elas já aconteceram.
>
> **B** Elas ainda vão acontecer.
>
> **C** Elas estão acontecendo no momento em que são contadas.

Nas atividades acima, você percebeu que as formas verbais analisadas expressam ações que ocorreram em determinado tempo.

Para compreender os tempos verbais, temos de considerar o momento em que se fala: o **presente** expressa a ação que ocorre no momento da fala; o **pretérito** (ou **passado**) indica algo que ocorreu em um momento anterior ao da fala; e o **futuro**, algo que vai ocorrer em um momento posterior ao da fala.

> **DICA!**
> Você já estudou as características do **modo indicativo**. Caso tenha dúvida, volte à página **183** para relembrar.

Vamos estudar agora as subdivisões do tempo no modo indicativo.

199

Pretérito

Pretérito perfeito, pretérito imperfeito e pretérito mais-que-perfeito

1. Compare estes versos do poema "O pião".

I
A mão firme e ligeira
puxou com força a fieira:
e o pião
fez uma elipse tonta
no ar e fincou a ponta
no chão.

II
[...]
não mostra as cores todas
que tem:

— fica todo cinzento,
no ardente movimento...
E até
parece estar parado,
teso, paralisado,
de pé.

a) O eu lírico ora usa o presente, ora o pretérito. Identifique o tempo predominante em cada trecho acima.

b) Por que, possivelmente, há essa predominância de determinado tempo em cada estrofe?

2. Agora leia estas frases.

I O pião **fez** uma elipse tonta.

II O pião **fazia** uma elipse tonta.

a) Em que tempo estão as formas verbais em destaque? Como você chegou a essa conclusão?

b) Comparando essas formas verbais, indique:
- aquela que expressa um fato prolongado, durativo.
- aquela que expressa um fato totalmente concluído.

c) Por que no poema foi utilizada a forma verbal **fez** no lugar de **fazia**?

Ao responder às questões acima, você percebeu que ambas as formas verbais **fez** e **fazia** expressam uma ação ocorrida antes do momento da fala. Entretanto, a ação expressa pela forma verbal **fez** é pontual e definida; já a forma verbal **fazia** indica uma ação prolongada.

> O **pretérito perfeito do indicativo** expressa um fato totalmente concluído no passado.
>
> O **pretérito imperfeito do indicativo** expressa uma ação durativa, sem início e fim definidos, que ocorre no passado.

3. O trecho a seguir foi retirado do conto "Maria Cora", de Machado de Assis. Nele, Sr. Correia narra como foi sua ida ao Rio Grande do Sul para um combate.

> [...]
>
> Fui para o Sul. Os combates entre legalistas e revolucionários eram contínuos e sangrentos, e a notícia deles contribuiu a animar-me. Entretanto, como nenhuma paixão política me animava a entrar na luta, força é confessar que por um instante me senti abatido e hesitei. Não era medo da morte, podia ser amor da vida, que é um sinônimo; mas, uma ou outra coisa, não foi tal nem tamanha que fizesse durar por muito tempo a hesitação. Na cidade do Rio Grande **encontrei** um amigo, a quem eu por carta do Rio de Janeiro **dissera** muito reservadamente que ia lá por motivos políticos. Quis saber quais.
>
> — Naturalmente são reservados, respondi tentando sorrir.
>
> — Bem; mas uma coisa creio que posso saber, uma só porque não sei absolutamente o que pense a tal respeito, nada havendo antes que me instrua. De que lado estás, legalistas ou revoltosos?
>
> — É boa! Se não fosse dos legalistas, não te mandaria dizer nada; viria às escondidas.
>
> — Vens com alguma comissão secreta do marechal?
>
> — Não.
>
> Não me arrancou então mais nada, mas eu não pude deixar de lhe confiar os meus projetos, ainda que sem ver os motivos. Quando ele soube que **aqueles** eram alistar-me entre os voluntários que combatiam a revolução, não pode crer em mim, e talvez desconfiasse que efetivamente eu levava algum plano secreto do presidente. [...]
>
> Machado de Assis. Maria Cora. Em: *Relíquias de casa velha*. Rio de Janeiro: W. M. Jackson, 1957. v. 1. p. 45-46.

a) O que despertava o interesse do narrador em relação aos combates? O que isso revela sobre a personalidade dele?

b) Qual a função do pronome **aqueles** destacado no trecho? Por que o amigo não pode crer em Sr. Correia?

c) Observe as formas verbais destacadas no trecho. Ambas ocorrem no passado, mas uma acontece antes da outra. Releia a frase em que elas se encontram e responda: que ação ocorre primeiro? Justifique sua resposta.

O **pretérito mais-que-perfeito do indicativo** expressa uma ação ocorrida no passado, anterior a outra ação também ocorrida no passado.

Para saber mais

A forma simples do pretérito mais-que-perfeito é pouco utilizada. Em seu lugar, costuma-se empregar sua forma composta, como nos exemplos:

- A quem **eu dissera** que ia lá.
- A quem **eu tinha dito** que ia lá.

As duas formas são aceitas e corretas gramaticalmente.

Presente

1. Leia novamente estes versos do poema "O pião".

nas suas voltas doidas,
não **mostra** as cores todas
que **tem**:
— **fica** todo cinzento,
no ardente movimento...
E até
parece estar parado,
teso, paralisado,
de pé.

a) Na atividade **1** da página **200**, você viu que as formas verbais desse trecho estão no presente. A respeito do uso desse tempo nesse trecho do poema copie a alternativa correta em seu caderno.

   A Expressa as ações e estados do pião ao mesmo tempo que o eu lírico os observa.

   B Expressa ações do pião que vão acontecer a partir do momento em que ele começar a girar.

   C Expressa ações do pião que já aconteceram quando ele rodou.

b) Sendo assim, as ações expressas pelo tempo presente acontecem:

   A em um momento anterior à fala.

   B no momento da fala.

   C depois da fala.

O **presente do indicativo** expressa ações que ocorrem no momento da fala.

Para saber mais

O **presente do indicativo** também pode:
- indicar ações e fatos permanentes, como uma verdade científica, um dogma, um artigo de lei:
  A Terra **gira** em torno do Sol.
- dar vivacidade a fatos ocorridos no passado:
  Em 1500, os portugueses **chegam** ao Brasil.
- indicar um futuro próximo:
  Amanhã eu **leio** o livro.
- exprimir uma ação habitual, que costuma acontecer:
  Toda quinta-feira, Guilherme **traz** pão de queijo para o trabalho.

Futuro

Futuro do presente e futuro do pretérito

1. Leia uma estrofe retirada de um poema de cordel.

> [...]
> Os leitores do futuro
> verão da obra a estética,
> o valor de uma pena
> comprovadamente eclética,
> a sucessão de imagens
> contidas nas abordagens
> duma produção poética.
> [...]
>
> Gonçalo Ferreira da Silva. *Asa Branca*: a inteligência a serviço do cangaço. Rio de Janeiro: ABLC, 2007. p. 1.

a) De que situação se fala nesses versos? Copie a alternativa correta em seu caderno.

   A As possíveis ações de uma obra literária.

   B As possíveis ações de leitores em relação a uma obra literária.

b) O que o eu lírico quis dizer com "valor de uma pena comprovadamente eclética"? Se for preciso, consulte o significado das palavras **pena** e **eclético** em um dicionário.

   A Que os leitores do futuro valorizarão uma escrita que não se prende a um só estilo ou assunto.

   B Que os leitores no futuro sentirão pena da escrita que não se prende a um só estilo ou assunto.

c) Que forma verbal dessa estrofe expressa a ação dos "leitores do futuro"?

d) Essa ação já aconteceu, acontece (ao mesmo tempo que o eu lírico escreve) ou acontecerá?

O **futuro do presente do indicativo** expressa um fato posterior ao momento em que se fala.

Para saber mais

A forma simples do futuro do presente do indicativo (verão, farão, comerão) não é a usual na maioria dos gêneros falados e escritos. Em seu lugar, costuma-se empregar locuções compostas de **verbo auxiliar** no presente do indicativo mais **infinitivo**. Exemplo: Os leitores do futuro **vão ver** da obra a estética.

203

2. Leia a história em quadrinhos (HQ) a seguir e depois responda às questões.

Charles M. Schulz. *Snoopy*: doces ou travessuras. Tradução de Cássia Zanon. Porto Alegre: L&PM, 2013. p. 11.

a) Que problema é possível perceber na redação da personagem Sally?

b) O que é possível inferir no segundo quadrinho? Copie a alternativa correta em seu caderno.

  A Que Sally está muito tranquila em relação ao tema de sua redação.

  B Que se Sally soubesse o tema da redação, ela teria escrito sobre ele.

c) O plano dela, de improvisar a redação, foi concluído com sucesso? Explique.

d) Observe este trecho extraído do texto de Sally: "minha redação **seria** sobre isto". Agora, copie em seu caderno a informação correta a respeito da forma verbal em destaque.

  A Indica algo que já se concretizou.

  B Indica algo que depende de uma condição para se concretizar.

e) O que parece ter acontecido no terceiro quadrinho?

f) Por que Sally afirma no último quadrinho que improviso não adianta nada?

Na HQ acima, o verbo **ser** indica algo que ocorreria se uma condição fosse atendida. Essa condição é a personagem ter conhecimento sobre o que era para escrever.

> O **futuro do pretérito do indicativo** expressa um fato futuro que depende de certa condição para se concretizar.

Atividades

1. Leia a seguir o título e a linha fina de uma notícia.

> **Príncipe Harry e Meghan visitam homenagem a Nelson Mandela em Londres**
>
> *Ex-presidente sul-africano e ativista antiapartheid, que morreu em 2013, completaria 100 anos em 2018*

Veja, 17 jul. 2018. Disponível em: <https://veja.abril.com.br/entretenimento/principe-harry-e-meghan-visitam-homenagem-a-nelson-mandela-em-londres/>. Acesso em: 17 jul. 2018.

a) Que informações você acha que encontraria na notícia?
b) Em que tempo estão as formas verbais **visitam** e **morreu** empregadas no título e na linha fina?
c) O que esses tempos expressam a respeito dessas ações?
d) Em que tempo a forma verbal **completaria** está?
e) Esse tempo verbal expressa um fato que depende de uma condição para acontecer. Qual seria essa condição?

2. Leia o anúncio de propaganda ao lado e responda às questões.

a) Qual é a finalidade desse anúncio?
b) A que público ele se destina?
c) De que forma as linguagens verbal e não verbal se relacionam para construir o sentido desse anúncio?
d) Em que tempo a forma verbal **deveria** está?
e) Releia este trecho do anúncio: "É lei. Quem é idoso ou pessoa com deficiência tem direito às vagas exclusivas".

- Em que tempo as formas verbais **é** e **tem** estão?
- Com que sentido esse tempo verbal foi empregado nesse anúncio?
  - A Indicar que se trata de algo que ocorre no momento presente.
  - B Indicar um estado e uma ação habituais.
  - C Indicar algo permanente.

Prefeitura de Jundiaí. Anúncio de propaganda Estacione consciente, 2014.

205

Por ser um texto subjetivo, um poema pode ter várias funções, entre elas, a denúncia social. O texto que você lerá a seguir é de Conceição Evaristo. Você já ouviu falar dessa autora? Já leu algo que ela escreveu? Analisando o título do poema, sobre qual assunto você acha que ele vai tratar?

Vozes-mulheres

A voz de minha bisavó
ecoou criança
nos porões do navio.
Ecoou lamentos
de uma infância perdida.

A voz de minha avó
ecoou obediência
aos brancos-donos de tudo.

A voz de minha mãe
ecoou baixinho revolta
no fundo das cozinhas alheias
debaixo das trouxas
roupagens sujas dos brancos
pelo caminho empoeirado
rumo à favela.

A minha voz ainda
ecoa versos perplexos
com rimas de sangue
    e
      fome.

A voz de minha filha
recolhe todas as nossas vozes
recolhe em si
as vozes mudas caladas
engasgadas nas gargantas.

A voz de minha filha
recolhe em si
a fala e o ato.
O ontem — o hoje — o agora.
Na voz de minha filha
se fará ouvir a ressonância
O eco da vida-liberdade.

Conceição Evaristo. Vozes-mulheres. Em: Poemas da recordação e outros movimentos.
Rio de Janeiro: Malê, 2017. p. 24-25.

Para saber mais

Conceição Evaristo nasceu em Belo Horizonte, Minas Gerais, em 1946, e possui Doutorado em Literatura Comparada pela Universidade Federal Fluminense (UFF). Autora de vários livros de poemas, contos e romances, entre eles *Poemas da recordação e outros movimentos* e *Insubmissas lágrimas de mulheres*, trabalha com foco na literatura afro-brasileira, na representatividade feminina e em textos de denúncia social.

Foto de Conceição Evaristo, 2015.

Estudo do texto

1. As hipóteses que você e seus colegas levantaram antes da leitura do texto estavam de acordo com o poema? Comente.

2. Que mensagem o poema transmite?

3. Conforme estudado na **Leitura 1** deste capítulo, o eu lírico é a voz que fala no poema. Quem é o eu lírico do poema "Vozes-mulheres"?

4. Releia o poema novamente e responda às questões a seguir.

   a) Quantas gerações de mulheres são representadas nesse poema?

   b) Como essa mudança de gerações é organizada no poema?

5. Releia a primeira estrofe do poema.

> A voz de minha bisavó
> ecoou criança
> nos porões do navio.
> Ecoou lamentos
> de uma infância perdida

   a) Por que o eu lírico afirma que, nesse momento, uma infância foi perdida?

   b) O termo **lamento** está no plural. O que isso representa?

6. No caderno, indique a qual estrofe do poema as informações a seguir se referem.

   A É possível perceber que no eu lírico ainda são refletidos resquícios da escravidão, como a fome.

   B Apresenta outra geração ainda escravizada pelos brancos que, na época, mandavam em tudo.

   C Faz alusão à ocupação de favelas por parte dos negros escravizados libertos, que não tinham para onde ir.

7. Na última estrofe o eu lírico comenta que a voz da filha se fará ouvir. O que é possível compreender por essa expressão: "se fará ouvir"? O que isso revela sobre a trajetória dessas mulheres negras?

8. Nas quatro primeiras estrofes, temos "A voz de..." e "A minha voz...". Na última estrofe, é dito: "Na voz de...". O que significa essa mudança?

9. Observe que, como foi dito na atividade anterior, os primeiros versos de cada estrofe apresentam basicamente a mesma estrutura. Que efeito de sentido isso provoca no poema?

Para saber mais

Damos o nome de **anáfora** à figura de linguagem que consiste na repetição de uma ou várias palavras no início de frases, períodos ou versos. Essa repetição tem o objetivo de tornar a mensagem mais expressiva.

10. Releia a estrofe abaixo.

> A voz de minha bisavó
> **ecoou** criança
> nos porões do navio.
> **Ecoou** lamentos
> de uma infância perdida.

Agora, leia o verbete a seguir.

> **e.co.ar** *verbo intrans.* **1.** Fazer eco. **2.** Ter repercussão. *Trans. dir.* **3.** Repetir, repercutir. [Conjugação: *coroar*.]

Aurélio Buarque de Holanda Ferreira. *Aurélio Júnior*: dicionário escolar da língua portuguesa. 2. ed. Curitiba: Positivo, 2011. p. 344.

Com qual dos sentidos apresentados pelo verbete o verbo **ecoar** foi empregado em cada verso da estrofe acima?

11. Releia a estrofe a seguir e em seu caderno marque **V** para as alternativas que forem verdadeiras e **F** para as falsas.

> A minha voz ainda
> ecoa versos perplexos
> com rimas de sangue
>   e
>   fome.

A A voz do eu lírico ainda sente reflexos de suas gerações passadas.

B A voz do eu lírico continua parecida com as vozes das gerações anteriores, pois ainda carrega sofrimento.

C A voz do eu lírico é diferente das gerações anteriores, pois não carrega mais sofrimento.

12. Releia mais uma estrofe do poema.

> A voz de minha filha
> recolhe todas as nossas vozes
> recolhe em si
> as vozes mudas caladas
> engasgadas nas gargantas.

a) Copie em seu caderno a alternativa que melhor define essa estrofe.

A A filha também não tem voz, uma vez que ainda sofre o preconceito que vem desde a geração de sua tataravó.

B A voz da filha reflete todas aquelas que ficaram mudas, engasgadas nas gargantas.

b) Por que essas vozes ficaram caladas e engasgadas nas gargantas?

13. Apesar de ser escrito em versos e organizado em estrofes, o poema "Vozes-mulheres" não apresenta rimas. Essa ausência prejudica a qualidade do texto?

14. A última estrofe do poema demonstra uma liberdade maior das mulheres negras em relação às gerações passadas. Leia o postal abaixo e responda às questões.

Carol Rosseti. *Mulheres*. Rio de Janeiro: Sextante, 2015.

a) De acordo com a imagem, Maíra gosta do seu cabelo como ele é, no entanto, algumas pessoas acreditam que ela deveria mudá-lo. Por que você acha que isso acontece?

b) No postal está escrito que o cabelo de Maíra "é memória, beleza, ancestralidade, identidade, força e muito amor!". Em sua opinião, o que isso quer dizer?

c) Você já quis modificar alguma característica sua por causa de um comentário de outra pessoa? Explique.

d) De que forma esse postal dialoga com o poema "Vozes-mulheres"?

15. Converse com seus colegas a respeito das impressões que vocês tiveram sobre o poema. Se gostaram ou não, por quais motivos, etc.

Trocando ideias

1. Após a leitura do texto, e trazendo as reflexões levantadas para a nossa realidade, você acredita que ainda existam problemas sociais relacionados às mulheres negras de nossa sociedade?

2. O que podemos fazer para mudarmos esse fato?

Conexões textuais

O texto a seguir é um poema. Com base no título dele, sobre qual tema você acha que ele trata? Leia-o e descubra.

Jornal Rascunho/Acervo do jornal

rondó da ronda noturna

q uanto +
p obre +
n egro
q uanto +
n egro +
a lvo
q uanto +
a lvo +
m orto
q uanto +
m orto +
u m

Ricardo Aleixo. rondó da ronda noturna. *Jornal Rascunho,* Curitiba, jul. 2016. Disponível em: <http://rascunho.com.br/rondo-da-ronda-noturna-de-ricardo-aleixo/>. Acesso em: 6 jul. 2018.

> **Para saber mais**
>
> Ricardo José Aleixo de Brito (Ricardo Aleixo) nasceu em Minas Gerais, em 1960, e trabalha com várias vertentes das Artes. Seu primeiro trabalho como poeta foi lançado em 1992, com a obra *Festim*. Produz poemas sociais e com influência do movimento concretista. É também editor da revista *Roda – Arte e Cultura do Atlântico Negro* e curador do Festival de Arte Negra — FAN, ambos em Belo Horizonte.
>
> Foto de Ricardo Aleixo, 2017.

1. Comente com a turma se as suas hipóteses sobre o tema que o poema trata se confirmaram ou não.

2. Você já havia lido um poema parecido com o da página anterior? Em caso afirmativo, comente com os colegas.

3. Qual é o tema principal desse poema?

4. O **poema de rondó** é um gênero de forma fixa, originalmente francês, de composições musicais (poemas cantados), que apresenta um tema principal que se repete várias vezes.

    a) Esse poema não apresenta rimas, mas você consegue perceber a musicalidade existente nele? Comente com seus colegas.

    b) Leia o verbete a seguir.

    > **ronda** <ron.da> s.f. **1** Vigia que se faz percorrendo um lugar, especialmente se for durante a noite: *fazer a ronda*. **2** Pessoa ou grupo de pessoas responsáveis por essa vigia: *Toda a ronda folgou pela manhã*.

    Vários colaboradores. *Dicionário didático*. 3. ed. São Paulo: Edições SM, 2009. p. 710.

    Com base nesse verbete, explique o efeito de sentido provocado pelas palavras **rondó** e **ronda** no título do texto e sua relação com o poema.

5. Por que o eu lírico afirma que quanto mais pobre, mais negro, mais a pessoa se torna um alvo?

6. Que efeito de sentido a repetição do sinal de mais (+) cria no texto?

7. Quais sentidos as cores empregadas no poema conferem a ele?

8. Quais impressões o eu lírico causa no leitor separando as primeiras letras das palavras?

9. Leia os títulos de notícia a seguir.

> **Negros representam 71% das vítimas de homicídios no país, diz levantamento**
>
> G1, 18 nov. 2017. Disponível em: <https://g1.globo.com/sp/sao-paulo/noticia/negros-representam-71-das-vitimas-de-homicidios-no-pais-diz-levantamento.ghtml>. Acesso em: 13 jul. 2018.

> **Taxa de homicídios de negros cresce 23% em 10 anos; mortes de brancos caem**
>
> UOL, 5 jun. 2018. Disponível em: <https://noticias.uol.com.br/cotidiano/ultimas-noticias/2018/06/05/taxa-de-homicidios-de-negros-cresce-26-em-10-anos-mortes-de-brancos-caem.htm>. Acesso em: 13 jul. 2018.

> **A cada 23 minutos, um jovem negro é assassinado no Brasil, diz CPI**
>
> BBC, 6 jun. 2016. Disponível em: <https://www.bbc.com/portuguese/brasil-36461295>. Acesso em: 13 jul. 2018.

> **63 jovens negros são assassinados por dia no Brasil, segundo CPI**
>
> Brasil de Fato, 15 jun. 2016. Disponível em: <https://www.brasildefato.com.br/2016/06/15/63-jovens-negros-sao-assassinados-por-dia-no-brasil-segundo-cpi/>. Acesso em: 13 jul. 2018.

a) O que todos os títulos têm em comum?

b) De que maneira o poema "rondó da ronda noturna" se relaciona com esses títulos? Justifique sua resposta.

10. Compare o poema "rondó da ronda noturna" com "Vozes-mulheres", de Conceição Evaristo, e responda às questões a seguir.

a) Qual é o ponto central de diálogo entre esses dois poemas?

b) Como essa temática é apresentada em cada poema?

c) De que maneira a estrofe seguinte, do poema "Vozes-mulheres", dialoga com o poema "rondó da ronda noturna"?

> A minha voz ainda
> ecoa versos perplexos
> com rimas de sangue
>   e
>   fome.

d) Assim como o poema de Conceição Evaristo, "rondó da ronda noturna" também pode ser considerado um texto de denúncia social? Comente.

e) Quais semelhanças de estrutura esses poemas apresentam?

11. Quais as suas impressões sobre esse poema? Gostou da estrutura, de como o tema foi trabalhado? Comente com os colegas.

Trocando ideias

1. Depois de ler os dois poemas e discutir um pouco sobre a condição do negro, em sua opinião, por que o negro ainda sofre preconceito?

2. Para você, o que pode ser feito para que não haja essa desigualdade?

Linguagem em foco

Figuras de linguagem

Vamos estudar algumas figuras de linguagem que ajudam a intensificar o sentido de determinado elemento empregado em textos como poemas e letras de canção.

Comparação e metáfora

1. Leia o poema abaixo e responda às questões.

As borboletas

As borboletas vinham juntas
como colegiais às centenas.
Voavam delicadas e dúbias
parecidas como gêmeas.

A manhã era um rio manso
cristalizado nos ares.
Barcos veleiros boiando
as borboletas deslizavam.

Sopros de zéfiro, suspiros
— quem sabe? — de algum ipê
que se despojava, lírico,
para nunca mais florescer.

Henriqueta Lisboa. As borboletas. Em: *O menino poeta*: obra completa. Ilustrações originais de Nelson Cruz. São Paulo: Peirópolis, 2008. p. 62.

a) Na primeira estrofe as borboletas são comparadas com quem? Que palavra estabelece essa comparação?

b) Que imagem podemos construir a partir dessa comparação?

c) Releia os versos abaixo.

> A manhã era um rio manso
> cristalizado nos ares.

- Embora não haja uma palavra que estabeleça uma comparação, é possível afirmar que a manhã é comparada a qual elemento?
- De acordo com o que respondeu na atividade anterior, como podemos imaginar a manhã?

A **comparação** consiste em estabelecer relações de semelhança entre elementos distintos. A **metáfora** busca associar dois elementos de acordo com alguma relação de semelhança entre eles, com base em uma comparação subjetiva, implícita.

> **Para saber mais**
>
> A comparação e a metáfora são figuras de linguagem muito fáceis de serem confundidas, mas vamos ajudá-lo a fazer essa distinção.
>
> Quando um elemento **X** é associado a um elemento **Y**, geralmente, por meio de um conectivo comparativo (como, bem como, assim como, etc.), há uma **comparação**:
>
> elemento comum
>
> A manhã era tranquila como um rio manso.
>
> elemento **X**   conectivo   elemento **Y**
>
> Quando o elemento comum e o conectivo comparativo são suprimidos e a associação entre os elementos **X** e **Y** passa a ser mental, implícita, temos uma **metáfora**:
>
> A manhã era um rio manso.
>
> elemento **X**   elemento **Y**

Sinestesia

1. Leia o poema a seguir para responder às questões.

Arquitetando

Um dia,
construirei uma cidade azul
com casas de sonhos
habitadas por fantasmas poetas,
coloridos, musicais e renovadores.
Aí esperem pelas mais belas
canções de amor,
doces, macias e multicoloridas.

Elias José. Arquitetando. Em: *Alice no país da poesia*. Ilustrações originais de Taisa Borges. São Paulo: Peirópolis, 2009. p. 12.

a) Que relação há entre o título e o poema?
b) Releia os versos a seguir.

> canções de amor,
> doces, macias e multicoloridas.

- Quando o eu lírico afirma que as canções de amor serão doces, macias e multicoloridas quais sentidos são ativados em nossa memória?
- Que efeito de sentido esse emprego causa no poema?

A **sinestesia** é a figura de linguagem que reúne termos pertencentes a sensações distintas, como audição, tato, paladar, olfato e visão.

Hipérbole e onomatopeia

1. Leia mais um poema e responda às questões que seguem.

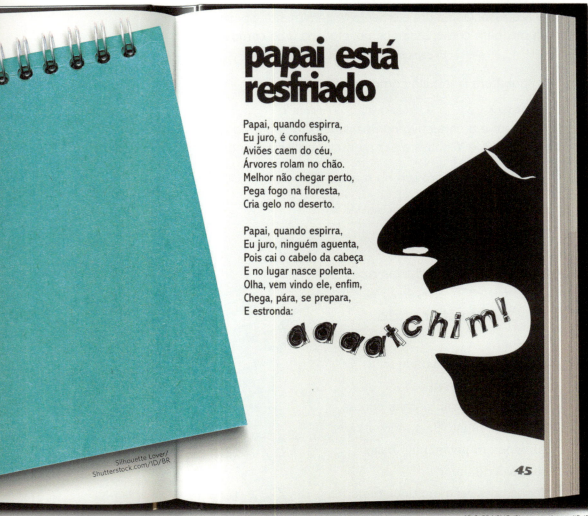

Sérgio Capparelli. Papai está resfriado. Em: *111 poemas para crianças*. Ilustrações de Ana Gruszynski. Porto Alegre: L&PM, 2003. p. 45.

a) De que trata o poema?

b) As ações que ocorrem quando o papai espirra são possíveis de acontecer? Por que o eu lírico narra esse acontecimento dessa forma?

c) O que a palavra **aaaatchim!** procura reproduzir?

d) Você conhece outras palavras que têm essa mesma função? Se sim, cite-as.

> A **hipérbole** é uma figura de linguagem que expressa exagero intencional com a finalidade de intensificar o sentido de uma palavra ou expressão. A **onomatopeia** tem o objetivo de reproduzir, na escrita, um som produzido por uma pessoa, animal ou objeto.

As figuras de linguagem não são utilizadas em textos aleatoriamente, mas com propósito de produzir determinado efeito de sentido.

216

Atividade

1. Leia o poema a seguir e responda às questões.

O caçador de nomes

Cada coisa tem um nome.
Coloco em minha bagagem
um pouquinho de coragem
e atravesso a floresta
para descobrir o nome das coisas.

Riachinho chuá chuá,
que nome que você tem?
— Estou com pressa — diz o riacho —
vivo viajando, vem comigo, vem!

Borboleta de asas brilhantes
que nome que você tem?
— Estou ocupada, voando, voando
não posso parar, parar de voar.

Grilo do pulo grande
que nome que você tem?
— Só posso pular,
só posso pular
não posso falar,
não posso falar.

Mas será possível!
Ninguém tem um minuto
para me escutar?
O eco responde:
— Ninguém tem...
ninguém tem...

Roseana Murray. O caçador de nomes. Em: *Fardo de carinho*. 3. ed. Ilustrações originais de Elvira Vigna. Belo Horizonte: Lê, 2009. p. 25.

a) O poema trata de um eu lírico que buscava alguém para escutá-lo. Ele conseguiu atingir esse objetivo? Justifique sua resposta.

b) Trazendo essa temática para os dias atuais e a nossa realidade, o que podemos concluir?

c) Releia os versos a seguir prestando atenção nas palavras destacadas.

> Riachinho **chuá chuá**,
> que nome que você tem?

- Que figura de linguagem foi utilizada no primeiro verso? Que efeito de sentido ela cria nesse trecho?

Estudo da língua

Verbo III

Você já estudou as seis flexões de tempo do modo indicativo. Agora conhecerá as três flexões de tempo do modo subjuntivo e também o modo imperativo que não possui flexão de tempo.

Tempos do modo subjuntivo

1. Leia o poema a seguir e responda às questões.

De lírios e de pães

Viver vale
um delírio,
se **tiver** dois pães,
venda um,
compre um lírio.

A vida,
Tem os pés no chão:
Se **tiveres** dois lírios
Vende um deles,
Compra um pão.

Sérgio Capparelli. De lírio e de pães. Em: *Poesia de bicicleta*. Porto Alegre: L&PM, 2009. p. 48.

Giovana Medeiros

a) Comente suas impressões sobre o poema lido com os colegas.

b) Que ideia o eu lírico defende na primeira e na segunda estrofe? Elas são contraditórias?

c) Copie em seu caderno a alternativa correta a respeito das formas verbais em destaque no poema.

A Elas expressam certeza.

B Elas expressam incerteza, hipótese.

C Elas expressam ordem, conselho.

> **DICA!**
> Você já estudou o **modo subjuntivo**. Se necessário, volte à página **183** para relembrar as características desse modo.

d) Em que tempo essas formas verbais estão?

Quando conjugado no modo subjuntivo, além de expressar hipótese, a forma do verbo também exprime a noção de tempo.

> O modo subjuntivo possui três tempos: **presente**, **pretérito imperfeito** e **futuro**.

2. Leia a sinopse abaixo sobre a obra *Se eu fosse um livro* e depois responda às questões.

> Se você **fosse** um livro, como gostaria de se relacionar com os leitores? Na tentativa de formular respostas criativas para a pergunta, o poeta português José Jorge Letria e o ilustrador André Letria – pai e filho – criaram a obra *Se eu fosse um livro*. O título faz uma investigação poética sobre o que um livro supostamente esperaria da interação com seu público.
>
> [...]
>
> Globolivros. *Se eu fosse um livro*, Rio de Janeiro, 2013.

a) Comente com a turma a resposta que daria à pergunta feita no primeiro parágrafo.

b) Segundo a sinopse, com qual objetivo a obra *Se eu fosse um livro* foi criada?

c) A forma verbal destacada está em que modo e tempo?

d) Essa forma verbal expressa um fato hipotético, qual trecho da sinopse confirma isso?

A [...] o poeta português José Jorge Letria e o ilustrador André Letria – pai e filho – criaram a obra *Se eu fosse um livro*.

B O título faz uma investigação poética sobre o que um livro supostamente esperaria da interação com seu público.

Note que no **pretérito perfeito** a forma verbal foi precedida de **se**: "**Se** você fosse um livro, como gostaria de se relacionar com os leitores?".

No **futuro**, o verbo costuma ser acompanhado pelas palavras **quando** ou **se**: "**Se** tiver dois pães, venda um".

Já no **presente**, o verbo pode ser acompanhado de expressões como: **que**, **talvez**, **tomara que**, **é necessário que**, etc.

Para saber mais

Como o modo subjuntivo expressa possibilidade, isto é, algo que pode acontecer, os tempos desse modo revelam um sentido incerto, que depende de outra ação para completar seu sentido. Por isso, uma forma verbal no subjuntivo costuma ser acompanhada por outra no indicativo, fazendo uma espécie de correlação temporal para expressar com mais clareza o que se pretende. Veja:

Mesmo que **seja** difícil, **tentarei conquistar** o primeiro lugar.

- **seja** → presente do subjuntivo
- **tentarei conquistar** → futuro do presente do indicativo

Formas do modo imperativo

1. Leia a história em quadrinhos (HQ) abaixo e responda às questões.

Angeli. *Ozzy 3*: Família? Pra que serve isso? São Paulo: Companhia das Letras, 2006. p. 18.

a) Você já conhecia a personagem Ozzy? Em caso afirmativo, comente sobre ela com os colegas.

b) O que você achou da HQ lida? Compartilhe suas impressões com a turma.

c) Na HQ, a mãe de Ozzy lista as tarefas que o menino deveria cumprir naquele dia. Que formas verbais ela utilizou para isso?

d) Que sentido essas formas verbais expressam nesse contexto?

e) Com base nas tarefas listadas, o que é possível perceber em relação ao perfil e ao comportamento de Ozzy?

f) À medida que as tarefas são descritas, a imagem do rosto de Ozzy vai se modificando. Por que isso acontece?

Para expressar as tarefas que Ozzy deveria cumprir, a mãe dele utilizou algumas formas verbais no modo imperativo.

> O modo imperativo exprime ordem, conselho, instrução ou pedido. Esse modo apresenta duas formas: **afirmativa** e **negativa**.

g) Cite um exemplo de verbo no modo imperativo afirmativo e um no imperativo negativo empregados na lista de tarefas da mãe de Ozzy.

2. Leia a receita culinária a seguir.

Vampiro enganado

Ingredientes

1 copo de suco de uva

1 cenoura raspada cortada em pedaços

1 tomate maduro

1 laranja descascada e cortada em pedaços, sem semente

Modo de fazer

1 - Coloque no liquidificador a laranja e a cenoura e triture bem.

2 - Acrescente o tomate e o suco de uva.

3 - Junte dois ou três cubos de gelo e uma colher de sopa de açúcar.

4 - Desligue o aparelho e passe a bebida por um coador para retirar as fibras que tenham ficado. Sirva em copos altos.

Ziraldo. Vampiro enganado. Em: O livro de receitas do Menino Maluquinho: receitas da Tia Emma. Ilustrações de MIG. Porto Alegre: L&PM, 1996. p. 18.

a) Você já preparou um prato seguindo uma receita? Em sua opinião, qual é a importância de seguir uma receita culinária?

b) A maioria das formas verbais empregadas na receita está em que modo?

c) Por que esse modo verbal é comum em receitas culinárias?

d) Em que outros gêneros textuais é comum encontrar verbos nesse modo?

e) Caso o leitor não devesse servir o suco em copos altos, como ficaria essa orientação?

Note que a conjugação da terceira pessoa do singular foi feita com o pronome **você**: Coloque (**você**). A forma negativa do modo imperativo geralmente é antecedida de palavras como **não**, **nunca** e **jamais**.

Para saber mais

Em situações informais, nem sempre é feita a correspondência entre a pessoa do discurso e a forma verbal no imperativo, como se observa no exemplo a seguir.

Compra o que **você** quiser.

2ª pessoa do singular   3ª pessoa do singular

Nesse exemplo foi escolhido o tratamento em terceira pessoa (você); entretanto, o verbo **comprar** foi empregado flexionado na segunda pessoa do singular (tu). De acordo com a norma-padrão, há duas possibilidades de redação para essa frase:

Compra o que **tu** quiseres.   **Compre** o que **você** quiser.

2ª pessoa do singular   2ª pessoa do singular   3ª pessoa do singular   3ª pessoa do singular

Atividades

1. Leia o poema e responda às questões a seguir.

Procura-se algum lugar do planeta

onde a vida seja sempre uma festa
onde o homem não mate
nem bicho nem homem
e deixe em paz
as árvores na floresta.

Procura-se algum lugar no planeta
onde a vida seja sempre uma dança
e mesmo as pessoas mais graves
tenham no rosto um olhar de criança.

Roseana Murray. *Classificados poéticos*.
4. ed. São Paulo: Moderna, 2010. p. 18.

a) Em sua opinião, por que o eu lírico busca um lugar como o descrito?
b) Com exceção da forma **procura-se**, quais são as outras formas verbais empregadas no poema? Em que tempo e modo elas estão flexionadas?
c) O lugar que o eu lírico procura é real ou hipotético? Justifique sua resposta considerando o modo verbal utilizado.

2. Leia a tirinha e responda às questões a seguir.

Alexandre Beck. *Armandinho dois*. Florianópolis: A. C. Beck, 2014. p. 41.

a) Copie no caderno a alternativa que expressa o sentido da fala do pai de Armandinho. Como é possível chegar a essa conclusão?

   A previsão   B ordem   C dúvida

b) Quais são as formas verbais utilizadas na fala do pai, reproduzida por Armandinho? Em que tempo e modo elas estão?
c) Qual é o efeito de sentido que a relação entre esses tempos e modos verbais provoca no texto?
d) De que modo o fato de o menino mostrar-se impressionado com a fala do pai auxilia na construção do humor da tirinha?

3. Leia a tirinha a seguir e responda às questões.

Bill Watterson. *Os dias estão todos ocupados*: as aventuras de Calvin e Haroldo. São Paulo: Conrad, 2011. p. 116.

a) Como deve ter sido o dia do Calvin? Justifique sua resposta.
b) De acordo com a fala do menino no segundo quadrinho, o que ele considera realmente importante na vida?
 • Você concorda com ele? Explique.
c) Em que tempo e modo está a forma verbal **estiverem**?
d) O que ela expressa em relação ao que é dito em seguida?

4. Reescreva a frase a seguir, alterando a forma verbal em destaque para o pretérito imperfeito do subjuntivo, iniciando-a com a palavra "Se". Faça as alterações necessárias.

> Quando o ser humano se **conscientizar**, o planeta sentirá menos os efeitos de suas ações.

• Ao realizar a substituição da forma verbal, houve alguma alteração de sentido na frase? Justifique sua resposta.

Para saber mais

Em situações informais, é comum a correlação entre o pretérito imperfeito do subjuntivo com o pretérito imperfeito do indicativo. Veja um exemplo.

Se eu **tivesse** coragem, **saltava** de paraquedas.

↓ pretérito imperfeito do subjuntivo
↓ pretérito imperfeito do indicativo

Essa correlação é apropriada em situações comunicativas mais informais. Nas mais formais, a estrutura considerada adequada é esta:

Se eu **tivesse** coragem, **saltaria** de paraquedas.

5. Analise a tirinha abaixo para responder às questões a seguir.

Fernando Gonsales. *Níquel Náusea*: um tigre, dois tigres, três tigres. São Paulo: Devir, 2009. p. 9.

 a) Quais contos maravilhosos são citados nessa tirinha? Você conhece todos eles? Comente com os colegas.

b) Por que o rato Níquel Náusea altera os títulos das histórias? Copie no caderno a resposta correta.

    A Porque ele não quer contar histórias para os filhotes.

    B Porque ele não sabe os títulos das histórias.

    C Porque ele quer testar os conhecimentos dos filhotes.

c) Justifique sua resposta ao item anterior.

d) O plano de Níquel Náusea para se esquivar da tarefa de contar histórias dá certo? Explique.

e) No segundo quadrinho, o filhote utilizou uma forma verbal no imperativo acompanhada de uma expressão. Quais são elas?

f) Qual é a função dessa expressão junto da forma verbal no imperativo?

Para saber mais

Como você pôde perceber, o imperativo é uma maneira direta e concisa de expressar um comando. O sentido de ordem, pedido ou instrução também pode, entretanto, ser expresso de outras maneiras. Veja alguns exemplos.

- **Desligar** os aparelhos celulares.

    verbo no infinitivo

- Nesta tarde, você **limpará** toda a sujeira e **organizará** seu quarto.

    verbo no futuro do presente do indicativo   verbo no futuro do presente do indicativo

- Vocês **precisam ficar** atentos aos avisos do chefe.

    locução verbal no presente do indicativo

6. Leia o anúncio publicitário e responda às questões.

CASA COR. Anúncio publicitário Yes, nós temos inspiração, 2015.

As marcas apresentadas são utilizadas para fins estritamente didáticos, portanto não representam divulgação de qualquer tipo de produto ou empresa.

a) Qual é a finalidade principal desse anúncio?
b) Que elementos são retratados nas imagens dele?
c) No texto central do anúncio, há uma palavra da língua inglesa. Que palavra é essa? O que ela significa? De que forma ela ajuda na construção dos sentidos do anúncio?
d) De que forma a linguagem não verbal dialoga com a linguagem verbal no anúncio?
e) Qual público esse anúncio pretende atingir?
f) Que modo verbal foi usado para incentivar o público leitor a verificar a agenda da mostra, a visitá-la e conhecer os ambientes brasileiros?
g) De que forma esse modo contribui para convencer o leitor? Copie em seu caderno a alternativa correta.

　A Ele exprime ordens diretas para intimidar o leitor.

　B Ele busca aconselhar o leitor de forma indireta.

　C Ele expressa comandos como forma de fazer um convite.

h) Qual objetivo se pretende atingir ao empregar o modo imperativo em anúncios publicitários?

7. Agora, observe a capa do livro abaixo e leia o texto que se encontra na sua quarta capa. Depois responda às questões.

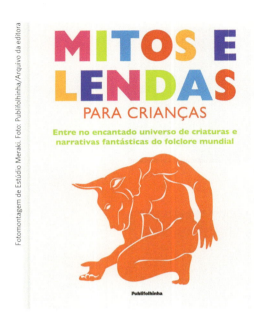

Dorling Kindersley. *Mitos e lendas para crianças*. Tradução de Ana Ban. São Paulo: Publifolhinha, 2012. © Folhapress.

a) Qual é o objetivo da quarta capa de um livro?

b) Você tem o hábito de consultar a quarta capa dos livros? Por quê?

c) Ao observar a capa e ler o texto da quarta capa, você teve vontade de ler esse livro? Comente.

d) Quais dos verbos abaixo foram empregados no texto com o objetivo de instigar o leitor? Copie-os em seu caderno.

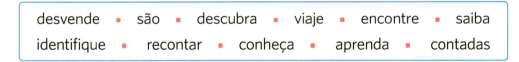

- Complete a frase a seguir.

Os verbos que foram utilizados para instigar o leitor estão no modo ■.

e) Por que os verbos foram empregados nesse modo? Copie em seu caderno a alternativa correta.

A Instruir o leitor sobre como ler esse livro.

B Convencer o leitor a comprar e/ou ler o livro.

C Dar ordens para o leitor divulgar o livro.

f) Que outro recurso visual foi utilizado no texto para atrair a atenção do leitor? Em sua opinião, por que ele foi empregado?

Escrita em foco

Acentuação das paroxítonas

Estudamos no capítulo anterior as regras de acentuação das palavras oxítonas. Agora vamos estudar as regras das paroxítonas.

1. Leia o poema a seguir e responda às questões.

Cortaram três árvores

a Ernesto Halffter

Eram três.
(Veio o dia com machadadas.)
Eram duas.
(Asas rasteiras de prata.)
Era uma.
Era nenhuma.
(Nua então ficou a água.)

Federico García Lorca. Cortaram três árvores. Em: *Meu coração é tua casa*. Ilustrações originais de Jaime Prades. Tradução de Pádua Fernandes. São Paulo: Comboio de Corda, 2007. p. 29.

a) Qual é a relação entre o título e o conteúdo desse poema?
b) O que as "asas rasteiras de prata" simbolizam?
c) Releia algumas palavras do poema.

asas • prata • nenhuma • água

• Quanto à tonicidade, qual é a classificação dessas palavras? Explique.

d) É correto afirmar que todas as paroxítonas são acentuadas? Justifique sua resposta.

As palavras **paroxítonas** recebem acento quando terminam em: **ditongo**, **i**, **is**, **u**, **us**, **ã**, **ãs**, **ão**, **ãos**, **on**, **ons**, **um**, **uns**, **r**, **x**, **n**, **l** e **ps**.

Veja alguns exemplos de palavras paroxítonas acentuadas:

- **ditongo**: mágoa, histórias, bilíngue;
- **i, is**: biquíni, íris;
- **u, us**: jiu-jítsu, bônus;
- **ã, ãs**: ímã, órfãs;
- **ão, ãos**: sótão, bênçãos;
- **on, ons**: elétron, prótons;
- **um, uns**: médium, álbuns;
- **r**: repórter;
- **x**: tórax;
- **n**: glúten;
- **l**: amigável;
- **ps**: fórceps.

Para saber mais

As regras de acentuação das paroxítonas não se aplicam a prefixos, que são partes adicionadas antes de uma palavra. Por exemplo: **super**-homem, **semi**-intensivo, **anti**-higiênico.

Atividades

1. Observe as capas de livros a seguir.

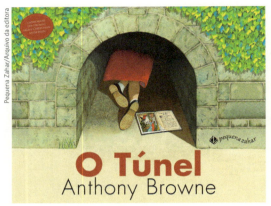 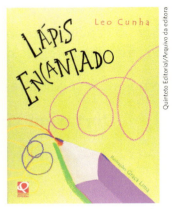

Anthony Browne. *O túnel*. Tradução de Clarice Dutra Estrada. Rio de Janeiro: Pequena Zahar, 2014.

Leo Cunha. *Lápis encantado*. São Paulo: Quinteto Editorial, 2002.

a) Você conhece algum desses livros? Se sim, comente com os colegas sobre a história que eles apresentam, se não, levante hipóteses sobre o conteúdo de cada um deles.

b) O livro *O túnel* conta a história de dois irmãos que não se davam muito bem até que se perderam em um túnel, já o livro *Lápis encantado* apresenta alguns poemas que buscam despertar os mais diversos sentimentos por meio das cores.

- Sabendo dos conteúdos dos livros, qual lhe agrada mais? Justifique sua resposta.

c) Justifique o uso dos acentos gráficos nas palavras dos títulos dos livros.

2. Leia o haicai a seguir e responda às questões.

> Um aeroplano
>
> Em busca de combustível...
>
> Oh! É um mosquito

Afrânio Peixoto. Em: Rodolfo Witzig Guttilla (Org.). *Boa companhia*: haicai. São Paulo: Companhia das Letras, 2009. p. 31.

a) O que o eu lírico descreve no início do haicai se confirma no último verso? Explique.

b) Em sua opinião, que relação é possível estabelecer entre o aeroplano e o mosquito?

c) Qual palavra do haicai recebeu acento?

d) Por que essa palavra foi acentuada?

e) No haicai, há outra(s) palavra(s) paroxítona(s)? Qual(is)?

Para saber mais

Haicais são poemas de origem japonesa que tradicionalmente apresentam três versos, cujas principais temáticas são a passagem do tempo e a natureza.

Produção de texto

Poetry slam

Neste capítulo você estudou as características do gênero poema e viu que ele é organizado em versos e estrofes, apresenta recursos como rimas, figuras de linguagem, ritmo, etc., e que a leitura dele permite a construção de imagens poéticas.

Agora, vocês vão produzir poemas e organizar para a comunidade escolar uma competição de poesia, conhecida como *poetry slam*, a fim de que as pessoas possam conhecer as composições de vocês e eleger a que julgarem mais interessante.

> O **poetry slam** é uma competição de poesia em que os *slamers* (poetas) recitam produções próprias e são julgados pela plateia ou por um júri selecionado.

Para começar

Em um *slam* as apresentações podem ser individuais, em duplas ou no máximo em trios. Os *slamers* (poetas) devem declamar um poema de autoria própria. Então, organizem-se em duplas para que primeiramente escrevam o texto que vão apresentar. As opções abaixo podem auxiliá-los em relação ao tema do poema.

Escrever sobre educação ambiental

Vocês podem escolher um tema relacionado à educação ambiental, como aquecimento global, desmatamento, reciclagem, reflorestamento ou outro que mostre a convivência harmônica do ser humano com o meio ambiente.

Escrever sobre educação em direitos humanos

Se essa for a opção de vocês, escrevam um poema que promova a formação de uma cultura de respeito à dignidade humana por meio de valores, como respeito, justiça, igualdade, liberdade, solidariedade, cooperação, etc.

Ilustrações: Rodrigo Gafa

▶ **Aprenda mais**

No livro *Antologia ilustrada da poesia brasileira para crianças de qualquer idade*, você vai conhecer poemas do século XIX ao XXI, de autores como Gonçalves Dias, Cecília Meireles, Manuel Bandeira e Adélia Prado, que encantam qualquer pessoa.

Adriana Calcanhoto (Org.). *Antologia ilustrada da poesia brasileira para crianças de qualquer idade*. Rio de Janeiro: Edições de Janeiro, 2014.

Estruturem seu texto

Após definirem o tema do poema, que pode ser um dos sugeridos na página anterior ou outro que a dupla preferir, chegou o momento de estruturar a primeira versão dele. Para isso, vejam as orientações abaixo.

1 Como vocês viram, um poema é escrito em versos, que são organizados em estrofes. Decidam quantas estrofes e quantos versos terá o poema de vocês.

2 Pesquisem alguns poemas que tratam sobre o mesmo tema que querem escrever para que lhes sirvam de inspiração.

3 Façam uma lista de palavras-chave que se relacionam com o tema escolhido, assim na hora da produção isso vai facilitar a escrita do poema.

4 Decidam se o texto de vocês vai apresentar rimas, como "O pião" ou não, como "Vozes-mulheres".

5 Lembrem-se de utilizar figuras de linguagem, como comparação, metáfora, hipérbole, onomatopeia, sinestesia, personificação, anáfora, entre outras, para construir imagens poéticas.

6 O registro a ser empregado pode ser mais ou menos formal, isso vai depender do tema do poema e da intenção comunicativa de vocês.

7 Escrevam as palavras corretamente e empreguem os sinais de pontuação de modo que auxiliem na construção do sentido do texto. Se tiverem alguma dúvida, consultem o dicionário.

8 Não se esqueçam de considerar o público-alvo desta produção, que são os familiares da turma e a comunidade escolar.

9 Pensem em um título bem criativo, que possa ou não dar dicas ao ouvinte sobre o que o poema vai tratar.

Avaliem e reescrevam seu texto

Releiam o poema e verifiquem se ele ainda precisa de ajustes em relação aos itens listados acima, aproveitem para verificar se há nele problemas ortográficos ou gramaticais. Se precisarem, solicitem a ajuda do professor. Em seguida, reescrevam-no fazendo as adequações necessárias a fim de melhorar o texto.

▌ Preparem a apresentação

Finalizadas as produções dos poemas, é hora de organizarem a apresentação para o *poetry slam*. Para isso, em duplas, confiram as orientações a seguir.

1 Em um *poetry slam* as performances não devem ultrapassar 3 minutos e há apenas 10 segundos de tolerância, por isso realizem alguns ensaios cronometrando o tempo que estão gastando para não ultrapassar o tempo limite. Caso isso aconteça na apresentação, a nota de vocês sofrerá um desconto.

2 Leiam diversas vezes o poema para que se familiarizem com ele e na hora da apresentação a leitura de vocês não soe artificial. Se preferirem, também podem decorar o poema para declamá-lo.

3 Definam quem vai começar a apresentação e como isso será feito.

4 Não é permitido o uso de instrumentos musicais, música pré-gravada ou qualquer tipo de trilha sonora na apresentação. Além disso, os *slamers* também não podem usar nenhum auxílio visual, figurino e objetos, por exemplo.

Ilustrações: Dnepwu

5 No momento da apresentação, vocês poderão utilizar o que estiver disponível no local, como microfone, mesa, cadeira, caneta, desde que todos os competidores também tenham essa opção.

6 Por não poderem utilizar nenhum recurso artificial, a linguagem corporal e a entonação de voz são muito importantes para a performance de vocês, por isso procurem ficar calmos e utilizem gestos e expressões faciais que exprimam os sentimentos que querem transmitir.

▶ Aprenda mais

A prática de *poetry slam* tem cada vez mais se popularizado no Brasil e no mundo. O documentário *Slam: voz de levante* mostra como esse evento ocorre nos Estados Unidos e aqui em nosso país.

Slam: voz de levante. Direção de Tatiana Lohman e Roberta Estrela d'Alva. Brasil, 2017 (105 min).

Exótica Cinematográfica/ID/BR

UNIDADE 3

231

Apresentem-se

Escolham antecipadamente com o professor uma data para acontecer o *poetry slam* e convidem seus familiares e amigos para prestigiar o evento.

Antes do início do evento, definam por meio de sorteio a ordem das apresentações e já se organizem para não se atrasarem.

Na hora da apresentação, lembrem-se de empregar a voz em um tom adequado, de utilizar gestos e expressões faciais. Mantenham a concentração e procurem olhar para o público, afinal ensaiaram muito para esse dia, e fiquem atentos ao tempo estipulado para não excedê-lo.

Quando for a vez dos colegas, prestem atenção e façam silêncio para não atrapalhar a apresentação deles.

No final do evento, vocês saberão quem foi a dupla campeã! Registrem esse momento com fotos para depois postá-las no *blog* da turma.

Avaliem sua apresentação

Após a realização do *poetry slam*, avaliem como foi a apresentação de vocês. Em duplas, reflitam acerca dos questionamentos a seguir.

- ✓ A nossa apresentação ocorreu conforme os nossos ensaios?
- ✓ Ficou clara para o público a nossa familiaridade com o poema?
- ✓ Conseguimos apresentar nosso poema no tempo estipulado?
- ✓ Empregamos um tom de voz adequado e utilizamos gestos e expressões faciais que enriqueceram nossa apresentação?
- ✓ Ficamos de frente para o público?

Verifiquem seu desempenho

Agora chegou o momento de avaliar a atividade como um todo e verificar o que pode ser melhorado de acordo com as respostas dadas. Sente-se com seu parceiro, copiem o quadro abaixo no caderno e respondam às questões.

	👍	✊	👎
A Fizemos alguma pesquisa antes de produzir nosso poema?			
B Realizamos uma revisão atenta em nosso texto?			
C Ensaiamos o suficiente de modo que transpareceu o entrosamento da nossa dupla?			
D Contribuímos com a realização e divulgação do *poetry slam*?			
E O nosso poema agradou ao público?			
F Com base nas respostas, escrevam o que poderiam melhorar nas próximas apresentações.			

Para saber mais

Assim como Conceição Evaristo, autora do poema "Vozes-mulheres", em nosso país temos vários autores negros que se destacam na literatura. Vamos conhecer alguns deles?

Carolina Maria de Jesus (1914-1977)

Mãe, pobre e negra, ela registrava seu dia a dia em um diário que foi descoberto por Audálio Dantas, jornalista que na época fazia uma matéria sobre a favela em que ela morava. Dentre seus livros mais famosos estão: *Quarto de despejo, Casa de alvenaria, Provérbios* e *Pedaços de fome*.

Foto de Carolina Maria de Jesus, 1960.

Joel Rufino dos Santos (1941-2015)

Além de escritor, foi professor, historiador e referência sobre o estudo da cultura africana no Brasil. Publicou diversos livros e ganhou várias vezes o Prêmio Jabuti de Literatura, o mais importante de nosso país.

Foto de Joel Rufino dos Santos, 2000.

Elisa Lucinda dos Campos Gomes

Além de poetisa, é atriz, cantora e jornalista. Publicou diversos livros, como *O semelhante, A poesia do encontro* e *Fúria da beleza*. Realiza espetáculos e recitais por todo o país e recentemente lançou CDs de poesia.

Foto de Elisa Lucinda dos Campos Gomes, 2014.

Ao final de mais um capítulo, chegou o momento de verificar os conhecimentos já adquiridos e os que precisam ser retomados. Vamos lá?

1. Liste as principais características que um poema apresenta.
2. Você estudou os tempos dos modos indicativo e subjuntivo e também o modo imperativo. O que cada um desses modos expressa?
3. Neste capítulo conhecemos algumas figuras de linguagem. Qual é a principal função delas em um texto?
4. Todas as palavras paroxítonas são acentuadas? Justifique sua resposta.
5. Pesquise em livros e na internet sobre os conteúdos estudados neste capítulo e com um colega elaborem um esquema que auxilie o estudo de vocês.

UNIDADE

4

Mito e lenda

Agora vamos estudar...

- os gêneros mito e lenda;
- a estrutura verbal;
- os verbos regulares e irregulares;
- a concordância verbal;
- a acentuação das proparoxítonas;
- a frase e a oração;
- o período simples e composto;
- o uso do dicionário;
- o período composto por coordenação;
- o acento diferencial.

A fotomontagem remete às lendas do rei Arthur e dos cavaleiros da távola redonda. Arthur foi o único cavaleiro que conseguiu retirar a espada Excalibur de uma rocha. A recompensa? Tornar-se rei e protagonizar uma das maiores sagas da literatura universal.

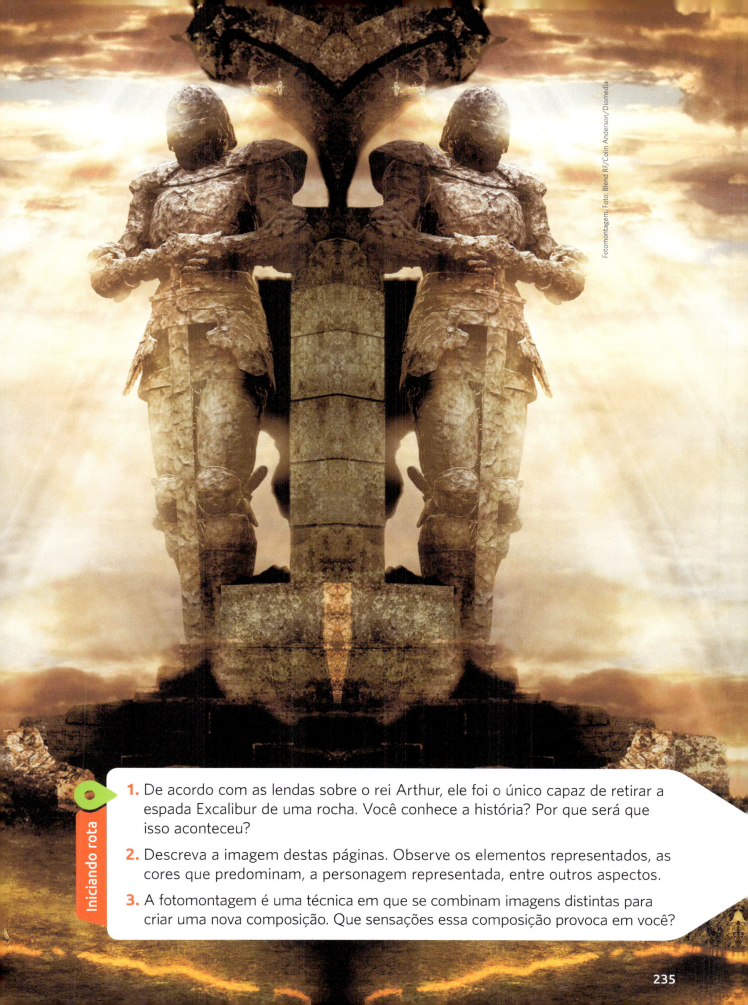

Fotomontagem. Foto: Blend RF/Colin Anderson/Diomedia

Iniciando rota

1. De acordo com as lendas sobre o rei Arthur, ele foi o único capaz de retirar a espada Excalibur de uma rocha. Você conhece a história? Por que será que isso aconteceu?

2. Descreva a imagem destas páginas. Observe os elementos representados, as cores que predominam, a personagem representada, entre outros aspectos.

3. A fotomontagem é uma técnica em que se combinam imagens distintas para criar uma nova composição. Que sensações essa composição provoca em você?

235

CAPÍTULO 7

Mito

Leitura 1

Neste capítulo, você vai estudar o gênero mito. Pelo título abaixo, você consegue imaginar a qual cultura esse mito pertenceria? Observe as ilustrações que o acompanham e levante hipóteses sobre o que acha que o mito vai narrar.

Viagem de Oisín a Tir-Na-N'Og

Houve um tempo em que as terras da Irlanda eram chamadas de Eire. E no Eire viveu uma donzela belíssima, filha do rei da região de Munster: seu nome era Sadhb.

Um druida chamado Fer Doirich apaixonou-se por ela, mas a moça não desejava seu amor, e, por isso, o malvado usou suas artes de magia e a transformou em uma corça.

Durante três anos Sadhb viveu nas florestas como corça, até que um dia o caçador Finn mac Cuil a encontrou. Como os dois cães de caça de Finn já tinham sido humanos, eles não a atacaram, pois perceberam que a corça era uma donzela. O caçador a levou para sua casa e, ao pisar as terras de sua gente, os Fianna, o encantamento foi quebrado, e Finn viu diante de si uma princesa. Então os dois se apaixonaram e casaram.

O caçador ficava dia e noite com sua esposa. Na época em que ela ficou grávida, porém, ele teve de partir para a guerra contra os *vikings*.

Sadhb ficou solitária, à espera do marido. Um dia, ela ouviu a voz dele chamando-a na mata. Correu para a floresta e viu o amado lá adiante... Mas quando chegou perto ele se transformou no malvado Fer Doirich! O druida a tocou com uma varinha encantada e ela voltou a ser uma corça.

Finn voltou da guerra e procurou sua querida Sadhb por toda a parte, porém não encontrou nem sinal da esposa. Sete anos depois ao sair para caçar na região de Benbulbin, os cães de Finn encontraram um menino que vivia sozinho na mata. Assim que olhou para o garoto, Finn reconheceu os traços da esposa: aquele era seu filho! Infelizmente, ele nunca descobriu o que foi feito da princesa.

O menino recebeu o nome Oisín. Ficou famoso como filho do líder dos Fianna, por sua coragem e por ser poeta. Tornou-se um rapaz valente e não se casou até que conheceu Niam dos cabelos dourados.

Certo verão, durante uma caçada, pai e filho passeavam com alguns amigos pelas margens do Lago Lein. De súbito, uma linda moça apareceu em meio à neblina que vinha do lago. Montava um cavalo branco ajaezado com ferraduras e arreios de ouro, tinha longos cabelos louros e olhos azuis brilhantes e vestia uma túnica de seda marrom bordada com estrelas douradas. Apresentou-se como Niam, uma das filhas do deus Manannan mac Llyr, que era rei de Tir-Na-N'Og, a Terra da Juventude Eterna.

— Salve, Finn mac Cuil! — disse a princesa ao líder dos Fianna, com sua voz de fada. — Ouvi muitas histórias sobre a valentia de Oisín e vim conhecê-lo, pois gostaria que se tornasse meu marido.

O líder dos Fianna apresentou o filho à moça, e os dois sorriram. Já estavam enamorados.

Por amor de Niam, Oisín despediu-se do pai e de sua gente. Prometeu voltar para visitá-los e montou a sela preciosa junto à donzela. O cavalo branco, que se chamava Embarr, levou-os através da floresta rumo ao mar. Seguiam para o oeste, onde ficava a ilha mágica de Tir-Na-N'Og.

Foi a última vez que os Fianna viram o filho de Finn.

Brumas e nuvens envolveram os viajantes enquanto o animal encantado cavalgava sobre as ondas. Oisín viu coisas misteriosas no meio da neblina: castelos, torres, guerreiros e tesouros. Mas Niam lhe disse que não prestasse atenção em nada, pois eram apenas fantasmas...

Em pouco tempo chegaram a Tir-Na-N'Og, onde foram muito bem recebidos. A Terra da Juventude Eterna era ainda mais bela do que a fada tinha lhe dito, e Oisín passou dias felizes com sua amada esposa. Tiveram três filhos, dois meninos e uma menina. Um deles, que recebeu o nome de Osgur, foi às terras do Eire e cresceu junto ao avô, Finn mac Cuil.

237

Muitas foram as aventuras de Oisín naquela terra, onde não havia dor nem doença. Frutos e flores brotavam o ano inteiro, e a música suave dos bardos alegrava a todos. O rapaz participava de festas maravilhosas e caçadas alegres e passeava por paisagens belíssimas.

Depois de três anos, o jovem herói, com saudades da terra em que havia nascido, pediu a Niam que lhe ensinasse o caminho para o Eire. A fada não queria separar-se de Oisín, mas atendeu ao pedido. Emprestou-lhe seu fiel cavalo branco e disse:

— Embarr o levará com segurança sobre o mar, meu amado. Mas, quando chegar lá, não deve desmontar. Se seus pés pisarem a terra do Eire, você nunca mais voltará a Tir-Na-N'Og...

Oisín beijou a esposa, prometeu fazer o que ela havia pedido e partiu. Mais uma vez atravessou as brumas e as águas, até que, finalmente, o cavalo chegou à praia e trotou pelas terras de seu pai.

O filho de Finn, porém, não conseguia reconhecer nem as casas nem as paisagens. Perguntou por sua gente, e lhe disseram que havia centenas de anos nenhum Fianna vivia por ali.

— Houve um herói chamado Finn nos tempos antigos — disse-lhe um homem que trabalhava com um grupo de agricultores. — Mas ele e seu neto Osgur morreram em uma antiga batalha. Só os conhecemos pelas lendas que os velhos contam.

Oisín não podia acreditar no que ouvira. Sua família não mais existia? Enquanto procurava descobrir o que havia acontecido, viu alguns trabalhadores tentando erguer uma grande pedra que os atrapalhava para arar a terra. Com sua enorme força, abaixou-se, sem desmontar, e jogou a pedra morro abaixo. Ao fazer isso, porém, uma das tiras do arreio de Embarr se partiu e a sela escorregou.

No mesmo instante, os agricultores que aplaudiam a força do estranho se afastaram, com medo: Oisín caiu no chão e começou a envelhecer diante de seus olhos! Os três anos que passara em Tir-Na-N'Og junto a Niam, no Eire, tinham sido na verdade trezentos. E ele envelheceu esses anos em um minuto. O cavalo encantado fugiu e correu sobre o mar para voltar à Terra da Juventude Eterna.

Os homens cuidaram de Oisín, que era então um velhinho. Contaram-lhe que já não havia druidas, apenas os monges de São Patrício, o homem religioso que construiu as primeiras igrejas da Irlanda. Foi ao próprio Patrício que Oisín contou sua história e os feitos dos Fianna antes de morrer.

E o santo monge registrou os últimos versos desse poeta e herói em histórias que até hoje lembram aos irlandeses como era a vida na antiga e mágica terra do Eire.

Rosana Rios. Viagem de Oisín a Tir-Na-N'Og. Em: *Heróis e suas jornadas*: 10 contos mitológicos. São Paulo: Melhoramentos, 2016. p. 14-19.

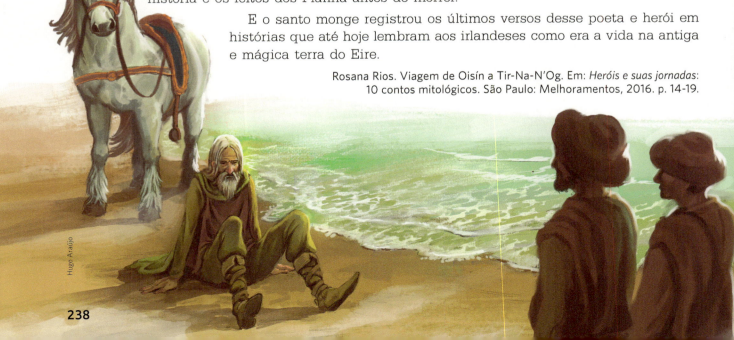

> **Para saber mais**
>
> Rosana Rios nasceu em 1955, em São Paulo. Formada em Arte, é escritora, roteirista, ilustradora e educadora. Já publicou mais de 160 livros destinados a crianças e adolescentes. Ela adora pesquisar e escrever sobre mitos e contos populares. O texto que você leu, por exemplo, é um mito celta, herança de um povo guerreiro e caçador que acreditava em diversos deuses e venerava as árvores.

Foto de Rosana Rios, 2016.

Estudo do texto

1. As hipóteses que você levantou ao ler o título e observar as ilustrações a respeito do mito estavam corretas? Converse com seus colegas a respeito.

2. Você já conhecia esse mito? Conhece algum semelhante? Comente com seus colegas.

3. O **mito** é uma narrativa que surgiu da tradição oral, passando de geração em geração até ser registrado. Ele busca explicar a origem do mundo, da humanidade, de um fenômeno natural ou de um comportamento humano. Há também a presença de seres sobrenaturais, como deuses e semideuses. Sobre o que trata o mito "Viagem de Oisín a Tir-Na-N'Og"?

4. As **personagens míticas** geralmente possuem poderes sobre-humanos, são modelos de superação e moralidade. Quanto às personagens da "Viagem de Oisín a Tir-Na-N'Og", responda às questões a seguir.
    a) Quem participa desse mito? Quem é a personagem protagonista?
    b) Quais são as características dessas personagens?
    c) Oisín significa "pequeno gamo". Pesquise em um dicionário o significado da palavra **gamo** e escreva-o em seu caderno. Com base nessa pesquisa, explique a relação entre o nome de Oisín e sua história.

5. Nos mitos, os eventos narrados acontecem em um **tempo** remoto, um passado imemorial e, às vezes, anterior ao surgimento da humanidade, os primórdios da história humana. Essa afirmação é válida para o mito que você leu? É possível determinar em que tempo a história lida aconteceu?

6. O **espaço**, nos mitos, costuma ser um ambiente sagrado e sobre-humano, onde vivem os deuses, semideuses, ninfas, etc. Qual é esse espaço mítico no mito lido?

7. Como você já viu, uma narrativa pode ser contada por um narrador personagem ou observador. Qual é o tipo de narrador do mito apresentado? Como você chegou a essa conclusão?

> **DICA!**
> Você já estudou os tipos de narrador. Para retomar esses conceitos, volte à página **16** e releia a atividade **4**.

8. O mito narra que Fer Doirich transformou Sadhb em corça duas vezes. Explique as razões pelas quais ele agiu dessa forma.

9. De acordo com o mito, como Sadhb voltou à forma humana após ser transformada em corça pela primeira vez?

10. Após o druida transformar Sadhb em corça pela segunda vez, Finn não encontrou mais a esposa grávida. Como ele reconheceu seu filho quando o viu na mata?

11. O que ocorreu com Oisín após voltar ao convívio com seu pai?

12. Quando Niam conheceu Oisín, o que ela fez? O que você achou da atitude dela?

13. O mito mostra que o protagonista, ao voltar à sua terra para visitar o pai e seu filho, não pôde reconhecê-la. Explique o motivo desse ocorrido.

14. O que aconteceu com Oisín quando a sela do cavalo escorregou e ele caiu no chão?

15. Ao final do texto é citado São Patrício. Qual é a importância dele para o mito lido?

16. Sabendo que o mito é uma narrativa ficcional que tenta explicar a origem daquilo que cerca o ser humano, podemos supor que São Patrício é inserido na narrativa:

A para trazer veracidade aos fatos.

B para mostrar que se trata de uma história ficcional.

C porque ele também era uma personagem mitológica.

Para saber mais

São Patrício é chamado Apóstolo da Irlanda e foi ordenado bispo em 432 d.C. Pediu para ser enviado à Irlanda, pois quando jovem, foi feito escravo após ter sido capturado por piratas irlandeses. Segundo a história, o monge tornou a Irlanda, país considerado o mais pagão à época, um dos lugares mais cristãos da Europa. É o patrono da Irlanda, e em 17 de março, seu dia de comemoração, na capital Dublin, faz-se o tradicional desfile de São Patrício, também realizado em outros países, como os Estados Unidos e o Canadá.

Detalhe de ilustração representando São Patrício.

17. Releia dois trechos do mito.

> I — Depois de três anos, o jovem herói, com saudades da terra em que havia nascido, pediu a Niam que lhe ensinasse o caminho para o Eire.

> II — O filho de Finn, porém, não conseguia reconhecer nem as casas nem as paisagens. Perguntou por sua gente, e lhe disseram que havia centenas de anos nenhum Fianna vivia por ali.

a) Identifique, em cada trecho, expressões que marcam a passagem do tempo e copie-as.

b) Qual é a relação entre as expressões que marcam a passagem do tempo nos trechos I e II?

18. Leia o excerto abaixo.

> Sete anos depois, ao sair para caçar na região de Benbulbin, os cães de Finn encontraram um menino que vivia sozinho na mata.

a) No cinema, alguns filmes mostram histórias semelhantes à de Oisín. Escreva em seu caderno qual dos filmes abaixo faz essa analogia.

O Pequeno Príncipe. Direção de Mark Osborne. França, 2015. (108 min).

Mogli: o menino lobo. Direção de Jon Favreau. Inglaterra, 2016. (106 min).

b) Você conhece algum outro filme que mostre uma história semelhante à de Oisín? Comente.

19. Você gostou do mito apresentado? Converse com seus colegas a respeito das suas impressões.

▶ **Aprenda mais**

Nessa edição comentada e ilustrada que conta a saga do Rei Arthur para retirar a espada Excalibur e tornar-se rei, você descobrirá que Merlin, mago que auxilia o Rei Arthur, era um druida, a classe mais importante dos povos celtas.

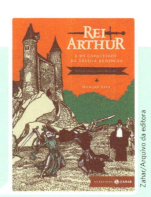

Howard Pyle. *Rei Arthur e os cavaleiros da távola redonda:* edição comentada e ilustrada. Rio de Janeiro: Zahar, 2013.

Conexões textuais

Os contos de fadas são tão antigos quanto os mitos. Enquanto estes falam sobre como tudo passou a existir, aqueles partem de situações pré-existentes, com uma "pitada" de fantasia. Com base no título do texto e nas ilustrações, o que será que esse conto de fadas abordará?

Entre as folhas do verde O

Na primeira corça que disparou, errou.

E na segunda corça acertou.

E beijou.

E a terceira fugiu no coração de um jovem.

Ela está entre as folhas do verde O.

Canção popular da Idade Média.

O príncipe acordou contente. Era dia de caçada. Os cachorros latiam no pátio do castelo. Vestiu o colete de couro, calçou as botas. Os cavalos batiam os cascos debaixo da janela. Apanhou as luvas e desceu.

Lá embaixo parecia uma festa. Os arreios e os pelos dos animais brilhavam ao sol. Brilhavam os dentes abertos em risadas, as armas, as trompas que deram o sinal de partida.

Na floresta também ouviram a trompa e o alarido. Todos souberam que eles vinham. E cada um se escondeu como pôde.

Só a moça não se escondeu. Acordou com o som da tropa, e estava debruçada no regato quando os caçadores chegaram.

Foi assim que o príncipe a viu. Metade mulher, metade corça, bebendo no regato. A mulher tão linda. A corça tão ágil. A mulher ele queria amar, a corça ele queria matar. Se chegasse perto será que ela fugia? Mexeu num galho, ela levantou a cabeça ouvindo. Então o príncipe botou a flecha no arco, retesou a corda, atirou bem na pata direita. E quando a corça-mulher dobrou os joelhos tentando arrancar a flecha, ele correu e a segurou, chamando homens e cães.

Levaram a corça para o castelo. Veio o médico, trataram do ferimento. Puseram a corça num quarto de porta trancada.

Todos os dias o príncipe ia visitá-la. Só ele tinha a chave. E cada vez se apaixonava mais. Mas a corça-mulher só falava a língua da floresta e o príncipe só sabia ouvir a língua do palácio.

Então ficavam horas se olhando calados, com tanta coisa para dizer.

Ele queria dizer que a amava tanto, que queria casar com ela e tê-la para sempre no castelo, que a cobriria de roupas e joias, que chamaria o melhor feiticeiro do reino para fazê-la virar toda mulher.

Ela queria dizer que o amava tanto, que queria casar com ele e levá-lo para a floresta, que lhe ensinaria a gostar dos pássaros e das flores e que pediria à Rainha das Corças para dar-lhe quatro patas ágeis e um belo pelo castanho.

Mas o príncipe tinha a chave da porta. E ela não tinha o segredo da palavra.

Todos os dias se encontravam. Agora se seguravam as mãos. E no dia em que a primeira lágrima rolou dos olhos dela, o príncipe pensou ter entendido e mandou chamar o feiticeiro.

Quando a corça acordou, já não era mais corça. Duas pernas só e compridas, um corpo branco. Tentou levantar, não conseguiu. O príncipe lhe deu a mão. Vieram as costureiras e a cobriram de roupas. Vieram os joalheiros e a cobriram de joias. Vieram os mestres de dança para ensinar-lhe a andar. Só não tinha a palavra. E o desejo de ser mulher.

Sete dias ela levou para aprender sete passos. E na manhã do oitavo dia, quando acordou e viu a porta aberta, juntou sete passos e mais sete, atravessou o corredor, desceu a escada, cruzou o pátio e correu para a floresta à procura de sua Rainha.

O sol ainda brilhava quando a corça saiu da floresta, só corça, não mais mulher. E se pôs a pastar sob as janelas do palácio.

Marina Colasanti. Entre as folhas do verde O. Em: *Uma ideia toda azul*. 23. ed. São Paulo: Global, 2016. ©by Marina Colasanti.

Para saber mais

Marina Colasanti nasceu em 1937 em Asmaro, capital da Eritreia. Em 1948, chegou ao Brasil, no Rio de Janeiro, onde vive até hoje. A escritora, que tem mais de 50 livros publicados no Brasil e no exterior, também foi jornalista e publicitária. Já recebeu vários prêmios Jabuti e frequentemente é possível encontrá-la em feiras literárias, congressos e simpósios nacionais.

Foto de Marina Colasanti, 2014.

1. As hipóteses que você levantou antes da leitura foram confirmadas? Converse com seus colegas a respeito.

2. Você reconheceu nesse conto alguma história que já tinha lido? Comente.

3. Leia os acontecimentos a seguir e relacione-os em seu caderno com os seguintes textos.

    I "Viagem de Oisín a Tir-Na-N'Og"
    II "Entre as folhas do verde O"
    III Canção popular da Idade Média

    A Um caçador se apaixona pela corça.
    B A moça era totalmente corça até que o encantamento foi quebrado assim que pisou nas terras de sua gente.
    C A moça era metade corça, metade mulher.
    D A moça e o jovem tinham planos diferentes em relação à vida de casal.
    E A moça e o jovem caçador se casam.
    F A moça foge para a floresta.

4. Qual a função que a canção popular exerce nesse conto de fadas?

5. Que semelhanças e diferenças há em relação ao tempo e ao espaço entre o conto "Entre as folhas do verde O" e o mito "Viagem de Oisín a Tir-Na-N'Og"?

6. Releia o trecho a seguir.

    > Ele queria dizer que a amava tanto, que queria casar com ela e tê-la para sempre no castelo, que a cobriria de roupas e joias, que chamaria o melhor feiticeiro do reino para fazê-la virar toda mulher.
    >
    > Ela queria dizer que o amava tanto, que queria casar com ele e levá-lo para a floresta, que lhe ensinaria a gostar dos pássaros e das flores e que pediria à Rainha das Corças para dar-lhe quatro patas ágeis e um belo pelo castanho.

    a) O príncipe e a mulher-corça tinham os mesmos sentimentos? Em que eles não concordavam?

    b) Na canção, não sabemos ao certo o que a corça pensava, mas pelo desfecho é possível afirmar que ela fugiu. Por que você acha que isso aconteceu?

    c) Geralmente, nos contos de fadas, a princesa espera por um príncipe que vai resgatá-la e, juntos, viverão felizes para sempre. Temos esse desfecho no conto "Entre as folhas do verde O"? Justifique sua resposta.

    d) Que ensinamento é possível identificar no conto "Entre as folhas do verde O"?

7. Agora, converse com os colegas sobre suas impressões acerca desse conto: se você gostou ou não, o que achou do enredo, das atitudes das personagens e do desfecho, por exemplo.

244

Estudo da língua

Estrutura verbal

Os verbos são formados de pequenas partes que nos fornecem diferentes informações a respeito deles. Vamos estudar agora cada uma dessas partes.

1. Releia dois trechos do mito "Viagem de Oisín a Tir-Na-N'Og" considerando as formas verbais em destaque e responda às questões.

> Um druida chamado Fer Doirich apaixonou-se por ela, mas a moça não **desejava** seu amor, e, por isso, o malvado usou suas artes de magia e a transformou em uma corça.

> O caçador a levou para sua casa e, ao pisar as terras de sua gente, os Fianna, o encantamento foi quebrado, e Finn viu diante de si uma princesa. Então os dois se **apaixonaram** e casaram.

Veja como esses verbos se estruturam, cada parte contendo uma informação.

desej + a + va   apaixon + a + ram

a) Em qual parte de cada verbo se encontra o significado básico deles?

b) Qual dessas partes é responsável por identificar a conjugação (primeira, segunda ou terceira) a que o verbo pertence?

c) Indique a pessoa do discurso (primeira, segunda ou terceira), o número (singular ou plural), o tempo e o modo em que esses verbos estão flexionados.

d) Como você chegou à resposta anterior?

Como você pôde perceber, cada parte de um verbo tem a função de informar algo a respeito dele, como o seu significado básico, a conjugação a que ele pertence e a pessoa, o número, o tempo e o modo em que ele está flexionado. Cada uma dessas partes recebe um nome.

- **Radical** é a parte do verbo em que está o sentido essencial dele.
- **Vogal temática** é a que indica a conjugação a que o verbo pertence: primeira, segunda ou terceira conjugação.
- **Desinência de modo e tempo** é a que indica o modo e o tempo do verbo.
- **Desinência de pessoa e número** é a parte que indica a pessoa do discurso e o número (singular ou plural).

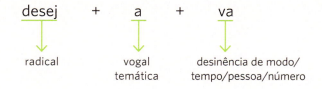

Verbos regulares e irregulares

A seguir você vai saber por que os verbos podem ser chamados de regulares ou irregulares.

1. Observe as flexões dos verbos a seguir, na primeira pessoa do singular, e responda às questões.

Tempos do modo indicativo	Verbo de 1ª conjugação	Verbo de 2ª conjugação	Verbo de 3ª conjugação
Presente	canto	corro	parto
Pretérito imperfeito	cantava	corria	partia
Pretérito perfeito	cantei	corri	parti
Pretérito mais-que-perfeito	cantara	correra	partira
Futuro do presente	cantarei	correrei	partirei
Futuro do pretérito	cantaria	correria	partiria

a) Quais são os radicais desses verbos? Com as flexões de tempo, eles se mantiveram ou foram alterados?

b) Agora compare a terminação dos verbos em cada tempo. O que é possível concluir em relação à terminação deles?

Para saber mais

A vogal temática pode não aparecer, por supressão, em algumas flexões, como **canto** e **falo**. Ela também pode assumir outras formas: por exemplo, em **cantei** e **falou**, a vogal temática **a** dá lugar a **e** e **o**, respectivamente.

Os verbos que, ao serem flexionados, não apresentam alteração no radical e mantêm as mesmas terminações dos outros verbos da mesma conjugação recebem o nome de **verbos regulares**.

2. Compare agora duas flexões dos verbos **correr** e **fazer**. Em seguida, responda às questões.

	Presente do indicativo	Pretérito perfeito do indicativo
correr	eu corro	eu corri
fazer	eu faço	eu fiz

a) O verbo **fazer** conservou o radical nas formas verbais do quadro?

b) Quanto às terminações do verbo **fazer**, elas são idênticas às do verbo **correr**? Justifique sua resposta.

Os verbos que, ao serem flexionados, sofrem alteração no radical ou nas terminações, não seguindo um modelo de conjugação, são chamados **verbos irregulares**.

Atividades

1. Observe o anúncio de propaganda a seguir para responder às questões.

Ministério da Saúde. Anúncio de propaganda da Campanha contra a dengue, 2015.

a) Qual o objetivo desse anúncio de propaganda?
b) Explique, com suas palavras, o texto em destaque nesse anúncio.
c) Que relação pode ser estabelecida entre a linguagem verbal e a linguagem não verbal desse anúncio?
d) Além da imagem em destaque, o anúncio apresenta outras quatro atitudes que devemos ter no combate ao mosquito da dengue. Quais são elas?
e) Em que modo estão as formas verbais empregadas no trecho que apresenta essas quatro atitudes?
f) Por que foi empregado esse modo verbal?
g) Que formas verbais foram empregadas nesse anúncio? Classifique-as em regulares e irregulares.
h) Escreva uma frase na primeira pessoa do singular do pretérito perfeito do indicativo para cada verbo irregular identificado no anúncio.
  • O que foi possível observar nessas formas verbais?

247

2. Leia a tirinha abaixo em que a personagem Menino Maluquinho é entrevistada por Julieta.

Ziraldo. *As melhores tiradas do Menino Maluquinho.* 5. ed. São Paulo: Melhoramentos, 2002. p. 65.

a) Nessa tirinha que papel Julieta e Maluquinho desempenham?

b) Você já participou de alguma pesquisa? Em caso afirmativo, conte aos colegas o assunto da pesquisa e como foi participar dela.

c) O que demonstra a expressão facial de Maluquinho no terceiro quadrinho?

d) Que sentido Maluquinho atribuiu à palavra **Brasil**? Esse era o sentido pretendido por Julieta? Explique.

e) Em sua opinião, por que Maluquinho atribui esse significado à palavra **Brasil**? Você costuma utilizá-la com esse sentido ou já presenciou alguém fazendo esse uso?

f) No segundo quadrinho, que verbo Julieta emprega em sua fala? Indique qual é a conjugação dele.

- Imagine que a pesquisa de Julieta fosse sobre o Brasil de um futuro distante (dez anos depois, por exemplo). Como o verbo ficaria?
- E como ficaria o verbo se a pesquisa fosse sobre um Brasil do passado (um ano antes, por exemplo)?

g) Porque o verbo **ser** sofre essas mudanças de acordo com as flexões de tempo?

h) Além da confusão que Maluquinho fez com os sentidos da palavra **Brasil**, copie em seu caderno a alternativa que apresenta outro fato que também dá um tom de humor à tirinha.

A) O fato de Maluquinho não tirar as mãos do bolso.

B) A opinião de Maluquinho ao dizer que o problema é o time todo.

C) O modo como Julieta faz a pergunta.

D) A expressão de dúvida de Maluquinho no segundo quadrinho.

3. Leia um trecho do mito "Teseu e o Minotauro".

[...]

Minotauro, monstro com cabeça de touro e corpo de homem, era mantido preso pelo rei Minos no centro do labirinto construído por Dédalo sob o palácio de Creta. Um dos problemas do rei era fornecer alimento ao Minotauro, que se **nutria** principalmente de carne humana. Assim, o rei Minos decretou que a cada ano a cidade de Atenas **deveria** enviar a Creta sete moças e sete rapazes para serem devorados pelo Minotauro.

Ano após ano um navio com velas pretas **transportava** as vítimas de Atenas para Creta. [...]

Eric A. Kimmel. Teseu e o Minotauro. Em: *Mitos gregos*. Ilustrações originais de Pep Montserrat. Tradução de Monica Stahel. São Paulo: WMF Martins Fontes, 2008. p. 77.

a) Segundo esse trecho, quais são as características do Minotauro?
b) Quem o mantinha preso? Que dificuldade essa pessoa tinha?
c) Para resolver esse problema, que medida essa pessoa tomou?
d) Escreva o infinitivo das formas verbais destacadas nesse trecho.
e) Qual é o radical e a vogal temática dessas formas verbais?
f) A que conjugação cada um desses verbos pertence?
g) Se retirarmos o radical e a vogal temática desses verbos, que partes deles sobram?
   • Qual é o significado dessas partes?

4. Em duplas, pesquisem como fica a conjugação dos verbos **ser** e **ouvir** no modo indicativo e depois respondam às questões.

a) A que conjugação esses verbos pertencem? Expliquem.
b) Esses verbos são regulares ou irregulares? Justifiquem.

5. Copie no caderno a alternativa que apresenta apenas verbos irregulares.

A dar, estar, abrir, falar
B vir, caber, trazer, estar
C amar, escrever, dar, ir
D imprimir, acordar, lavar, trazer

249

Leitura 2

*Como você viu, os mitos são narrativas criadas para explicar aspectos importantes da vida humana. Leia o título e observe as ilustrações que acompanham o texto. Você já ouviu falar nas personagens Eco e Narciso? E nas palavras **eco** e **narciso**? Será que elas têm alguma relação com o mito que você vai ler?*

Eco e Narciso

Eco era uma ninfa da floresta, bonita e gentil. Ártemis, deusa da lua, a estimava muito e, quando ia caçar na floresta, sempre a chamava para lhe fazer companhia.

Eco, no entanto, tinha um defeito. Gostava muito de falar. Não lhe importava que as pessoas não ouvissem o que dizia. Quando começava a tagarelar, era difícil fazê-la parar.

Certa vez, Hera, rainha dos deuses, foi visitar Ártemis. As duas mal conseguiam conversar, pois Eco as interrompia a todo instante. Ártemis a advertiu, pedindo que se calasse, mas a ninfa não lhe deu atenção. Ela falava tanto, que Hera acabou perdendo a paciência.

— Já que gosta de falar, então fale. Só que nunca mais poderá começar uma conversa. Já que gosta de ter a última palavra, você a terá sempre. Mas nunca mais dirá palavras suas. Eu a condeno a sempre repetir as palavras de outras pessoas.

— Palavras de outras pessoas — disse Eco. — ... pessoas.

De fato, a partir de então a ninfa Eco já não conseguia dizer suas próprias palavras.

Então Eco deixou as outras ninfas e foi viver numa região da floresta aonde raramente chegava alguém. Ela passou muito tempo sem falar nada. Um dia, um jovem caçador vagava por aquele lugar. Era um rapaz lindíssimo, chamado Narciso. Escondida atrás das árvores, Eco o observava. Ficou morrendo de vontade de falar com Narciso, mas seria incapaz de dizer uma só palavra antes que ele falasse.

Rogério Coelho

250

E Eco o seguiu através da floresta. Depois de um tempo, Narciso a notou e, com um sorriso, chamou.

— Olá? Quem é você? Como é seu nome?

— Como é seu nome... seu nome... seu nome... — disse Eco.

— Meu nome é Narciso — ele respondeu. — Vim à floresta para caçar. Agora é sua vez, diga seu nome.

— Diga seu nome... nome... nome... — disse Eco.

— Eu já disse meu nome. Eu me chamo Narciso. Você não ouviu?

— Não ouviu... ouviu... ouviu — Eco respondeu.

Narciso começou a se irritar.

— Está querendo brincar? Não gosto que zombem de mim. Se quiser conversar, responda direito. Senão vá embora.

— Vá embora... embora... embora... — disse Eco.

A pobre ninfa não sabia o que fazer. Como poderia explicar a Narciso que só conseguia repetir as palavras dele? Eco saiu de trás da árvore e, de braços abertos, correu ao encontro do rapaz. Queria que ele compreendesse que desejava ser sua amiga.

Mas Narciso continuou achando que Eco estava zombando dele.

— Não me mande embora. Vá embora você! — ele disse.

Narciso derrubou a ninfa com um empurrão. Caída no chão, ela começou a chorar. Lágrimas rolavam por seu rosto, mas nenhuma palavra saía de seus lábios.

— Pode chorar à vontade — disse Narciso —, suas lágrimas não me comovem. Cada um tem o que merece.

E Narciso foi embora, carregando nos ombros o arco e as flechas. Eco tentou chamá-lo de volta, mas só conseguia dizer:

— Tem o que merece... o que merece...

Com o coração dilacerado, Eco foi murchando. Foi sumindo devagarinho, até se tornar apenas uma sombra no meio das folhas da floresta. Por fim, a sombra também desapareceu. De Eco só restou a voz, sempre repetindo as palavras dos outros.

Até hoje podemos ouvi-la entre as colinas e montanhas, repetindo o que dizemos.

E o que foi feito de Narciso? Ártemis resolveu castigá-lo por ele ter sido tão cruel com Eco. A deusa fez aparecer na floresta uma linda fonte, de águas prateadas e brilhantes. Mergulhou nela uma de suas flechas e conferiu ao espelho de suas águas o poder mágico de tornar mais belas as imagens que refletia.

Uma tarde, depois de caçar durante horas, Narciso ajoelhou-se ao lado da fonte, cansado e sedento. Então ele viu seu rosto refletido na água. Era a imagem de um rapaz lindo e cheio de vida. Narciso não se reconheceu, e se apaixonou por aquela pessoa encantadora.

— Fala comigo — ele disse. — Como é teu nome?

A imagem refletida na água moveu os lábios mas não disse nada. Narciso tentou beijá-la, mas a imagem desapareceu no momento em que seus lábios tocaram a fonte.

— Bela criatura, mesmo que eu não possa te tocar, jamais deixarei de te admirar — Narciso suspirou.

A partir de então, Narciso passava os dias sentado ao lado da fonte, admirando sua própria imagem. O rapaz não comia, não dormia, foi se tornando fraco e pálido. Seu corpo definhava. Ele se sentia desvanecer, mas não conseguia se afastar daquele lugar.

— Ai de mim! — ele dizia à sua imagem refletida. — Se pelo menos eu pudesse dizer quanto te amo!

Então Narciso morreu. E Eco repetiu suas últimas palavras por muito, muito tempo:

— ... quanto te amo... quanto te amo...

As ninfas saíram em busca de Narciso para enterrá-lo. Mas, no lugar onde ele morrera, encontraram apenas uma bela flor, que parecia uma trombeta dourada cercada por pétalas amarelas.

Essa flor se chama narciso, em memória do pobre rapaz que morreu de amor por si mesmo.

Eric A. Kimmel. Eco e Narciso. Em: *Mitos gregos*. 3. ed. Ilustrações originais de Pep Montserrat. Tradução de Monica Stahel. São Paulo: WMF Martins Fontes, 2013. p. 22-29.

Estudo do texto

1. Após a leitura do mito, suas hipóteses iniciais foram confirmadas?

2. O mito "Eco e Narciso" explica o surgimento de dois elementos. Quais são eles?

3. Sobre as personagens do mito, responda às seguintes questões.
   a) Quem são elas?
   b) Quem são as protagonistas?

4. Quando e onde ocorre essa narrativa? Cite expressões ou trechos do texto que caracterizam o tempo e o espaço em que a história ocorre.

5. Embora bonita e gentil, a ninfa Eco tinha um defeito.
   a) Que defeito era esse que incomodava os outros?
   b) O que Hera fez para conter esse defeito?

6. Releia este trecho.

> De fato, a partir de então a ninfa Eco já não conseguia dizer suas próprias palavras.
>
> Então Eco deixou as outras ninfas e foi viver numa região da floresta aonde raramente chegava alguém. Ela passou muito tempo sem falar nada.

Em sua opinião, por que Eco tomou essa atitude após ser castigada por Hera?

7. Sobre o encontro de Eco e Narciso, releia o trecho a seguir.

> Escondida atrás das árvores, Eco o observava. Ficou **morrendo** de vontade de falar com Narciso, mas seria incapaz de dizer uma só palavra antes que ele falasse.

   a) Que efeito de sentido a palavra **morrendo** expressa nesse contexto?
   b) Ao encontrar Narciso, Eco só conseguia repetir o que ele dizia. Como o jovem se sentiu ao conversar com a ninfa?
   c) Já que não podia falar com Narciso, a ninfa tentou fazê-lo entender de outra forma que desejava ser sua amiga. Que forma foi essa?
   d) Qual foi a reação de Narciso diante desse gesto de Eco?

8. Depois do desentendimento com Narciso, o narrador descreve como a ninfa se transformou em eco. Copie do texto o fragmento que explica como isso aconteceu.

Rogério Coelho

9. Ártemis castigou Narciso por ele ter sido cruel com Eco.

　　a) Qual foi o castigo da deusa?

　　b) O que ocorreu com Narciso após o castigo?

10. Releia os trechos a seguir e responda à questão.

　　I Eco era uma ninfa da floresta, **bonita** e **gentil**.

　　II Era um rapaz **lindíssimo**, chamado Narciso.

Sabendo que Eco era **bonita** e Narciso, **lindíssimo**, qual dos dois você entende ser o mais bonito? Por quê?

11. Depois que Eco foi castigada, todas as falas dela têm a utilização de reticências. Releia uma delas.

　　— Diga seu nome... nome... nome... — disse Eco.

Que efeito de sentido o uso dessa pontuação provoca no texto?

12. É muito comum ouvirmos as pessoas atribuírem o adjetivo **narcisista** a outra pessoa. Após a leitura desse mito, o que você acha que essa palavra significa?

13. Quais características do gênero mito são possíveis de observar no texto "Eco e Narciso"?

14. A palavra **mito** é muito utilizada em nosso dia a dia. Leia os títulos jornalísticos abaixo e responda às questões.

AdoroCinema, 10 mar. 2015. Disponível em: <http://www.adorocinema.com/slideshows/filmes/slideshow-112051/>. Acesso em: 23 jul. 2018.

MegaCurioso, 4 set. 2014. Disponível em: <https://www.megacurioso.com.br/mito-ou-verdade/45536-5-mitos-que-muita-gente-ainda-acredita-sobre-o-corpo-humano.htm>. Acesso em: 23 jul. 2018.

　　a) A palavra **mito** apresenta o mesmo sentido nos dois títulos? Justifique sua resposta.

　　b) Você conhece outros significados para a palavra **mito**? Se não, consulte um dicionário e escreva mais um significado para esse termo.

15. Que semelhanças e diferenças existem entre os mitos "Viagem de Oisín a Tir-Na-N'Og" e "Eco e Narciso"?

16. Observe as imagens abaixo. A primeira reproduz uma pintura de Caravaggio (1571-1610) e a segunda reproduz uma obra do artista Vik Muniz (1961-).

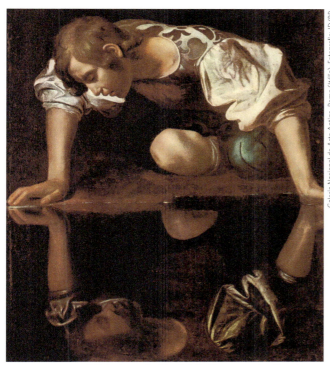

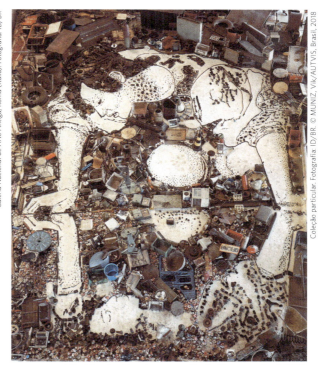

Michelangelo Merisi da Caravaggio. *Narciso na fonte*, 1599. Óleo sobre tela, 113 cm × 95 cm. Galleria Nazionale d'Arte Antica, Roma, Itália.

Vik Muniz. *Narciso, a partir de Caravaggio*, 2005. Cópia comogênica digital, 224,80 cm × 180,30 cm. Coleção particular.

a) Quais foram as suas impressões sobre cada uma dessas obras?

b) Quais possíveis materiais foram utilizados para compor cada uma das imagens?

c) Qual das duas obras nasceu primeiro? Por quê?

d) Quais semelhanças e diferenças podem ser encontradas entre as imagens?

e) As duas obras fazem referência a uma passagem do mito "Eco e Narciso". Que momento é esse?

f) Considerando os materiais utilizados e a imagem construída, que crítica pode ser percebida na obra de Vik Muniz?

17. As narrativas mitológicas foram criadas para explicar o surgimento e a existência de fenômenos diversos que hoje podem ser, em sua maioria, explicados pela ciência. Dessa maneira, em sua opinião, qual o valor dessas narrativas hoje?

18. Você gostou de ler o mito? O que achou dessa história: triste, feliz, interessante, previsível, surpreendente? Justifique sua resposta.

255

Estudo da língua

Concordância verbal

Você estudou nos capítulos anteriores a classe dos verbos. Agora vai estudar como eles se relacionam com as demais palavras em um contexto.

1. Releia alguns trechos do mito "Eco e Narciso" prestando atenção nas formas verbais destacadas.

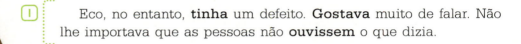

I. Eco, no entanto, **tinha** um defeito. **Gostava** muito de falar. Não lhe importava que as pessoas não **ouvissem** o que dizia.

II. Então Eco **deixou** as outras ninfas e **foi viver** numa região da floresta aonde raramente chegava alguém. Ela **passou** muito tempo sem falar nada. Um dia, um jovem caçador **vagava** por aquele lugar.

a) Identifique em seu caderno a quais palavras as formas verbais destacadas no trecho I estão se referindo.

b) Faça o mesmo no trecho II, isto é, localize a quais palavras as formas verbais destacadas estão se referindo.

c) Em relação às formas verbais, que função as palavras que você identificou desempenham nas frases? Copie a alternativa correta em seu caderno.

A Elas indicam o que se fala sobre os verbos.

B Elas indicam qual verbo deve ser empregado.

C Elas indicam quem pratica a ação expressa pelos verbos.

2. Vamos analisar agora o segundo trecho.

I. Então Eco **deixou** as outras ninfas e **foi viver** numa região da floresta aonde raramente chegava alguém.

II. **Ela passou** muito tempo sem falar nada.

a) Nos dois exemplos as formais verbais em destaque e as palavras às quais elas se referem estão em que número?

b) A outra palavra destacada no trecho II pertence a qual classe gramatical?

c) Copie em seu caderno que função essa palavra exerce nesse trecho.

A Expressa uma ação realizada pela personagem do mito.

B Substitui o nome de uma das personagens já citadas no mito.

C Atribui uma qualidade a uma personagem do mito.

3. Agora observe dois exemplos retirados do primeiro trecho.

> I Eco, no entanto, **tinha** um defeito.

> II Não lhe importava que as pessoas não **ouvissem** o que dizia.

a) As formas verbais e as palavras às quais elas se referem estão em que número em cada um dos trechos?

b) O que aconteceria com o trecho **I** se no lugar de se referir à Eco o verbo se referisse à Eco e a Narciso? Complete o exemplo em seu caderno.

> Eco e Narciso, no entanto, ■ um defeito.

c) E se no exemplo **II** no lugar de "as pessoas" tivéssemos a palavra "Hera", como ficaria a forma verbal? Reescreva o exemplo em seu caderno realizando essa adequação.

4. Leia a capa da revista abaixo e responda às questões.

Minas Faz Ciência, Minas Gerais, FAPEMIG, n. 59, set. a nov. 2014.

a) Com base no título da revista, copie em seu caderno a alternativa que apresenta os assuntos que podem ser encontrados nela.

  A ciência, esporte e tecnologia

  B tecnologia, ciência e inovação

  C ciência, economia e esporte

b) A forma verbal **revelam** se refere a qual palavra?

c) Essa forma verbal e a palavra identificada por você estão em que número?

d) Agora, observe os dizeres a seguir.

- A qual palavra a forma verbal **está** se refere?
- Em que número estão essa forma verbal e a palavra que você identificou?

5. A partir do que respondeu nas atividades anteriores, o que é possível concluir em relação aos verbos em uma oração?

Damos o nome de **concordância verbal** quando o verbo se flexiona para concordar em número e pessoa com a palavra a que ele se refere.

Atividades

1. Leia a tirinha e responda às questões a seguir.

Charles M. Schulz. *É para isso que servem os amigos*. Tradução de Alexandre Boide. Porto Alegre: L&PM, 2015. p. 62.

a) Por qual motivo Snoopy decidiu fazer amizade com o gato?

b) Quando Snoopy diz: "É tempo de **esquecermos** nossas diferenças!", a quem a forma verbal destacada está se referindo?

c) Por que essa forma verbal está flexionada na primeira pessoa do plural?

d) O que é possível concluir de acordo com o último quadrinho?

258

2. Leia o anúncio de propaganda a seguir.

Ministério da Saúde. Cartaz para campanha de vacinação contra o sarampo, 2018.

a) Qual a importância de campanhas como a apresentada no anúncio?
b) Releia os seguintes dizeres do anúncio.

> Pessoas de 6 meses a 49 anos de idade **devem** ser vacinadas.

- Em que número e pessoa a forma verbal destacada está flexionada?
- Por que essa forma verbal precisa estar flexionada dessa maneira?

c) Todas as pessoas que estão na faixa etária divulgada precisam se vacinar?
d) Que instituição está divulgando essa campanha?
e) De que forma as pessoas podem acompanhar as campanhas dessa instituição?
f) Nesse anúncio também foram empregadas algumas formas verbais no modo imperativo. Por que isso acontece em textos como esse?

Escrita em foco

Acentuação das proparoxítonas

Na unidade anterior, estudamos as regras de acentuação das palavras oxítonas e paroxítonas, agora vamos estudar como as proparoxítonas são acentuadas.

1. Você acredita em destino? Leia abaixo um trecho do mito grego de Perseu. Ainda bebê, Perseu foi lançado ao mar com sua mãe, Dânae, por seu avô, Acrísio. O avô temia uma profecia que dizia que seria morto pelo neto.

A morte de Acrísio

Perseu ia voltar para sua terra natal, Argos, quando ouviu falar do **oráculo** que profetizara que o filho de Dânae iria matar seu próprio avô; por isso, decidiu continuar no exílio. Viajou, então, para Pelágia (ou, segundo alguns relatos, Larissa), na Tessália, onde o rei do lugar, **Teutâmides**, promovia um torneio funeral em honra de seu recém-falecido pai. Perseu gostava de competir em torneios, especialmente no lançamento de disco, seu esporte favorito. Mas quando fez seu arremesso, o disco saiu de curso, atingiu e matou um dos homens que estava na plateia. Infelizmente, a **vítima** foi o avô de Perseu, Acrísio.

Philip Wilkinson. A morte de Acrísio. Em: *Mitos & lendas*. Tradução de Angela Maria Moreira Dias; Jefferson Luiz Camargo; Simone Campos. São Paulo: WMF Martins Fontes, 2010. p. 55.

a) Perseu sabia que encontraria seu avô, Acrísio, no torneio funeral? Justifique sua resposta.

b) Você acha que Acrísio reconheceu Perseu como seu neto no momento da competição? Justifique sua resposta.

c) A revelação explícita de que Perseu era neto de Acrísio ocorre apenas no final do texto. Além disso, a morte de Acrísio acontece em uma terceira cidade, que não era a do exílio de Perseu nem a cidade de que Acrísio era rei. O que esses fatos revelam sobre o modo como os gregos antigos entendiam o destino?

2. Volte ao texto e analise as palavras destacadas. Quanto à tonicidade, qual é a classificação delas? Justifique sua resposta.

   • Quanto à acentuação, há alguma semelhança entre elas? Explique.

Todas as palavras **proparoxítonas** da língua portuguesa são acentuadas.

Atividades

1. Identifique quais das palavras abaixo são proparoxítonas e registre-as em seu caderno.

> árvore • jóquei • romântico • dominó
> música • sonâmbulo • automóvel • caráter
> pônei • bebê • helicóptero • óculos
> bíceps • abdômen • quilômetro • purê

2. Releia um trecho do mito "Eco e Narciso".

> Eco era uma ninfa da floresta, bonita e gentil. Ártemis, deusa da lua, a estimava muito e, quando ia caçar na floresta, sempre a chamava para lhe fazer companhia.
>
> Eco, no entanto, tinha um defeito. Gostava muito de falar. Não lhe importava que as pessoas não ouvissem o que dizia. Quando começava a tagarelar, era difícil fazê-la parar.

- Encontre nesse trecho palavras que se enquadram nas regras de acentuação abaixo.

   A As palavras oxítonas terminadas em **e** são acentuadas graficamente.

   B Na língua portuguesa, todas as palavras proparoxítonas são acentuadas graficamente.

   C As palavras paroxítonas terminadas em **l** são acentuadas graficamente.

3. Copie as frases a seguir em seu caderno, acentuando as palavras proparoxítonas. Analise o sentido das frases antes de acentuar as palavras.

   a) Eu me medico apenas com orientação profissional.
   b) Vou ao medico amanhã.
   c) A pratica de esportes faz bem à saúde.
   d) Ela pratica vários esportes.

4. No quadro abaixo, há palavras oxítonas, paroxítonas e proparoxítonas. No caderno, divida-as nesses três grupos e acentue-as.

> boxer • armazens • brocolis • consul
> alguem • sabado • latex • nailon
> cocorico • plastico • boi-bumba • bonus
> matematica • imã • croche • pessego

- Estabeleça uma regra de acentuação para cada grupo de palavras.

261

Produção de texto

Mito

Neste capítulo, você leu um mito sobre os antigos povos da Irlanda e outro sobre o surgimento do eco e da flor narciso. Você aprendeu que os mitos são narrativas que buscam explicar a origem da humanidade, seus comportamentos e os elementos que os cercam.

Por serem narrativas muito ricas, eles nos trazem grandes ensinamentos que não podem deixar de serem compartilhados e transmitidos a outras pessoas. Por isso, agora você tem a missão de recontar, por escrito, um mito. A sua produção e a de seus colegas farão parte do **Livro de mitologias** da turma. A versão impressa ficará disponível para empréstimo na escola e a versão digital deverá ser postada no *blog* da turma para que outras pessoas conheçam os textos de vocês.

Para começar

Primeiro é necessário escolher se você vai reescrever um dos mitos lidos na unidade ou se vai pesquisar outro. Para isso, veja os encaminhamentos a seguir.

Recontar um mito lido neste capítulo

Se essa for a sua opção, decida se você quer recontar o mito "Viagem de Oisín a Tir-Na-N'Og" ou "Eco e Narciso". Em seguida, releia o mito escolhido para relembrar todos os acontecimentos da história.

Identifique quando e onde a história acontece e os seguintes aspectos sobre as personagens: quem são elas (humanas ou seres sobrenaturais), os elementos associados a elas, as ações que praticam, como se comportam, etc.

Recontar um mito pesquisado

Se escolher essa proposta, pesquise e leia mitos de diferentes origens, como os mitos egípcios, gregos, astecas, entre outros. Escolha o que mais gostar ou um mito menos conhecido que achar interessante.

Releia diversas vezes o texto escolhido e faça algumas anotações sobre os seguintes aspectos: o elemento que o mito busca explicar; quando e onde a história acontece; quem são as personagens, quais são suas características, ações e comportamentos; e outras informações que considerar importantes.

Seja qual for a sua opção, pense em como você pode recontar o mito com suas próprias palavras e em um título que o represente e que chame a atenção do leitor.

▶ **Aprenda mais**

O livro *América mítica: histórias fantásticas de povos nativos e pré-colombianos* apresenta diversas personagens da mitologia do nosso continente em suas belas e profundas narrativas, que revelam nossa herança mítica. Uma fonte de cultura e sabedoria!

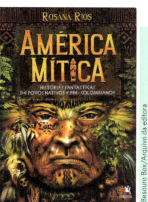

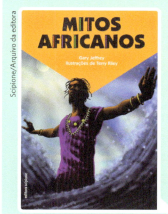

Rosana Rios. *América mítica*: histórias fantásticas de povos nativos e pré-colombianos. Porto Alegre: Besouro Box, 2013.

Já no livro *Mitos africanos*, você conhecerá personagens grandiosas de histórias originárias de diversos lugares e povos, que são contadas por meio de quadrinhos.

Gary Jeffrey. *Mitos africanos*. Ilustrações de Terry Riley. São Paulo: Scipione, 2011.

▍ **Estruture seu texto**

Depois de decidir qual mito você vai recontar, é hora de planejar o texto. Para isso, é importante organizar e pensar como serão desenvolvidos os seguintes passos.

1 Escreva seu texto seguindo a estrutura narrativa: situação inicial, desenvolvimento (conflito e clímax) e desfecho.

2 O narrador do mito costuma ser observador, por isso utilize a terceira pessoa.

3 Lembre-se de que o mito explica o surgimento de uma realidade e/ou apresenta atos heroicos, por isso retome qual dessas situações o mito que você escolheu representa e construa a história organizando os fatos em sequência e com encadeamento lógico.

4 Descreva quando e onde a história acontece. Você pode utilizar expressões como "certa vez", "há muito tempo", "na Grécia antiga", "na época dos faraós", etc.

5 Ao incluir as personagens na história, caracterize-as de acordo com o que elas são, humanas ou seres sobrenaturais (ninfas, deuses, titãs, monstros, etc.), e discorra sobre os comportamentos e ações delas.

6 Preste atenção no emprego dos verbos, na escrita e acentuação das palavras e nos sinais de pontuação. Lembre-se de empregar dois-pontos e travessão ao reproduzir as falas das personagens.

7 Empregue pronomes e sinônimos para evitar a repetição de palavras no texto.

8 Por fim, dê um título interessante ao seu texto, relacionado ao conteúdo, às personagens ou à realidade que pretende explicar.

Avalie e reescreva seu texto

Depois de estruturar seu texto e elaborar a primeira versão, troque-o com um colega e verifique se o texto dele contempla os itens abaixo.

- ✓ O mito foi escrito de acordo com a estrutura narrativa, apresentando situação inicial, conflito, clímax e desfecho?
- ✓ Ele apresenta explicação para o surgimento de alguma realidade e/ou atos heroicos?
- ✓ Os fatos da história foram narrados em sequência e com encadeamento lógico?
- ✓ O narrador é observador?
- ✓ O tempo e o espaço em que a história acontece foram mencionados e/ou descritos?
- ✓ As personagens foram caracterizadas como humanas, deusas(es), ninfas, etc.?
- ✓ Empregou-se adequadamente os verbos, os sinais de pontuação e ficou atento na escrita correta das palavras?
- ✓ A repetição de palavras foi evitada com o emprego de pronomes e sinônimos?
- ✓ O título representa bem a história, é sugestivo e interessante?

Após conferir todos os itens, você e o seu colega devem observar o que pode ser melhorado nos textos. Em seguida, verifique se, além dos apontamentos feitos, há mais alguma adequação a ser realizada e elabore a última versão de seu texto. Se possível, ilustre-o para que fique mais atrativo.

Na sequência, você e seus colegas devem produzir o **Livro de mitologias** da turma. Para isso, dividam-se em grupos, os que ficarem responsáveis pela versão impressa devem produzir a capa, o sumário, organizar os recontos dos mitos, paginá-los e encadernar o livro; para a versão digital, os grupos devem escanear todos os recontos, organizá-los e postá-los no *blog* da turma, se possível também postem uma fotografia da turma com a versão impressa em mãos. Por fim, disponibilizem o livro à biblioteca da escola e divulguem o endereço do *blog* para que várias pessoas conheçam a produção de vocês.

Verifique seu desempenho

Chegou o momento de refletir sobre como foi desenvolver esta produção. Para isso, copie o quadro a seguir em seu caderno e responda aos questionamentos propostos.

A Fiz um bom planejamento, estruturei e reescrevi meu texto com atenção?			
B Li com atenção o texto de meu colega e procurei indicar o que poderia ser melhorado?			
C Auxiliei os meus colegas na produção do **Livro de mitologias** da turma?			
D Anote em seu caderno o que você poderia ter feito para melhorar seu texto e o trabalho conjunto com os colegas da turma.			

Para saber mais

O mito pode ser diferenciado das outras narrativas pela sua origem. Ao contrário da maioria das obras de ficção, não tem autoria individual, mas sim coletiva, por isso, a cada vez que ele é contado, pode se modificar.

Estudiosos afirmam que a mitologia é criada por meio das interpretações de um povo: primeiramente alguém conta as histórias, aqueles que as ouviram passam-nas para frente e seus ouvintes contam-na novamente e assim por diante. Por serem contados e recontados, há mais de uma versão para uma mesma história.

Na cultura em que o mito foi criado, ele é considerado verdade e tido como sagrado, por isso costuma ser ligado à religião e envolver poderes ou entidades superiores. Os deuses e outros seres sobrenaturais nessas narrativas costumam ser adorados ou reverenciados.

Veja, a seguir, alguns autores gregos e romanos que registraram mitos e se tornaram famosos.

Homero

Autor grego, considerado o maior poeta do mundo antigo, escreveu obras importantes, como *Ilíada* e *Odisseia*.

Sófocles

Também grego, viveu durante uma época de muitas guerras, considerado um dos maiores autores de tragédias, sendo a mais conhecida delas *Édipo Rei*.

Virgílio

Foi um poeta popular, conhecido por escrever *Eneida*, poema épico que conta a história das origens de Roma.

Ovídio

Era muito habilidoso ao contar histórias, escreveu várias obras, dentre elas o poema narrativo *Metamorfoses*, que também é conhecido como "o grande tesouro da mitologia clássica".

Verificando rota

Agora chegou o momento de organizar os conceitos que foram estudados neste capítulo. Primeiro, vamos verificar se você já conseguiu assimilar esses conhecimentos, por meio das perguntas a seguir.

1. Como você definiria o gênero mito?
2. Explique com suas palavras o que é um verbo regular e o que é um verbo irregular.
3. Quando o verbo concorda com a palavra a que se refere em número e grau, podemos afirmar que temos um caso de ▪.
4. Qual é a regra de acentuação para as palavras proparoxítonas?
5. Pesquise em diversas fontes os conteúdos estudados neste capítulo e elabore um esquema que possa facilitar seus estudos.

CAPÍTULO 8

Leitura 1

Lenda

As histórias contadas pelos indígenas revelam a riqueza e a diversidade desses povos, que contribuíram muito para a formação da cultura brasileira. A seguir, você vai conhecer uma dessas histórias. Você já leu ou ouviu alguma lenda indígena? Observando as ilustrações do texto, sobre o que você imagina que seja a história?

O canto da flauta mágica: o irapuru

O irapuru é um dos menores pássaros da Floresta Amazônica e sem qualquer cor que chame atenção. Comparado ao esplendor dos papagaios e dos tucanos, pode ser considerado até feio. Mas, em compensação, possui uma voz incomparável. Canta apenas quinze dias ao ano, por não mais de cinco minutos, somente durante o tempo de nidificação. Seu gorjeio acontece já ao alvorecer, quando todos os demais passarinhos estão ainda dormindo. Sua voz, bela e triste, penetra longe pela mata afora. Por que o irapuru gorjeia com tanto sentimento? Os índios Tupi encontraram uma explicação.

Havia na tribo um jovem que tocava maravilhosamente flauta. Apelidaram-no até de Catuboré, que significa "a flauta mágica". Não era bonito, nem tinha especial charme. Mas por causa dos sons melodiosos de sua flauta era cobiçado por quase todas as meninas casadouras. No entanto, somente a simpática Mainá conseguira conquistar seu coração. Marcaram o casamento para a primavera, quando na mata florescem as quaresmeiras roxas e amarelas e os fedegosos se enchem de vermelho.

Mas aconteceu uma tragédia. Certo dia, Catuboré, o "flauta mágica", saiu para a pesca num lago, distante da maloca. Escureceu e ele nada de chegar.

266

Mainá e suas amigas passaram a noite em claro, com o coração apertado de preocupação e de maus pressentimentos. No dia seguinte, a tribo inteira se mobilizou, procurando-o por todos os caminhos. Finalmente, não muito distante do lago, encontraram o "flauta mágica" morto e enrijecido, ao pé de uma grande árvore. Logo entenderam: uma serpente venenosa lhe havia picado mortalmente a perna.

Todos choraram copiosamente, de modo especial Mainá e as moças que tanto apreciavam os sons maviosos de sua flauta. Mas como estavam distantes da maloca e quase todos estavam ali presentes, resolveram enterrar Catuboré ali mesmo, ao pé da árvore que assistira à sua morte.

Mainá, quando a saudade batia mais forte, vinha com suas amigas chorar sobre a sepultura do amado. Passaram-se várias semanas e a saudade e as lágrimas não diminuíam.

A alma de Catuboré, vendo a tristeza da namorada, não conseguia também ficar em paz. Chorava junto e lastimava o seu infortúnio. Pediu, então, ao espírito da mata que o transformasse num pássaro, mesmo que fosse pequenino e feio, contanto que fosse cantador, capaz de consolar Mainá.

E foi transformado, então, no irapuru. Ele é parecido com Catuboré, pois não tem especial beleza, mas canta como ninguém na floresta, num som semelhante ao da sua flauta.

Hoje, tanto tempo depois, o irapuru continua a cantar, embora apenas ocasionalmente. Mas quando entoa seu canto belo e triste, todos os animais se sentem atraídos uns pelos outros, começam a namorar e a se beijar. Os demais passarinhos que também cantam e gorjeiam, respeitosos e atentos, se calam completamente. Só se escuta a voz dolente do irapuru, consolando sua amada.

Leonardo Boff. O canto da flauta mágica: o irapuru. Em: *O casamento entre o Céu e a Terra*: contos dos povos indígenas do Brasil. Rio de Janeiro: Mar de Ideias, 2015. p. 30-31.

Para saber mais

Leonardo Boff (pseudônimo de Genézio Darci Boff) é um teólogo, filósofo, escritor e professor universitário brasileiro, nascido em Concórdia, Santa Catarina, em 1938. Além dessas ocupações, dedica-se às questões ambientais e a recontar narrativas da cultura brasileira.

Foto de Leonardo Boff, 2009.

Estudo do texto

1. A hipótese que você levantou antes da leitura do texto é a mesma narrada na lenda? Comente.

2. A **lenda** é uma narrativa relacionada à cultura do povo que a criou, que mescla um fato histórico com o sobrenatural e a magia. As lendas buscam explicar fatos e fenômenos, como a formação de cidades, a origem dos povos, fenômenos da natureza, o surgimento de plantas ou animais, os heróis nacionais, entre outros.

a) Que fato ou fenômeno a lenda que você leu explica?

b) Que elementos dessa lenda apresentam um caráter mágico, sobrenatural?

3. Quem são as personagens dessa lenda? A que povo indígena pertencem?

4. Copie em seu caderno a alternativa que apresenta o espaço onde acontece essa história.

5. Sobre o tempo dessa narrativa, anote em seu caderno a alternativa correta.

A O tempo é preciso, pois o texto afirma que ela aconteceu na primavera dos dias atuais.

B O tempo é exato, pois o texto aponta certas marcações de tempo, como "certo dia" e "no dia seguinte".

C O tempo é impreciso, pois não há marcações exatas de quando ocorreram os fatos narrados.

6. Por que o espaço e o tempo não são detalhados com precisão nas lendas?

268

7. A lenda "O conto da flauta mágica: o irapuru" apresenta um narrador-personagem ou um narrador-observador? Retire do texto um trecho que comprove a sua resposta.

8. O início da lenda apresenta o jovem indígena apelidado de Catuboré. De acordo com o texto, qual o significado dessa palavra?

9. Copie em seu caderno as alternativas que apresentam, de acordo com a lenda, as características que foram atribuídas ao jovem indígena.

- **A** Catuboré não era bonito e não tinha especial charme.
- **B** Ele era muito bonito e tinha uma voz melodiosa.
- **C** O jovem indígena tocava flauta muito bem.
- **D** Ele era um ótimo pescador.

- Qual dessas características tornava Catuboré cobiçado por quase todas as meninas casadouras da tribo?

10. A simpática Mainá conquistou o coração de Catuboré. Quais eram os planos dos jovens indígenas apaixonados?

11. Qual é o clímax dessa lenda, ou seja, o momento de tensão máxima na narrativa?

12. Mainá estava preocupada e com maus pressentimentos, pois Catuboré não havia retornado da pesca, então ela e sua tribo decidiram procurá-lo.

a) Os maus pressentimentos de Mainá estavam corretos? Por quê?
b) Ao encontrar Catuboré, o que os indígenas perceberam que havia acontecido com ele?
c) Que decisão os indígenas tomaram após encontrá-lo? Por que tomaram tal decisão?

13. A alma de Catuboré lastimava vendo a tristeza de sua amada. Ele fez, então, um pedido ao deus da mata para poder consolar Mainá. Copie a alternativa que apresenta esse pedido.

- **A** Catuboré pediu para ser transformado em um pássaro belo e charmoso para que pudesse visitar e fazer companhia à Mainá.
- **B** Ele pediu para ser transformado em um pássaro cantador.
- **C** A alma do jovem indígena pediu que o som de sua flauta pudesse ser ouvido por Mainá todas as noites.

14. Segundo a lenda, quais características Catuboré e o pássaro irapuru tinham em comum?

15. Releia o desfecho da lenda "O canto da flauta mágica: o irapuru".

> Hoje, tanto tempo depois, o irapuru continua a cantar, embora apenas ocasionalmente. Mas quando entoa seu canto belo e triste, todos os animais se sentem atraídos uns pelos outros, começam a namorar e a se beijar. Os demais passarinhos que também cantam e gorjeiam, respeitosos e atentos, se calam completamente. Só se escuta a voz **dolente** do irapuru, consolando sua amada.

a) A palavra em destaque pode ser substituída por qual das palavras a seguir sem prejuízo do sentido?

   A bela   **B** alegre   **C** triste

b) De acordo com esse trecho, o irapuru continua a cantar, embora **ocasionalmente**. Qual o significado dessa palavra?
   • Por que você acha que ele só canta ocasionalmente?

c) Uma das características da lenda é apresentar um desfecho significativo ou extraordinário. Essa lenda apresenta esse tipo de desfecho? Explique.

16. Assim como os mitos, as lendas são textos de tradição oral, transmitidas ao longo das gerações. Somente depois de muito tempo, esses textos passaram a ser escritos e divulgados em livros e outros suportes. Em sua opinião, qual a importância desses textos serem registrados por escrito? Por quê?

17. Qual é a sua opinião sobre a lenda "O canto da flauta mágica: o irapuru"? Comente com seus colegas e justifique sua resposta.

Para saber mais

As lendas têm origem popular, ou seja, são histórias criadas por um povo e transmitidas oralmente de geração a geração. Ao longo do tempo, suas histórias vão sofrendo alterações, pois surgem versões de quem as divulga oralmente ou dos autores que as recontam por escrito.

Nesta seção você leu que o irapuru surgiu após a morte do indígena Catuboré, que pediu ao deus da mata que o transformasse em pássaro para cantar e consolar sua amada Mainá. Há outras versões dessa lenda: em uma delas, o deus da mata transforma o jovem indígena em pássaro para livrá-lo do sofrimento de um amor não correspondido; já em outra, duas moças da tribo competem pelo amor do jovem indígena, compadecido pelo sofrimento daquela que perdeu a disputa, o deus da mata a transforma em irapuru.

Estudo da língua

Frase e oração

Vamos estudar agora os conceitos de frase e oração.

1. Releia o título da lenda que acabou de estudar.

> **O canto da flauta mágica: o irapuru**

a) Esse título apresenta unidade de sentido, ou seja, é possível saber o que ele informa? Justifique sua resposta.

b) Para a construção desse título foi utilizado algum verbo? O que se pode concluir a respeito disso?

2. Agora releia o trecho a seguir.

> Havia na tribo um jovem que tocava maravilhosamente flauta.

a) Esse enunciado apresenta unidade de sentido? Comente a sua resposta.

b) Identifique as formas verbais empregadas nesse enunciado.

c) Em relação à construção, que diferença há entre o título da lenda e esse trecho?

Damos o nome de **frase** a todo enunciado com sentido completo. A frase que não apresenta verbo é chamada **frase nominal** e a que apresenta verbo é chamada **frase verbal**.

3. A **frase verbal** também é conhecida como **oração**. A partir da quantidade de verbos é que sabemos quantas orações formam uma frase. Releia o trecho abaixo e responda às questões.

> Marcaram o casamento para a primavera, quando na mata florescem as quaresmeiras roxas e amarelas e os fedegosos se enchem de vermelho.

a) Identifique os verbos empregados nesse trecho.

b) Essa frase é composta por quantas orações?

c) Como você chegou a essa conclusão?

A **oração** é uma frase que se organiza em torno de um verbo ou de uma locução verbal.

Período simples e composto

Agora, vamos compreender como um período é constituído.

1. Releia mais um trecho da lenda "O canto da flauta mágica: o irapuru".

> Mas aconteceu uma tragédia. Certo dia, Catuboré, o "flauta mágica", saiu para a pesca num lago, distante da maloca. Escureceu e ele nada de chegar.

a) Quais formas verbais podemos identificar nesse trecho?

b) Que sinal de pontuação marca o final de cada oração?

c) Sendo assim, quantas orações compõem esse trecho?

> Chamamos de **período** o enunciado, ou frase verbal, que se estrutura em uma ou mais orações, apresentando sentido completo. Iniciado com letra maiúscula e finalizado por ponto-final, ponto de exclamação ou ponto de interrogação, o período pode ser classificado como **simples**, quando apresenta apenas uma oração, ou **composto**, quando é constituído por mais de uma oração.

d) De acordo com a definição apresentada, classifique os períodos do trecho acima.

Atividades

1. Leia a história em quadrinhos a seguir.

Alexandre Beck. *Armandinho Seis*. Florianópolis: A. C. Beck, 2015. p. 73.

272

a) De acordo com a HQ, como a Lagoa do Peri e a Lagoa da Conceição se formaram?

b) Essa história trata-se de:
   A um conto de fadas.
   B uma lenda.
   C um mito.

c) Identifique na HQ e copie em seu caderno uma frase e uma oração.

Para saber mais

Você já reparou que as nossas lágrimas são salgadinhas? Isso acontece porque elas contêm sais minerais, e o principal deles é o cloreto de sódio, a mesma substância utilizada no sal de cozinha.

Por isso, na HQ, a personagem afirma que a Lagoa da Conceição tem água salobra, já que foi formada a partir das lágrimas de Conceição.

2. Leia, a seguir, um trecho de uma lenda para responder às questões.

A Matintapereira

Nossa!

Que medo que eu sentia, quando ainda era garoto e a matintapereira rondava nossa casa, no meio da noite escura, lá, em Belém do Pará!

Mesmo com a porta trancada e as janelas fechadas, tudo no cadeado, era um medão sem tamanho, que não tinha pai, nem vô, mãe ou irmão mais velho que se mostrassem valentes, com coragem pra sair, espantar, pôr pra correr de lá de nosso quintal a danada da matinta!

Eu sei porque era assim que acontecia com a gente e, também, na vizinha, fosse em casa de quem fosse.

Em noite de sexta-feira, quando a matinta chegava, com seu agudo piado, batendo as asas, nervosa, fazendo seu barulhão, era batata, eu garanto, já encontrava as famílias bem trancadas, resguardadas, se protegendo contra o ataque da maldita.

E ai de quem se encontrasse em rua, estrada ou lavoura!

Corria o maior perigo, toda sexta-feira à noite!

[...]

José Arrabal. A Matintapereira. Em: *Lendas brasileiras*: Norte, Nordeste e Sudeste. Ilustrações originais de Sérgio Palmiro. São Paulo: Paulinas, 2001. p. 9. (Coleção Mito e magia).

a) Essa lenda é de que lugar de nosso país? Você a conhece?

b) Em que dia a matintapereira atacava as pessoas? O que elas faziam para se defender?

c) Em seu caderno, transcreva dessa lenda um período simples e um período composto.

d) É possível observar que nessa lenda predomina o período composto em relação ao período simples. O que essa escolha proporciona à leitura do texto?

Como você viu, as lendas indígenas procuram explicar diversos fatos e fenômenos naturais, como a origem do fogo, do Sol e da Lua, de rios e mares, entre outros. A lenda a seguir explica a origem do milho de acordo com um povo indígena. Como você imagina que surgiu o milho? Em sua opinião, qual é a importância desse alimento para os indígenas?

A lenda do milho

Nos campos começaram a escassear os animais. Nos rios e nas lagoas, dificilmente se via a mancha prateada de um peixe. Nas matas já não havia frutas, nem por lá apareciam caças de grande porte: onças, capivaras, antas, veados ou tamanduás. No ar do entardecer, já não se ouvia o chamado dos macucos e dos jacus, pois as fruteiras tinham secado.

Os índios, que ainda não plantavam roças, estavam atravessando um período de penúria. Nas tabas, tinha desaparecido a alegria, causada pela abastança de outros tempos. Suas ocas não eram menos tristes. Os velhos, desconsolados, passavam o dia dormindo na esteira, à espera de que Tupã lhes mandasse uma porunga de mel. As mulheres formavam roda no terreiro e lamentavam a pobreza em que viviam. Os curumins cochilavam por ali, tristinhos, de barriga vazia. E os varões da tribo, não sabendo mais o que fazer, trocavam pernas pelas matas, onde já não armavam mais laços, mundéus e outras armadilhas. Armá-los para quê? Nos carreiros de caça, o tempo havia desmanchado os rastos, pois eles datavam de outras luas, de outros tempos mais felizes. E o sofrimento foi tal que, certa vez, numa clareira do bosque, dois índios amigos, da tribo dos Guarani, resolveram recorrer ao poder de Nhandeyara, o grande espírito. Eles bem sabiam que o atendimento do seu pedido estava condicionado a um sacrifício. Mas que fazer? Preferiram arcar com tremendas

274

responsabilidades a verem a sua tribo e seus parentes morrerem de inanição, à míngua de recursos. Tomaram essa resolução e, a fim de esperar o que desejavam, se estenderam na relva esturricada. Veio a noite. Tudo caiu num pesado silêncio, pois já não havia vozes de seres vivos. De repente, a dois passos de distância, surgiu-lhes pela frente um enviado de Nhandeyara.

— Que desejais do grande espírito? — perguntou.

— Pedimos nova espécie de alimento, para nutrir a nós mesmos e a nossas famílias, pois a caça, a pesca e as frutas parecem ter desaparecido da Terra.

— Está bem — respondeu o emissário. — Nhandeyara está disposto a atender ao vosso pedido. Mas para isso deveis lutar comigo até que o mais fraco perca a vida.

Os dois índios aceitaram o ajuste e se atiraram ao emissário do grande espírito. Durante algum tempo só se ouviu o arquejar dos lutadores, o baque dos corpos atirados ao chão, o crepitar da areia solta atirada sobre as ervas próximas. Dali a pouco, o mais fraco dos dois ergueu os braços, apertou a cabeça entre as mãos e rolou na clareira... Estava morto. O amigo, penalizado, enterrou-o nas proximidades do local. Na primavera seguinte, como por encanto, na sepultura de Auaty (assim se chamava o índio) brotou uma linda planta de grandes folhas verdes e douradas espigas. Em homenagem a esse índio sacrificado em benefício da tribo, os Guarani deram o nome de *auaty*, ao milho, seu novo alimento.

Henriqueta Lisboa. A lenda do milho. Em: *Literatura oral para a infância e a juventude*: lendas, contos e fábulas populares no Brasil. Ilustrações originais de Ricardo Azevedo. São Paulo: Peirópolis, 2002. p. 30-31.

Para saber mais

Henriqueta Lisboa (1901-1985) nasceu em Lambari, Minas Gerais. Começou a se dedicar à literatura ainda jovem, destacando-se como poeta. Sua produção inclui poemas, ensaios e traduções. Além de sua trajetória literária, Henriqueta atuou como professora universitária. Em 1963, foi eleita a primeira mulher a ocupar um lugar na Academia Brasileira de Letras.

Foto de Henriqueta Lisboa, 1953.

Estudo do texto

1. O surgimento do milho e a importância dele para os indígenas, de acordo com a lenda, são semelhantes ao que você imaginou antes da leitura?

2. No início do texto são narradas situações que explicam os motivos de os indígenas estarem passando por um momento de penúria. Descreva o que estava acontecendo:

a) com os animais do campo.

b) com os peixes.

c) com as frutas.

d) com os animais de grande porte.

3. Localize no texto e escreva no caderno o que cada uma das personagens abaixo fazia nesse tempo de escassez.

Os velhos.

As mulheres.

Os curumins.

Os varões.

- Transcreva em seu caderno a alternativa que retrata a atitude dessas personagens.

A Mesmo não tendo o que fazer, as personagens aproveitavam o tempo que lhes restava fazendo planos de como melhorar aquela situação.

B Mesmo passando dificuldades, as personagens gastavam o tempo que lhes restava lamentando em vez de agirem.

4. Por que os varões da tribo já não faziam mais armadilhas?

5. Cansados daquele sofrimento, dois indígenas amigos decidiram tomar uma atitude.

a) Que atitude foi essa?

b) Por que eles assumiram essa responsabilidade?

c) Tomar essa decisão foi fácil para eles? Por quê?

d) Que pedido eles fizeram ao enviado de Nhandeyara?

e) Após conversar com o enviado de Nhandeyara, o grande espírito, a suposição dos dois amigos se confirmou? Explique.

6. Mesmo sabendo do sacrifício que teriam que realizar, os dois indígenas amigos aceitaram o que fora proposto pelo emissário de Nhandeyara e lutaram com ele. O que essa atitude dos amigos demonstra?

7. Após a luta, o pedido dos indígenas foi atendido imediatamente? Explique.

8. Como você viu, uma das características da lenda é apresentar um final significativo ou extraordinário.

   a) Qual é o desfecho que representa isso em "A lenda do milho"?

   b) O que esse novo alimento significou para os Guarani?

Para saber mais

Os Guarani foram um dos primeiros povos indígenas contatados após a chegada dos europeus à América do Sul. Eles se dividem em três grupos: Nándeva, M'byá e Kaiowá, e somam cerca de 50 mil indígenas divididos em sete estados brasileiros.

9. As lendas costumam narrar fatos que têm como espaço a natureza. Releia o trecho a seguir para responder às questões.

> Nos campos começaram a escassear os animais. Nos rios e nas lagoas, dificilmente se via a mancha prateada de um peixe. Nas matas já não havia frutas, nem por lá apareciam caças de grande porte: onças, capivaras, antas, veados ou tamanduás. No ar do entardecer, já não se ouvia o chamado dos macucos e dos jacus, pois as fruteiras tinham secado.

   a) Identifique quais elementos da natureza estão presentes nesse trecho.

   b) Qual a importância desse espaço para as personagens da lenda?

10. Que outras características esse texto apresenta que o classificam como uma lenda?

11. Releia o trecho a seguir.

> Os índios, **que ainda não plantavam roças**, estavam atravessando um período de penúria. Nas tabas, tinha desaparecido a alegria, causada pela abastança de outros tempos.

   a) O trecho em destaque está:

   A explicando o motivo de os indígenas estarem atravessando um momento de penúria.

   B especificando os indígenas que estavam atravessando um momento de penúria, pois eram aqueles que ainda não plantavam roças.

   b) Qual era o motivo de alegria deles em outros tempos?

12. Releia outro trecho da lenda.

> [...] os varões da tribo, não sabendo mais o que fazer, **trocavam pernas pelas matas** [...]

Leia as informações abaixo e copie aquela que substitui o trecho em destaque sem alterar o sentido da frase.

- **A** Perdiam as pernas nas matas.
- **B** Andavam sem direção pelas matas.
- **C** Traçavam rotas pelas matas.

13. Releia duas falas do emissário de Nhandeyara.

> — Que **desejais** do grande espírito?

> — Está bem — respondeu o emissário. — Nhandeyara está disposto a atender ao **vosso** pedido. Mas para isso **deveis** lutar comigo até que o mais fraco perca a vida.

a) Você costuma utilizar as palavras destacadas nesses trechos em seu dia a dia?

b) Copie em seu caderno a alternativa correta a respeito das falas da personagem nesse contexto.

- **A** Elas tornam sua fala mais séria e criam um distanciamento dele em relação aos indígenas.
- **B** Elas revelam que os indígenas não entenderam o que a personagem falava.
- **C** Elas mostram que o pedido dos indígenas não seria aceito.

c) Você conhece alguma situação em que esse tipo de registro é utilizado com mais frequência? Qual?

Para saber mais

Ao buscar explicar algum elemento da natureza que faz parte do dia a dia das aldeias, as lendas também nos informam sobre costumes e valores do povo que as criou. Além das lendas que você leu neste capítulo, a cultura dos indígenas que vivem no território brasileiro nos oferece muitas outras narrativas, que têm como personagens seres reais e imaginários — como a Iara, ser que vive nos rios, e o Curupira, ser protetor das matas e que tem os pés virados para trás — e contam a origem de diversos elementos da natureza.

14. Mitos e lendas são narrativas semelhantes quanto ao modo de produção e transmissão, mas possuem algumas características distintas. Copie o quadro no caderno e preencha-o de acordo com o que se pede. Depois, responda às questões.

Características	Viagem de Oisín a Tir-Na-N'Og	Eco e Narciso	O canto da flauta mágica: o irapuru	A lenda do milho
Personagens principais				
Tempo				
Espaço				

a) De acordo com o quadro e os textos lidos nesta unidade, além do modo como são produzidos e transmitidos, que outra característica a lenda e o mito têm em comum?

b) E como pode ser definido o espaço dessas narrativas?

15. Assim como os contos maravilhosos, mitos e lendas também inspiram adaptações em outras linguagens.

a) Você conhece algum filme, desenho animado ou programa de TV inspirado em mitos ou lendas? Comente com a turma.

b) Em sua opinião, por que esses gêneros inspiram essas adaptações?

16. Em sua opinião, "A lenda do milho" apresenta um final feliz? Por quê?

17. Quais são suas impressões sobre essa lenda? Gostou ou não dela? Por quais motivos? Justifique sua resposta.

▶ **Aprenda mais**

No endereço eletrônico a seguir você vai conhecer diversas lendas do Japão, como "Tamamo-no-mae: a lenda da raposa encantada". Tamamo-no-mae é uma figura muito conhecida das lendas do Japão: trata-se de uma mulher linda e inteligente que serviu o Imperador Konoe.

Caçadores de lendas. Disponível em: <http://linkte.me/ngr3z>. Acesso em: 30 jul. 2018.

Linguagem em foco

O uso do dicionário

Ao ler um texto, podemos nos deparar com algumas palavras das quais desconhecemos o sentido. Algumas vezes, conseguimos descobri-lo pelo contexto, ou seja, pela leitura do trecho ou da frase em que estão inseridas. Outras, temos de recorrer ao dicionário.

1. Releia um trecho de "A lenda do milho" e observe a página de dicionário reproduzida a seguir para responder às questões.

> **Nos campos começaram a escassear os animais**. Nos rios e nas lagoas, dificilmente se via a mancha prateada de um peixe. Nas matas já não havia frutas, nem por lá apareciam caças de grande porte: onças, capivaras, antas, veados ou tamanduás. No ar do entardecer, já não se ouvia o chamado dos macucos e dos jacus, pois as fruteiras tinham secado.

es.cas.se.ar verbo trans. dir. e trans. dir. e indir. 1. Dar com escassez. Intrans. 2. Fazer-se escasso; rarear: *Com a seca, os gêneros alimentícios escassearam*. [Conjugação: *frear*.]

Aurélio Buarque de Holanda Ferreira. *Aurélio Júnior*: dicionário escolar da língua portuguesa. 2. ed. Ilustrações de Axel Sande. Coordenação de Marina Baird Ferreira e Margarida dos Anjos. Curitiba: Positivo, 2011. p. 381.

escaninho

es.ca.ni.nho subst. masc. Pequeno compartimento ou gaveta, em cofre, armário, etc.
es.can.tei.o subst. masc. Brasileirismo Córner.
es.ca.pa.da subst. fem. 1. Fuga apressada e às ocultas. 2. Saída rápida. [Sinônimos: *escapulida, escapadela*.]
es.ca.pa.de.la subst. fem. Veja *escapada*.
es.ca.pa.men.to subst. masc. Escape.
es.ca.par verbo trans. indir. 1. Livrar-se, salvar-se: *Escapou do perigo que o ameaçava*. 2. Ser proferido, sair, por descuido ou contra a vontade: *Escapou-lhe um gemido*. 3. Passar despercebido: *Aquelas palavras não escaparam aos seus ouvidos*. Intrans. 4. Sobreviver. 5. Veja *fugir* (1): *O preso escapou*.
es.ca.pa.tó.ri.a subst. fem. Saída ou solução para uma situação difícil ou embaraçosa.
es.ca.pe subst. masc. Ação de escapar(-se), ou o resultado desta ação; escapamento.
es.ca.po adj. Fora de perigo; salvo.
es.cá.pu.la subst. fem. 1. Prego dobrado em ângulo reto para suspensão de um objeto. 2. *Ciências naturais* Cada um de dois ossos chatos, delgados e triangulares, que formam a parte posterior de cada ombro [Denominação antiga: *omoplata*.]
es.ca.pu.lá.ri.o subst. masc. Veja *bentinho*.
es.ca.pu.li.da subst. fem. Veja *escapada*.
es.ca.pu.lir verbo trans. indir., intrans. e pronominal Veja *fugir* (1). [Conjugação: *bulir*.]
es.ca.ra subst. fem. Crosta na pele, e que é o resultado de traumatismo, queimadura, imobilização em leito, etc.
es.ca.ra.fun.char verbo trans. dir. 1. Esgaravatar (2). 2. Remexer em.
es.ca.ra.mu.ça subst. fem. Combate; briga, contenda.
es.ca.ra.mu.çar verbo trans. dir. Brasileirismo Rio Grande do Sul Obrigar (o cavalo) a dar muitas voltas. [Conjugação: *laçar*.]
es.ca.ra.ve.lho (ê) subst. masc. Besouro que se alimenta de excrementos de mamíferos herbívoros; bicho-carpinteiro.
es.car.céu subst. masc. 1. Grande vaga; vagalhão. 2. *Figurado* Gritaria, alarido.
es.car.gô subst. masc. Nome comum a moluscos gastrópodes, terrestres, comestíveis.
es.car.la.te adj. 2 gên. e adj. 2 gên. 2 núm. 1. De cor vermelha vivíssima e brilhante. ● subst. masc. 2. A cor escarlate.
es.car.la.ti.na subst. fem. *Saúde* Doença infecciosa aguda que se caracteriza por febre, tonsilite, faringite, etc.
es.car.men.tar verbo trans. dir. 1. Castigar ou repreender com rigor. *Pronominal* 2. Ficar advertido pelo dano ou castigo que recebeu, para não se expor de novo a ele.

escaveirado

es.car.men.to subst. masc. 1. Correção, castigo. 2. Lição, exemplo: *Que o prejuízo sirva de escarmento ao teimoso!*
es.car.nar verbo trans. dir. 1. Descobrir (um osso), tirando-lhe a carne; descarnar. 2. Rapar (a pele). *Pronominal* 3. Perder a pele.
es.car.ne.cer verbo trans. dir. e trans. indir. Fazer escárnio (de), zombar: *escarnecer de alguém*. [Conjugação: *aquecer*.]
es.car.ni.nho adj. Que faz ou revela escárnio; sarcástico.
es.cár.ni:o subst. masc. Desprezo, desdém.
es.ca.ro.la subst. fem. Variedade de chicória.
es.car.pa subst. fem. Ladeira íngreme.
es.car.pa.do adj. Íngreme.
es.car.ran.char verbo trans. dir. e pronominal Montar ou assentar(-se) de pernas muito abertas.
es.car.ra.pa.char verbo trans. dir. 1. Abrir muito (as pernas), escarranchar. *Pronominal* 2. Estatelar-se: *O menino escarrapachou-se no chão*. 3. Sentar-se muito à vontade.
es.car.rar verbo intrans. 1. Expelir o escarro; expectorar. *Trans. dir.* 2. Expelir da boca (escarro, sangue).
es.car.ro subst. masc. Matéria que sai do sistema respiratório e é eliminada pela boca.
es.cas.se.ar verbo trans. dir. e trans. dir. e indir. 1. Dar com escassez. Intrans. 2. Fazer-se escasso; rarear: *Com a seca, os gêneros alimentícios escassearam*. [Conjugação: *frear*.]
es.cas.sez (ê) subst. fem. 1. Qualidade de escasso. 2. Falta, carência. [Antônimos: *fartura, abundância*.]
es.cas.so adj. De que há pouco; parco, raro. [Antônimos: *farto, abundante*.]
es.ca.va.ção subst. fem. 1. Ato de escavar(-se), ou o resultado deste ato. 2. Remoção de aterro ou entulho para nivelar ou abrir cortes em um terreno.
es.ca.va.car verbo trans. dir. Brasileirismo Nordeste Minas Gerais Cavar, escavar: *Escavacou o terreno para a água escorrer*. [Conjugação: *trancar*.]
es.ca.va.dei.ra subst. fem. Nome comum a várias máquinas de escavar e revolver terra.
es.ca.va.do adj. 1. Que tem cavidade(s). 2. Côncavo.
es.ca.va.dor (ô) adj. 1. Que cava ou escava. 2. Que cava o solo (animais, como a toupeira, a ratazana), nele formando galerias.
es.ca.var verbo trans. dir. 1. Formar cavidades em. 2. Cavar em roda. 3. Fazer escavação (2) em. *Pronominal* 4. Formar cova ou cavidade.
es.ca.vei.ra.do adj. Que lembra uma caveira; pelo rosto muito magro.

- 381 -

280

- De acordo com o verbete apresentado na página de dicionário, copie em seu caderno a alternativa que substitui de modo mais adequado a frase em destaque.

    A Nos campos começaram a aumentar os animais.

    B Nos campos começaram a rarear os animais.

    C Nos campos começaram a caçar os animais.

2. Além da ordem alfabética, as **palavras-guias** (ou **palavras-índices**), situadas no alto de cada página, também podem ajudar na localização do verbete desejado. Quais são as palavras-guias dessa página de dicionário?

3. Qual posição na página os verbetes referentes às palavras-guias (ou palavras-índices) ocupam?

4. O que indicam os números que aparecem em alguns verbetes?

5. Se você não soubesse o significado das palavras **escaravelhos** e **escavações**, conseguiria localizá-las nessa página do dicionário nas formas em que estão? Justifique sua resposta.

O livro em que se consulta o sentido ou a grafia de uma palavra chama-se **dicionário**. Nele, os **verbetes** são organizados em ordem alfabética. Em alguns dicionários, podemos encontrar a separação silábica, a classe gramatical, a forma plural e o gênero da palavra, entre outras informações.

Atividades

1. Leia o verbete a seguir.

    gra.ti.dão *s.f.* 1. Qualidade de grato. 2. Agradecimento, reconhecimento por benefício recebido.

    Celso Pedro Luft. *Minidicionário Luft*. 22. ed. Organizado por Lya Luft. São Paulo: Ática, 2009. p. 358.

    a) Liste em seu caderno outras informações que esse verbete apresenta, além do significado da palavra.

    b) Quantos sentidos da palavra são apresentados no verbete? Crie uma frase para cada um desses sentidos.

Para saber mais

Você sabia que existem diferentes tipos de dicionário? Existem os dicionários de sinônimos e antônimos, de abreviaturas, bilíngues e até temáticos, os quais apresentam verbetes relacionados a um tema ou a uma área do conhecimento, como astronomia, filosofia, direito, entre outras.

2. Em duplas, leiam os títulos a seguir e discutam o significado das palavras destacadas em cada contexto. Depois, confiram as respostas de vocês em um dicionário.

A

O museu é a escola; e o acervo, a <u>estrela</u>

IstoÉ, 21 set. 2018. Disponível em: <https://istoe.com.br/o-museu-e-a-escola-e-o-acervo-a-estrela/>. Acesso em: 24 set. 2018.

Astrônomos encontram brilho sem precedentes — e importante — em torno de <u>estrela</u> de nêutrons

Gizmodo, 18 set. 2018. Disponível em: <https://gizmodo.uol.com.br/estrela-neutrons-brilho-forte/>. Acesso em: 24 set. 2018.

B

Por que a <u>vela</u> só produz fumaça quando é apagada?

Tricurioso. Disponível em: <https://www.tricurioso.com/2018/09/17/por-que-a-vela-so-produz-fumaca-quando-e-apagada/>. Acesso em: 24 set. 2018.

Brasiliense é a primeira brasileira campeã mundial de <u>vela</u> adaptada

Superesportes, 22 set. 2018. Disponível em: <https://www.df.superesportes.com.br/app/noticias/mais-esportes/2018/09/22/noticia_maisesportes,63347/brasiliense-e-a-primeira-brasileira-campea-mundial-de-vela-adaptada.shtml>. Acesso em: 24 set. 2018.

C

Cego com cão-guia é impedido de sentar em <u>banco</u> adaptado de ônibus em Florianópolis

GaúchaZH, 24 mar. 2018. Disponível em: <https://gauchazh.clicrbs.com.br/comportamento/noticia/2018/03/cego-com-cao-guia-e-impedido-de-sentar-em-banco-adaptado-de-onibus-em-florianopolis-cjf5g3d6h000a01phbs521ar1.html>. Acesso em: 24 set. 2018.

Tenho dívidas há mais de cinco anos. O <u>banco</u> ainda pode me cobrar?

Exame, 23 set. 2018. Disponível em: <https://exame.abril.com.br/seu-dinheiro/tenho-dividas-ha-mais-de-cinco-anos-o-banco-ainda-pode-me-cobrar/>. Acesso em: 24 set. 2018.

D

Curso capacita presos para vida profissional após cumprimento da <u>pena</u>

TV Brasil, 22 set. 2018. Disponível em: <http://tvbrasil.ebc.com.br/reporter-brasil/2018/09/curso-capacita-presos-para-vida-profissional-apos-cumprimento-da-pena>. Acesso em: 24 set. 2018.

Com a alta da gasolina, abastecer com etanol vale mais a <u>pena</u>

Diário de Pernambuco, 20 set. 2018. Disponível em: <http://www.diariodepernambuco.com.br/app/noticia/economia/2018/09/20/internas_economia,763278/com-a-alta-da-gasolina-abastecer-com-etanol-vale-mais-a-pena.shtml>. Acesso em: 24 set. 2018.

3. Que tal testar seus conhecimentos a respeito do significado de algumas palavras pertencentes ao vocabulário de outras disciplinas? Faça o teste abaixo e depois junte-se a um colega para conferir no dicionário se vocês acertaram todos os itens.

Teste seu vocabulário

Bioma é...

A) o lugar onde determinada espécie de ser vivo mora e se desenvolve.
B) um grupo de ecossistemas que possui características semelhantes.

Foz é...

A) a última parte de um rio, podendo desaguar em outro rio, lago, mar ou oceano.
B) uma torrente de água que cai formando uma queda-d'água.

Teodolito é...

A) um instrumento utilizado para verificar a fertilidade do solo.
B) um instrumento óptico utilizado para medir com precisão ângulos horizontais e ângulos verticais.

Zigurate é...

A) um monumento construído em patamares em forma de torre piramidal, com rampas e degraus externos.
B) uma figura lendária muito presente nas lendas indígenas.

Desertificação é...

A) o processo de transformação de uma região em deserto.
B) o processo pelo qual uma região árida ou semiárida sofre para deixar de ser deserto.

Lipídio é...

A) um produto utilizado para limpar resíduos de construção.
B) uma molécula que não se dissolve na água.

Simonia é...

A) um tipo de ritmo musical.
B) a compra ou venda de relíquias ou favores sagrados.

Feldspato é...

A) um tipo de mineral de cor clara abundante na crosta terrestre.
B) uma espécie de ave encontrada na região de Minas Gerais.

Torniquete é...

A) a transferência de sangue ou parte de seus componentes de uma pessoa para outra.
B) um instrumento que detém temporariamente uma hemorragia por compressão.

Escambo é...

A) a troca de mercadorias ou serviço sem uso de moeda.
B) aquilo que tem forma de escamas.

Ampliando fronteiras

A condição do indígena

Você leu duas lendas indígenas, "O canto da flauta mágica: o irapuru" e "A lenda do milho", e conheceu, por meio dessas narrativas, um pouco mais sobre a cultura dos povos indígenas, que é muito rica e diversificada.

A sociedade se modifica e, com isso, muitos hábitos indígenas também se transformam. Hoje, muitos indígenas, por exemplo, usam ferramentas tecnológicas modernas, como a internet, para promover sua cultura e intensificar a luta pelo reconhecimento de seus direitos.

Conheça alguns dados que se referem à realidade indígena no Brasil.

A Universidade Federal do Amapá (Unifap) oferece cursos voltados especificamente à comunidade indígena, como Licenciatura Intercultural Indígena.

Na década de 1980, surgiram as associações e organizações indígenas para lidar com problemas que refletem diretamente nas comunidades, como demarcação de terras, controle de recursos naturais, saúde e educação. Em maio de 2016, mais de mil indígenas de todo o país se reuniram em Brasília para reivindicar a demarcação de suas terras.

Em 2010, na Universidade de São Paulo (USP), aconteceu o 1º Simpósio Indígena sobre os usos da internet, que discutiu políticas de inclusão e usos da internet nas comunidades indígenas.

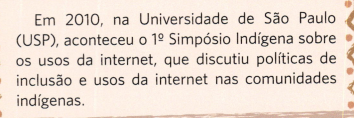

284

Os dados da eleição de 2016 revelam que o Brasil conta com cinco prefeitos indígenas, além de pelo menos cento e sessenta e sete vereadores.

Para saber mais

De acordo com dados do Censo Demográfico realizado pelo IBGE (Instituto Brasileiro de Geografia e Estatística) de 2010:

- a população indígena brasileira total corresponde a 896 917 indígenas, dos quais 572 083 vivem na zona rural e 324 834, na zona urbana;
- dos indígenas com cinco anos ou mais, 17,5% não falam a língua portuguesa;
- existem 274 línguas indígenas faladas por habitantes de 305 etnias diferentes;
- a Região Sudeste do Brasil é que concentra o maior percentual de pessoas indígenas de até 10 anos de idade com algum tipo de registro de nascimento.

Fonte de pesquisa: IBGE. *O Brasil indígena*. Disponível em: <www.funai.gov.br/arquivos/conteudo/ascom/2013/img/12-Dez/pdf-brasil-ind.pdf>. Acesso em: 13 jul. 2018.

1. Você conhecia os dados apresentados na seção? Em sua opinião, qual a importância deles?
2. O que mais você sabe sobre os indígenas? Comente com seus colegas.
3. Com o passar dos anos, os indígenas conquistaram alguns direitos, embora muitas de suas reivindicações ainda não tenham sido atendidas. Em grupos, escolham um dos temas a seguir para pesquisar e apresentar à turma os dados coletados.
   - Reconhecimento da cultura indígena.
   - Diversidade dos povos indígenas.
   - Luta por direitos dos povos indígenas.

Estudo da língua

Período composto por coordenação

Nesta seção, você vai estudar como é formado o período composto por coordenação.

1. Leia o miniconto a seguir e responda às questões.

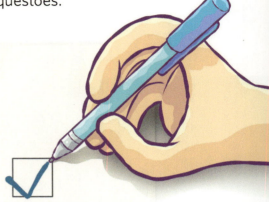

Agenda

Nascer de novo, fazer relaxamento, colocar rede (dormir no chão), comprar chaleira, rolar como seixo, acabar com o mimo, cortar cabelo e ficar bonito, jogar nenhum jogo com o desejo, continuar amando ela.

Mario Pirata. Agenda. Em: Laís Chaffe (Org.). *Contos de algibeira*. Porto Alegre: Casa Verde, 2007. p. 102. (Série Lilliput).

a) O que as ações apresentadas no miniconto revelam sobre o narrador?

b) Que relação há entre o título do miniconto e seu conteúdo?

c) O miniconto é formado por quantos períodos? Justifique sua resposta.

d) Quantas orações há nesse(s) período(s)? Com base na sua resposta, classifique-o(s) em simples ou composto(s).

e) Se cada oração fosse lida isoladamente, elas teriam sentido completo? Comente.

f) Considerando que, juntas, essas orações formam o miniconto, podemos afirmar que uma complementa o sentido da outra? Explique.

g) Que sinal de pontuação separa as orações dentro do período?

> Um período composto com orações independentes, mas em que uma complementa o sentido da outra, é chamado **período composto por coordenação**.

Do ponto de vista semântico, as orações coordenadas de um mesmo período não são propriamente independentes, pois o sentido de cada uma depende da relação de coordenação estabelecida entre elas.

Atividades

1. Leia a capa da revista *Superinteressante* e responda às questões.

Superinteressante, São Paulo, Abril, n. 362, jul. 2016.

a) Que tipo de linguagem compõe essa capa de revista?

b) De acordo com a linguagem não verbal, o que seria o nosso segundo cérebro? Como você chegou a essa conclusão?

c) Que importância descobertas como essa têm em nossa sociedade?

d) Releia o seguinte trecho da capa.

> Ele tem um milhão de neurônios, toma decisões por você, pode conter a resposta para a ansiedade, depressão e obesidade. E fica dentro da sua barriga.

- Quantos períodos compõem esse trecho?
- Quantas orações estão presentes no primeiro período?
- Dentro desse período, essas orações são dependentes ou independentes semanticamente?
- Que sinal de pontuação separa as orações dentro desse período?
- Com base nas suas respostas, que nome recebe esse período?

2. Leia o poema a seguir.

Sonhos

Construí uma casa rústica
no campo, à sombra de um bosque,
diante de um lago.

Respirávamos ar puro, nadávamos,
recebíamos os amigos.

Surgiram assaltantes e acabamos
por abandonar a casa.

Mais do que dinheiro, os invejosos
queriam nos roubar os sonhos.

Eduardo Alves da Costa. Sonhos. Em: *Poemas de circunstância*. São Paulo: Sesi, 2016. p. 39. (Quem lê sabe por quê).

a) Que sentimentos a imagem formada pelas duas primeiras estrofes do poema pode despertar no leitor?

b) Por qual motivo tiveram que abandonar a casa?

c) Responda às questões a seguir sobre a última estrofe.
- Por que os assaltantes são descritos como invejosos na última estrofe do poema?
- O que essa estrofe revela em relação ao eu lírico? Copie a alternativa correta em seu caderno.

    A Que para ele os bens materiais têm mais importância do que os sonhos.

    B Que para ele os sonhos são mais importantes que os bens materiais.

d) Quantas orações formam a segunda estrofe do poema?

e) Como esse período é classificado? Justifique sua resposta.

3. Observe os seguintes períodos.

I Ventava muito, as folhas caíam.
II Ventava muito naquela cidade.
III Ventava muito, as folhas caíam, as janelas e portas fechavam.

Copie a alternativa que apresenta corretamente o(s) caso(s) em que há um período composto por coordenação.

A I apenas.
B I e II.
C I e III.
D II apenas.
E III apenas.

Escrita em foco

Acento diferencial

Na língua portuguesa existem palavras que possuem praticamente a mesma grafia, alterando-se apenas o uso ou não de um acento. Vamos conhecer algumas dessas palavras.

1. Leia os títulos de notícia a seguir, comparando-os, e responda à questão.

I "Lua Azul" **pode** ser vista nesta sexta

Veja, 30 jul. 2015. Disponível em: <https://veja.abril.com.br/ciencia/lua-azul-pode-ser-vista-nesta-sexta/>. Acesso em: 26 jul. 2018.

II Fenômeno "Lua Azul" **pôde** ser visto no Brasil e no mundo, nesta sexta-feira

Estado de Minas, 31 jul. 2015. Disponível em: <https://www.em.com.br/app/noticia/nacional/2015/07/31/interna_nacional,674222/fenomeno-lua-azul-pode-ser-visto-no-brasil-e-no-mundo-nesta-sexta-f.shtml>. Acesso em: 26 jul. 2018.

- Leia as frases a seguir e identifique qual delas melhor representa cada um dos títulos acima.

    A O fenômeno "Lua azul" foi visto no Brasil na última sexta-feira.

    B O fenômeno "Lua azul" poderá ser visto no Brasil na próxima sexta-feira.

2. Leia e compare mais estes dois títulos para responder à questão a seguir.

I A ordem é **pôr** cultura nos bairros

Gazeta do povo, 18 out. 2008. Disponível em: <https://www.gazetadopovo.com.br/caderno-g/a-ordem-e-por-cultura-nos-bairros-b8bwygj5ervxc6ngo5umo6ij2>. Acesso em: 26 jul. 2018.

II Aparelho criado **por** cariocas promete carregar celular durante caminhada

Uol, 14 jul. 2015. Disponível em: <https://tecnologia.uol.com.br/noticias/redacao/2015/07/14/aparelho-criado-no-rio-usa-movimento-da-perna-para-carregar-smartphone.htm?mobile>. Acesso em: 26 jul. 2018.

- Em qual deles a palavra em destaque poderia ser substituída pelo verbo **colocar**, sem alteração de sentido? Por que essa alteração não seria possível nos dois casos?

3. Qual a importância dos acentos diferenciais?

O **acento diferencial** é utilizado para distinguir certas palavras que apresentam grafia idêntica.

Atividades

1. Leia o texto a seguir sobre a descrição de duas personagens de lendas folclóricas brasileiras.

Caipora e Curupira

[...]

- EU LI -

O caipora e o curupira têm um jeito de ser muito parecido, tanto que às vezes os dois são considerados como sendo o mesmo.

A descrição do caipora varia muito de uma região para outra. A sua figura mais conhecida é de um indiozinho, que anda pelado ou de tanga, na maioria das vezes montado num porco-do-mato ou em algum outro animal selvagem e levando um galho na mão.

Alguns dizem também que ele é peludo, tem olhos de fogo e cabelo arrepiado. Tem gente que até já viu caipora meio homem, meio animal.

Em alguns lugares do Nordeste, as pessoas dizem que não é o caipora, mas a caipora. Quer dizer, caipora é uma mulher. Então ela também é chamada de caboclinha.

Seja homem ou mulher, chame caipora ou caboclinha, o certo é que todos agem de jeito muito parecido.

[...]

Monica Stahel. Caipora e curupira. Em: *Um Saci no meu quintal*: mitos brasileiros. 2. ed. Ilustrações originais de Patricia Lima. São Paulo: Martins Fontes, 2003. p. 34.

a) O curupira e o caipora são seres folclóricos. O que você sabe sobre cada um deles?

b) Como a personagem caipora também é conhecida no Nordeste?

c) Por que a descrição do caipora varia muito de uma região para outra?

2. Releia os seguintes trechos e analise as formas verbais destacadas para responder às questões.

> O caipora e o curupira **têm** um jeito de ser muito parecido [...]
>
> Alguns dizem também que ele é peludo, **tem** olhos de fogo e cabelo arrepiado.

a) A quem a forma verbal **têm** está se referindo?

b) A quem a forma verbal **tem** está se referindo?

c) De acordo com o que analisou, complete a frase a seguir em seu caderno a respeito do verbo **ter**.

> O verbo **ter**, quando empregado na terceira pessoa do presente do indicativo, pode ser grafado de duas maneiras: com acento, quando estiver se referindo a um substantivo empregado ■, e sem acento quando o substantivo a que ele se refere estiver ■.

290

Produção de texto

Lenda

Neste capítulo, você leu duas lendas que foram criadas por povos indígenas brasileiros e registradas em livro. Agora vai conhecer outras lendas, mas de uma forma diferente: a proposta aqui é organizar uma contação de lendas de diferentes origens. Assim, você vai ter oportunidade de experimentar essa forma de transmitir e compartilhar conhecimentos.

Para isso, primeiramente você terá de pesquisar uma lenda, que pode ser de qualquer parte do mundo. Depois, no dia marcado pelo professor, vai apresentá-la para a turma.

Para começar

Você precisa definir qual lenda vai contar à turma. Para isso, pode escolher uma das opções abaixo.

Perguntar aos seus familiares ou pessoas próximas a você se conhecem uma lenda e podem lhe contar

Ao ouvir a história, anote em seu caderno a ordem dos fatos e, se não conseguiu entendê-la, peça que a pessoa a conte novamente. Ao final, reconte a lenda para ela e verifique se não se esqueceu de algum fato.

Realizar uma pesquisa na internet

Consulte *sites* confiáveis e peça a ajuda de um adulto durante a pesquisa. Escolha a lenda que achar mais interessante, leia-a diversas vezes e certifique-se de que compreendeu a lenda. Depois, conte-a a algum familiar e verifique se ele entendeu a história da maneira que você narrou.

Pesquisar uma lenda na biblioteca

Vá até à biblioteca de sua escola e verifique quais livros apresentam lendas, escolha a que mais lhe agradar e faça leituras até compreender bem a história. Em seguida, conte-a a algum familiar e verifique se a pessoa conseguiu compreendê-la.

Se preferir, você pode consultar um dos livros do boxe **Aprenda mais** da página seguinte.

▶ **Aprenda mais**

No livro *Lendas da África moderna* você conhecerá histórias que foram inspiradas em personagens da vida real, como Nelson Mandela, Wangari Maathai (ambientalista queniana que luta pela conservação das florestas e a primeira mulher africana a ganhar o Nobel da Paz) e os griôs (contadores de história e transmissores das tradições e cultura africana).

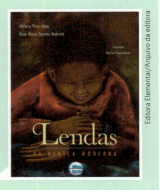

Heloisa Pires Lima e Rosa Maria Tavares Andrade. *Lendas da África moderna*. Ilustrações de Denise Nascimento. São Paulo: Elementar, 2010.

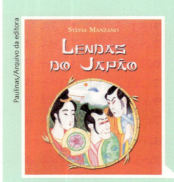

No livro *Lendas do Japão* você descobrirá lendas que retratam histórias de pessoas simples que transmitem a sabedoria e os valores do povo japonês.

Sylvia Manzano. *Lendas do Japão*. 4. ed. Ilustrações de Edu. São Paulo: Paulinas, 2011.

▎ **Prepare a apresentação**

Depois de escolher a lenda que vai contar para a turma e se certificar de que já compreendeu bem a história, verifique qual será o tempo estipulado pelo professor e fique atento às seguintes orientações.

1. Identifique qual fato a lenda escolhida quer explicar. É por ele que você deve começar narrando a sua história.

A lenda que eu escolhi conta como surgiu o milho!

Os dois indígenas aceitaram o desafio, mesmo sabendo que um deles morreria...

2. Observe quais as passagens que expressam algum tipo de emoção (medo, surpresa, tristeza, entre outros) e procure dar uma entonação adequada para esse momento.

3. Sua expressão facial e seus gestos também podem ajudar na hora de explicar um momento de tensão/emoção.

Os indígenas sabiam que teriam que realizar um sacrifício. Mas o que fazer?!

4. Você também pode utilizar figurino e acessórios que contribuam com a contação.

5. Verifique se o tempo da sua apresentação está de acordo com o que o professor estipulou.

Ilustrações: Dnepwu

Apresente-se

Agora chegou o momento de narrar a lenda para toda a turma. Antes de iniciar, organize com os colegas um círculo com as cadeiras para que todos possam se ver. Durante as apresentações, faça silêncio e ouça com atenção as lendas contadas pelos outros alunos.

No momento de se apresentar, tente ficar tranquilo, empregue um tom de voz adequado, fale devagar e articule bem as palavras para que todos possam ouvi-lo e compreender a história.

O professor vai gravar as apresentações para que você e seus colegas possam analisar e avaliar a desenvoltura nesta atividade.

Avalie sua apresentação

Após contar a sua lenda, assista e avalie como foi a sua apresentação. Os itens abaixo podem auxiliar nessa avaliação.

- ✓ Iniciei minha história dizendo qual fato iria explicar?
- ✓ Utilizei entonações, expressões faciais e/ou gestos para marcar os momentos de emoção?
- ✓ Contei a história de maneira clara utilizando uma entonação de voz adequada?
- ✓ Realizei minha apresentação dentro do tempo estipulado pelo meu professor?

Verifique seu desempenho

Finalizada a atividade, verifique como foi o seu desempenho. Para isso, copie o quadro abaixo em seu caderno e responda aos questionamentos propostos.

	👍	👌	👎
A Procurei realizar todas as etapas desta produção, ou seja, fiz uma pesquisa, ensaiei e verifiquei o que precisava melhorar?			
B Ao assistir minha apresentação, achei que ela estava de acordo com o que eu tinha preparado?			
C Durante este ano, senti que minhas produções de texto foram melhorando?			
D Anote em seu caderno o que você poderia ter feito para que a sua apresentação pudesse ter sido melhor.			

Para saber mais

Ainda hoje, em todo o mundo, as lendas são transmitidas de geração em geração. Elas são uma importante manifestação cultural, pois preservam a identidade e as tradições de um povo. Neste capítulo, você conheceu duas lendas indígenas brasileiras, depois, pesquisou lendas de diferentes origens e recontou uma delas para os seus colegas de sala. Que tal, agora, ampliar seus conhecimentos sobre as lendas de diferentes partes do mundo? Conheça duas delas a seguir.

A lenda do tambor
Esta lenda é da Guiné-Bissau e explica como surgiram os primeiros sons de tambor em terras africanas.

A lenda de Nian
Originária da China, esta lenda explica as comemorações do Ano Novo chinês que incluem a decoração vermelha e os fogos de artifício.

Verificando rota

Chegou o momento de você retomar o que estudou neste capítulo e verificar se todos os conteúdos foram bem compreendidos. Para isso, responda às questões a seguir.

1. Liste as principais características das lendas.

2. Escreva em seu caderno os conceitos a seguir e complete-os com as palavras do quadro.

> oração • frase

a) ■ é todo enunciado que transmite sentido completo. Pode conter uma ou mais palavras e pode apresentar um verbo ou não.

b) ■ é todo enunciado que transmite sentido completo, mas obrigatoriamente apresenta um verbo ou uma locução verbal.

3. Quando um período é classificado como simples e quando ele é definido como composto?

4. Quais as características de um período composto por coordenação?

5. Explique com suas palavras o que é o acento diferencial.

6. Junte-se a um colega e escolham três verbetes para serem encontrados por outra dupla. Em seguida, procurem no dicionário os verbetes propostos a vocês. Nesse momento, verifiquem se ainda têm dificuldades em manusear esse material, se sim, peçam orientações ao professor.

7. Com o mesmo colega, pesquise em livros e na internet os conteúdos estudados neste capítulo. Com base nessa pesquisa e nas respostas das questões anteriores, elaborem um esquema que resuma esses conteúdos e os ajudem em seus estudos.

A história em quadrinhos, também conhecida como HQ, é um texto narrativo que busca, entre outros objetivos, provocar o humor. Você conhece as personagens apresentadas na HQ abaixo? Sobre o que imagina que essa história vai tratar?

Bill Watterson. *Calvin e Haraldo*: e foi assim que tudo começou. 2. ed. Tradução de Luciano Machado e Adriana Schwartz. São Paulo: Conrad Editora do Brasil, 2010. p. 75.

Uma leitura a mais

> **Para saber mais**
>
> Bill Watterson nasceu em 1958, em Washington, Estados Unidos. Graduado em Artes com ênfase em Ciências Políticas, começou sua vida profissional em um jornal, ainda nos tempos de faculdade, como cartunista. A primeira publicação de Calvin e Haroldo, personagens mais famosos e que renderam mais premiações na história do cartunista, ocorreu em 18 de novembro de 1985, encerrando as publicações dez anos depois.
>
> Foto de Bill Watterson, 1986.

1. As hipóteses que você levantou antes da leitura se confirmaram?

2. O que você achou dessa história em quadrinhos? Compartilhe suas impressões com os colegas.

3. De que forma o humor é criado nessa HQ?

4. Copie em seu caderno a alternativa correta a respeito da linguagem empregada nessa HQ.

    A Ela é formada somente por linguagem verbal.

    B Ela é formada somente por linguagem não verbal.

    C Ela é formada por linguagem verbal e não verbal.

5. Responda às questões a seguir acerca da HQ lida.

    a) Quem são as personagens que participam dessa HQ?

    b) Onde se passa essa história?

    c) É possível saber quando se passa a história narrada nessa HQ? Explique.

6. Observe o tigre Haroldo ao longo da HQ. Por que ele aparece diferente no quarto e sétimo quadrinhos?

7. A história em quadrinhos não apresenta um narrador para contar os acontecimentos. Sendo assim, de que forma é possível identificá-los na HQ lida?

8. Observe os balões empregados na HQ e responda às questões a seguir.

    a) No sétimo quadrinho há dois tipos de balões. Identifique-os e explique a função de cada um deles.

    b) Que outros tipos de balões podem ser empregados em HQs e tirinhas?

9. Para dar mais veracidade à cena, é comum os cartunistas utilizarem tracejados que simulam o movimento, a ação das personagens. Nessa HQ, o que significam os tracinhos no terceiro quadrinho?

10. A linguagem não verbal é muito importante nesse gênero. Observe as expressões das personagens ao longo da HQ e responda às questões.

  a) Que sentimento é possível identificar por meio da expressão do Calvin no primeiro quadrinho?

  b) O que a expressão de Haroldo no quinto e sexto quadrinhos expressam respectivamente?

  c) De que forma as expressões das personagens contribuem para o sentido da HQ?

11. Releia as onomatopeias a seguir, empregadas na HQ.

  a) Qual é a função das onomatopeias na HQ?

  b) O que cada uma delas representa?

  c) As onomatopeias foram grafadas de forma diferente (em letras maiores e com mais destaque que as outras palavras utilizadas na HQ). Por que elas foram escritas dessa forma? Copie em seu caderno a opção correta.

  A Para indicar que outra personagem produziu a onomatopeia.

  B Para mostrar ao leitor que Calvin exagerou ao produzir esses sons.

  C Não há um motivo específico para esses destaques.

  d) Nos balões do quinto, sexto e nono quadrinhos também foram grafadas palavras com as letras mais escuras. Por que isso acontece?

12. Em que suporte a HQ lida foi publicada?

  • Em que outros suportes podemos encontrar HQs?

13. Como você imagina que seria a continuação dessa HQ? Será que Calvin foi ou não para a escola no dia seguinte? Será que ficou de fato resfriado? Conseguiu fazer Haroldo tomar o xarope? Conte aos colegas a sua opinião.

Trocando ideias

1. Nessa HQ, Calvin tenta pegar um resfriado porque se esqueceu de fazer a tarefa da escola. A atitude dele foi correta? Comente.

2. Qual deveria ser a reação dele quando se lembrou de que não tinha feito a tarefa?

Ação e construção

▍Lanche sem lixo

O descarte adequado e a redução da quantidade de resíduos que produzimos são atitudes importantes para amenizar os danos causados pelo acúmulo de lixo no meio ambiente. O texto a seguir mostra como alguns jovens conseguiram tomar essas atitudes

Bate-papo inicial

Você já reparou na quantidade de lixo produzido na hora do lanche na escola?

Em sua opinião, como podemos reduzir a produção de lixo?

Por um mundo sem lixo

Jovens da Vila Vagalume querem melhorar o mundo começando por zerar o lixo

Quem tem 50 anos ou mais, com certeza lembra-se de uma Manaus antiga bem mais limpa do que a atual. As ruas não tinham lixo esparramado pelas calçadas e os igarapés não eram cheios de garrafas PET, e outros dejetos, além de não serem poluídos. Hoje o lixo toma conta do planeta e para combatê-lo surgiu o movimento Lixo Zero.

Em Manaus, ainda timidamente, alguns jovens começaram a prática do Lixo Zero num empreendimento, o Vila Vagalume que, além de promover essa prática radical de nunca produzir lixo, adota outras iniciativas inusitadas como reunir numa residência o sistema da economia criativa. No restaurante, por exemplo, onde o cardápio é vegano, cada um paga o quanto acha que valeu a comida, a bebida e o serviço.

"Nosso objetivo é melhorar o mundo. Queremos ser agentes transformadores, por isso o lixo zero está inserido nessa melhora de mundo. Tentamos, diariamente, não produzir lixo algum. Levamos sacolas de pano para o supermercado ou feira, aqui no restaurante não usamos guardanapos de papel, nem copos descartáveis. Descartáveis aqui não são bem-vindos", falou Flávia Loureiro, 20 anos, a responsável pelo restaurante junto com o marido João Jarmi. Flávia contou que começou a pensar assim quando parou para refletir sobre a quantidade de lixo que produzia em casa e isso multiplicado pelo lixo produzido no mundo. Logo convenceu o marido e os amigos mais próximos a segui-la.

Em 2015, de acordo com o *site* do Juventude Lixo Zero, produzia-se no mundo em torno de 1,4 bilhão de toneladas de lixo no planeta. E eles perguntam: pra onde vai todo esse lixo? Temos o costume de jogar "fora", porém, do ponto de vista do planeta, não há "fora".

Flávia e João Jarmi dividem a casa com os casais Maurício e Vivi, que produzem artesanato e pequenos quadros com imagens de figuras principalmente do cinema e da música; Igor e Kelly, músicos; e Breno, publicitário e apaixonado por agricultura. Breno cultiva o jardim do local e uma horta onde constam desde temperos, plantas medicinais e pancs (plantas alimentícias não convencionais). E ainda faz ornamentos e decoração com plantas.

[...]

O que fazer?

De acordo com a definição proposta pela ZWIA (Zero Waste International Alliance), o conceito Lixo Zero representa um objetivo ético, econômico, pedagógico, eficiente e visionário focado na orientação da sociedade para a mudança do estilo de vida e para práticas que incentivem a sustentabilidade, em que todos os materiais são encaminhados e reinseridos na cadeia produtiva.

Encaminhe corretamente: Busque informações a respeito da coleta seletiva da sua cidade, onde estão localizadas as cooperativas de catadores, composte seu resíduo orgânico, procure pontos de destinação de resíduos especiais. Organize e higienize seus resíduos para evitar a proliferação de mau cheiro e outros vetores.

Composte: conjunto de técnicas aplicadas para estimular a decomposição de materiais orgânicos, com a finalidade de obter adubo. É uma forma de reciclar o resíduo orgânico contribuindo para evitar o esgotamento do solo e propiciando adubo de excelente qualidade. Algumas das técnicas são a compostagem seca e a vermicompostagem.

Determinação e Pró-atividade: Busque entender a realidade da sua cidade: há coleta seletiva? Existem catadores? Cooperativas de reciclagem? Existem pontos de entrega para resíduos que precisam de tratamento diferenciado?

Evaldo Ferreira. Por um mundo sem lixo. *Jornal do Commercio*, Manaus, 25 a 27 fev. 2017. Caderno C, p. C1.

1. Qual a temática apresentada pela reportagem?
2. O que é o movimento Lixo Zero?
3. Por que razão esse movimento foi criado?
4. Como os jovens da reportagem aplicam o conceito Lixo Zero?
5. Qual é o objetivo do grupo de jovens que decidiu adotar essa prática?
6. O que você acha da decisão tomada por eles?
7. Conforme a reportagem, quais práticas podemos adotar para reduzir o lixo em nosso dia a dia?
8. Você já observou a quantidade de lixo que você e sua família produzem? Você conseguiria reduzir essa produção, assim como os jovens do texto?

Mão na massa

Chegou o momento de verificar a quantidade de lixo que você e seus colegas produzem na hora do intervalo e realizar uma atividade para tentar reduzi-la. Depois, vocês vão produzir anúncios de propaganda com o objetivo de informar e conscientizar os outros alunos e a comunidade escolar sobre a importância de reduzir a quantidade de lixo, propondo, por exemplo, ideias de uso consciente, reutilização e reciclagem de resíduos.

1º passo • Planejamento

Agende com o professor um dia para observar a quantidade de lixo que você e seus colegas produzem no intervalo escolar. Nesse dia, leve o lanche que costuma consumir.

Após o lanche, reúnam todas as embalagens de alimentos, cascas e caroços de frutas, guardanapos de papel sujos, entre outros resíduos, sobre uma mesa e fotografem a quantidade de lixo produzida. Em seguida, reflitam sobre a atividade realizada, com base nos questionamentos a seguir.

- Você tem o hábito de descartar o lixo em locais adequados? Sabe descartar corretamente cada um dos elementos que foi colocado sobre a mesa?
- Em sua opinião, qual seria a melhor maneira de diminuir a quantidade de resíduos produzida?

Pesquisa e reflexão

Após avaliarem a quantidade de resíduos produzidos no dia do lanche, você e seus colegas vão se dividir em grupos para pesquisar informações sobre como será possível realizar um **Dia do lanche sem lixo**. Retome a leitura do texto "Por um mundo sem lixo" como ponto de partida.

Ao realizar a pesquisa, procurem notícias e reportagens que abordem assuntos como:

- os prejuízos causados pela produção excessiva de lixo;
- a importância do descarte correto de resíduos;
- iniciativas interessantes e eficientes para reduzir a quantidade de lixo descartado.

▶ **Aprenda mais**

No *site Akatu* você conhecerá diferentes notícias, vídeos, dicas, testes, entre outras produções sobre o consumo sustentável.

Akatu. Disponível em: <http://linkte.me/x7otv>.
Acesso em: 20 jul. 2018.

O livro *Eu produzo menos lixo!*, de Cristina Santos, busca conscientizar os leitores sobre a redução da produção de lixo. A obra relaciona práticas de consumo com a quantidade de lixo produzida em nossas casas e chama a atenção para a importância da reciclagem. Além disso, são propostas reflexões sobre formas de poupar os recursos naturais existentes em nosso planeta.

Cristina Santos. *Eu produzo menos lixo!*. São Paulo: Cortez, 2015.

Depois de pesquisarem sobre esses assuntos, marquem um dia e levem para a sala todo o material selecionado. Com o auxílio do professor, vocês vão apresentar as informações pesquisadas e, em grupos, refletir e encontrar soluções para diminuir a quantidade de resíduos produzidos durante o lanche na escola.

2º passo • Execução

Dia do lanche sem lixo

Agora, vocês vão organizar o **Dia do lanche sem lixo**. Para isso, pensem em como poderão colocar em prática as soluções encontradas para diminuir o lixo produzido durante o intervalo. Agendem com o professor um dia específico para essa atividade. Ao final, reúnam novamente os resíduos sobre uma mesa e fotografe-os. Em seguida, conversem sobre as questões a seguir.

1. Ao escolher seu lanche, você levou em consideração as discussões realizadas em sala? Justifique sua resposta.
2. A quantidade de lixo que ficou sobre a mesa é a mesma que havia sido produzida no início dessa atividade?
3. Você considera essa alteração positiva ou negativa? Por quê?
4. O que você achou dessa experiência? É possível fazer dessa prática um hábito?
5. Converse com os colegas sobre outras maneiras de reduzir o lixo produzido tanto na escola quanto nas suas casas.

Organização de dados

A fim de informar a comunidade escolar sobre a importância da redução da quantidade de lixo produzido, vocês deverão realizar uma série de anúncios de propaganda para serem divulgados. Para isso, organizem-se em grupos e:

- escolham as melhores fotografias do "antes e depois";
- listem quais dicas discutidas pela turma são importantes para a redução efetiva da quantidade de lixo;
- selecionem as informações que julgam interessantes para serem divulgadas.

Além disso, tentem se lembrar das características fundamentais de um anúncio de propaganda e leiam com atenção as orientações a seguir, que vão direcioná-los no momento da produção do anúncio.

> **DICA!**
> Se necessário, releiam as páginas 153, 154 e 155 para relembrar as características do gênero anúncio de propaganda.

Produção dos anúncios

Cada grupo deverá elaborar dois anúncios: um sobre a importância de se reduzir a quantidade de lixo que produzimos e outro divulgando medidas para que isso se viabilize.

- Primeiramente, definam o suporte do anúncio de vocês: pode ser cartolina, papel sulfite, *kraft*, ou outro que julgarem adequado. Essa escolha é fundamental para saberem o tamanho do texto e da imagem.
- Façam um rascunho com as ideias do grupo sobre a importância de reduzir a produção de lixo e como é possível fazê-lo. Essa primeira conversa será importante para a elaboração do texto e a escolha da imagem.
- Pensem no público-alvo, os anúncios serão divulgados na escola, portanto, reflitam sobre qual a melhor forma de convencer as pessoas que vão ler os anúncios. Nesse momento, listem as estratégias que poderão utilizar a fim de persuadir o interlocutor, como verbos no modo imperativo, a utilização de um registro mais ou menos formal, o emprego ou não de figuras de linguagem, uso do humor, etc.
- Pensem em uma frase que servirá de texto principal do anúncio e frases secundárias, caso precise. Geralmente, um anúncio de propaganda apresenta textos curtos a fim de que a mensagem seja bem compreendida pelo leitor.
- Elaborem a primeira versão do texto verbal do anúncio. Lembrem-se de que a mensagem deve impactar o leitor. Façam algumas versões até escolherem aquela que mais representa a ideia que o grupo deseja transmitir.
- Selecionem cuidadosamente as imagens que vão utilizar, pois elas são muito importantes em um anúncio de propaganda. Escolham uma das fotos tiradas durante a atividade e pesquisem ou desenhem uma imagem que esteja de acordo com a mensagem produzida. Lembrem-se de que a imagem deve representar a ideia a ser defendida no anúncio. Ela deve ser atrativa e despertar o interesse do leitor, além de dialogar com o texto verbal.

Finalizada a primeira versão dos anúncios, confiram se eles estão de acordo com o que vocês imaginaram e se:

- o texto verbal está adequado com a mensagem que querem transmitir e apresenta recursos que contribuem com a persuasão do leitor;
- os recursos foram utilizados adequadamente, ou seja, os verbos foram empregados corretamente, o registro escolhido está de acordo com o público-alvo e com o objetivo da mensagem ou se precisam de uma revisão;
- as imagens escolhidas são apropriadas, representam a ideia que é defendida e dialogam com o texto verbal.

Depois de verificarem os ajustes necessários, produzam a versão definitiva dos anúncios e, com o professor, definam os locais em que eles serão expostos.

3º passo • Divulgação

Apresentação dos resultados

Agora é o momento de divulgar a experiência realizada no **Dia do lanche sem lixo**. Vocês vão agendar uma data para as apresentações dos anúncios. Convidem as outras turmas da escola para que conheçam os anúncios de vocês e escolham locais em que eles fiquem em destaque.

Durante a apresentação

Iniciem a apresentação explicando o objetivo do trabalho: mostrar a importância de produzirmos menos lixo. Vocês podem dialogar com o público presente sobre os hábitos que adquiriram quanto ao cuidado com a produção e descarte de lixo. Em seguida, comentem como o trabalho foi desenvolvido, apresentem as informações selecionadas para o anúncio e incentivem a comunidade escolar a adotar a prática do lanche sem lixo.

Avaliação

Discutam os pontos positivos e os negativos da realização do trabalho. Os questionamentos a seguir podem orientar a conversa de vocês.

1. Durante a pesquisa e organização dos resultados, eu me dediquei, compreendi o assunto e participei de todas as etapas da atividade?
2. Como foi o meu trabalho em grupo? Fui colaborativo, respeitei a opinião dos meus colegas, participei com ideias e executei minhas tarefas no prazo?
3. Qual a importância das atitudes que aprendi? É possível fazer isso em outros ambientes que costumo frequentar?
4. Após a realização da atividade, meus conhecimentos e minha opinião mudaram em relação ao que eu conhecia e achava antes?
5. Pretendo ser um agente transformador e colocar em prática os conhecimentos que adquiri ao final dessa atividade?

Lembre-se de que esse é só o começo de um processo de mudanças a serem praticadas diariamente. Observe se a comunidade escolar compreendeu e adotou a ideia do lanche sem lixo. Se preciso, façam periodicamente campanhas de conscientização.

Referências bibliográficas

ANTUNES, Irandé. *Gramática contextualizada*: limpando "o pó das ideias simples". São Paulo: Parábola, 2014. (Série Estratégias de ensino, 49).

_____. *Análise de textos*: fundamentos e práticas. São Paulo: Parábola, 2010. (Série Estratégias de ensino, 21).

BAGNO, Marcos. *Não é errado falar assim!:* em defesa do português brasileiro. 2. ed. revista e ampl. Ilustr.: Miguel Bezerra. São Paulo: Parábola, 2009. v. 3. (Educação linguística).

_____. *Nada na língua é por acaso*: por uma pedagogia da variação linguística. São Paulo: Parábola, 2007.

BAKHTIN, Mikhail. Os gêneros do discurso. In: _____. *Estética da criação verbal*. 6. ed. São Paulo: WMF Martins Fontes, 2011.

BECHARA, Evanildo. *Moderna gramática portuguesa*. 38. ed. Rio de Janeiro: Nova Fronteira, 2015.

BRONCKART, Jean-Paul. *Atividade de linguagem, textos e discursos*: por um interacionismo sociodiscursivo. Trad. Anna Rachel Machado; Péricles Cunha. 2. ed. São Paulo: Educ, 2008.

CITELLI, Adilson. *O texto argumentativo*. São Paulo: Scipione, 1994. (Série Ponto de apoio).

COELHO, Nelly Novaes. *A literatura infantil*: história, teoria, didática. 7. ed. São Paulo: Moderna, 2002.

COSTA, Sérgio Roberto. *Dicionário de gêneros textuais*. Belo Horizonte: Autêntica, 2008.

CUNHA, Celso Ferreira da; CINTRA, Luís Filipe Lindley. *Nova gramática do português contemporâneo*. 7. ed. Rio de Janeiro: Lexicon, 2017.

FIORIN, José Luiz. *Figuras de retórica*. São Paulo: Contexto, 2014.

ILARI, Rodolfo; BASSO, Renato. *O português da gente*: a língua que estudamos, a língua que falamos. São Paulo: Contexto, 2006.

KLEIMAN, Angela B. *Oficina de leitura*: teoria e prática. 15. ed. Campinas: Pontes, 2017.

KOCH, Ingedore Grunfeld Villaça. *Introdução à linguística textual*: trajetórias e grandes temas. São Paulo: Contexto, 2015.

KOCH, Ingedore Grunfeld Villaça; ELIAS, Vanda Maria. *Ler e compreender*: os sentidos do texto. São Paulo: Contexto, 2006.

LAJOLO, Marisa; ZILBERMAN, Regina. *A formação da leitura no Brasil*. 3. ed. São Paulo: Ática, 2009. v. 58. (Série Temas).

LEAL, Telma Ferraz; GOIS, Siane (Org.). *A oralidade na escola*: a investigação do trabalho docente como foco de reflexão. Belo Horizonte: Autêntica, 2012. v. 3. (Coleção Língua Portuguesa na escola).

MARCUSCHI, Luiz Antônio. *Produção textual, análise de gêneros e compreensão*. 3. ed. São Paulo: Parábola, 2008. v. 2. (Educação linguística).

MARTINS, Antonio Marco; VIEIRA, Silvia Rodrigues; TAVARES, Maria Alice (Org.). *Ensino de português e sociolinguística*. São Paulo: Contexto, 2014.

MASSAUD, Moisés. *Dicionário de termos literários*. 12. ed. rev. e ampl. São Paulo: Cultrix, 2013.

MORAIS, Artur Gomes de. *Ortografia*: ensinar e aprender. 5. ed. São Paulo: Ática, 2010.

NEVES, Maria Helena de Moura. *Gramática de usos do português*. 2. ed. São Paulo: Ed. da Unesp, 2011.

PERINI, Mário. *A gramática descritiva do português brasileiro*. Petrópolis: Vozes, 2016.

ROJO, Roxane (Org.). *A prática de linguagem em sala de aula*: praticando os PCNs. São Paulo: Educ; Campinas: Mercado de Letras, 2012.

SANTAELLA, Lucia. *Leitura de imagens*. São Paulo: Melhoramentos, 2012. (Como eu ensino).

SCHNEUWLY, Bernard et al. *Gêneros orais e escritos na escola*. 2. ed. Trad. e org. Roxane Rojo; Glaís Sales Cordeiro. Campinas: Mercado das Letras, 2010. (As faces da linguística aplicada).

SILVA, Thaïs Cristófaro. *Fonética e fonologia do português*: roteiro de estudos e guia de exercícios. 9. ed. São Paulo: Contexto, 2007.

SOLÉ, Isabel. *Estratégias de leitura*. 6. ed. Porto Alegre: Artmed, 1998.